上海文化发展基金会图书出版专项基金资助项目
社会工作出版工程·司法社会工作系列（第一期）
司法社会工作丛书
上海市重点图书

中断与再造：社区矫正假释犯角色适应过程研究

高梅书　著

華東理工大學出版社
EAST CHINA UNIVERSITY OF SCIENCE AND TECHNOLOGY PRESS
·上海·

图书在版编目(CIP)数据

中断与再造：社区矫正假释犯角色适应过程研究 / 高梅书著. —上海：华东理工大学出版社，2019. 4
（司法社会工作丛书）
ISBN 978-7-5628-5827-0

Ⅰ. ①中… Ⅱ. ①高… Ⅲ. ①社区—监督改造—研究—江苏 Ⅳ. ①D927. 530. 674

中国版本图书馆 CIP 数据核字(2019)第 063026 号

内容提要

本书通过对J省T市26名社区矫正假释犯出狱前后心理变化和行为转变历程的深度访谈，归纳了他们角色适应的四个阶段：即将出狱前的角色中断与角色想象；出狱初期的角色认知与定位；探索期的角色冲突、领悟与调整；重整期的角色实践与整合。同时，本书还阐述了每个阶段角色适应的阶段性特征，发现了两种角色适应模式，即建构型适应和顺应型适应。这种基于假释人员自身角度对其角色适应过程与模式的提炼，在一定程度上丰富了既有的罪犯再社会化理论，对于矫正社会工作实务亦具有一定的实践参考价值，不但有助于矫正社会工作者根据社区矫正假释犯角色适应的阶段性特征和需求开展针对性的矫正帮扶工作，对于其他社区服刑人员的适应性帮扶工作亦有一定的借鉴意义。本书既可作为社区矫正理论研究者的参考用书，也可作为社区矫正实务工作者的参考读本。

策划编辑 / 刘　军
责任编辑 / 章斯纯　刘　军
装帧设计 / 徐　蓉
出版发行 / 华东理工大学出版社有限公司
地址：上海市梅陇路 130 号，200237
电话：021-64250306
网址：www.ecustpress.cn
邮箱：zongbianban@ecustpress.cn
印　　刷 / 江苏凤凰数码印务有限公司
开　　本 / 710 mm×1000 mm　1/16
印　　张 / 18
字　　数 / 220 千字
版　　次 / 2019 年 4 月第 1 版
印　　次 / 2019 年 4 月第 1 次
定　　价 / 90.00 元

编委会名单

（以姓氏笔画为序）

丛书序

司法社会工作是司法工作的重要组成部分。这意味着社会工作不是外在于司法工作,而是内生于司法工作,是司法工作发展的必然。其根据在于社会福利本身的普遍性以及社会工作配置社会福利的内在功能。特别是在"我国社会主要矛盾已经转化为人民日益增长的美好生活需要和不平衡不充分的发展之间的矛盾。……人民美好生活需要日益广泛,不仅对物质文化生活提出了更高要求,而且在民主、法治、公平、正义、安全、环境等方面的要求日益增长"的中国特色社会主义新时代,司法工作场域公平、正义、安全等方面的配置具有了更为重要的意义。司法社会工作不仅在司法程序中增加上述要素的可及性,而且在民众对上述要素获得感的配置方面也具有重大功能。因此,司法社会工作在中国特色社会主义新时代必将获得更长远的发展。

20 世纪 20 年代左右,在我国社会工作发展初期,就已有学者在监狱等场域中开展社会工作服务的实践。革命战争时期,我们也开展了一系列犯罪人员的感化工作。80 年代中期,社会工作教育恢复后,国内一些社会工作学者或亲身或带学生进入相关场域开展研究和服务工作。但从服务目标、职能定位、队伍规模以及工作理念和工作方法的使用规定等方面看,我国司法社会工作的整体性发展还是体现在 2002 年上海市的"预防和减少犯罪工作体系"建设之中。

2002 年,在上海市委政法委的领导下,在相关专家的参与下,上海采取组建社会组织,由社会组织招聘社会工作者,分别为社区矫正对象、刑释人员、吸毒人员等提供专业服务，政府通过购买社会组织社会工作服务的方式，构建了由政府、社会合作的“预防和减少犯罪工作体系”，并形成了“政府主导推动，社团自主运作，社会多方参与”的运行机制。社会工作者成为司法工作场域中的一支重要力量。之后，社会工作在社区矫正、刑释人员服务、禁毒、涉法涉罪青少年服务等场域蓬勃发展起来。至今，我国司法社会工作仍然沿袭了这样的发展主题。

在一般的意义上，司法社会工作服务应贯穿于司法工作的各个场域及各个环节，为司法工作者和司法对象提供服务，以配置司法场域的社会公平与正义，同时解决司法过程中出现的一些不和谐因素。但从目前我国司法社会工作的发展看，社区矫正社会工作、刑释人员社会工作、禁毒社会工作、青少年司法社会工作的发展具有前沿性。而从社会工作研究方面看，国内社会工作教育界及研究人员在这几个方面的研究也较多。因此，丛书主要选择了社区矫正社会工作、青少年司法社会工作、禁毒社会工作等几个实务领域开展研究，以期通过这些研究总结我国司法社会工作的发展，探索司法社会工作知识，构建司法社会工作理论，形成司法社会工作话语体系，促进我国司法社会工作实务的发展。

当然，从现阶段来看，我国司法社会工作还处于发展期，离全面展开还有一个过程。本丛书对我国司法社会工作的探索还只是初步的，其成果也只是我国司法社会工作发展众多成果中的一部分，还不是完全定型的东西。我们希望通过积跬步至千里，积小流成江海，深化研究，同时借鉴国际司法社会工作的研究成果，构建中国的司法社会工作体系。

张昱

于华东理工大学青春河畔

本书序

伴随刑罚宽缓化、人性化的国际潮流，我国于2002年8月在上海市徐汇区、普陀区和原闸北区开始试点社区矫正制度，后对其不断予以完善，于2009年在全国推行。社区矫正是将符合条件的犯罪人员从监狱环境转置到社区环境，在相关司法部门、社会组织及其他社会力量的共同帮助下，改变其偏差心理和违法行为，促使其更好地回归正常社会生活的非监禁刑罚制度。目前适用社区矫正的有下列四种罪犯：被判处管制的、被宣告缓刑的、被暂予监外执行的及被裁定假释的。其中被裁定假释的罪犯简称假释人员。假释人员作为在监狱服刑一段时间，被附条件释放到社区服刑的人员，因监禁生涯导致正常社会化过程中断，出狱后既要摆脱监狱化烙印，又要重新与社会联结，同时还要接受社区矫正制度的规训，其社会适应的过程更为复杂，也面临更多挑战。

在社区矫正制度实施之前的很长一段时期内，我国主要出于社会防卫的目的对假释人员群体实行以管控为目标的身份管理。随着社会主义市场经济的发展，这种身份管理模式必然会向需求治理模式转变。因为新时期假释人员的就业等问题不可能像计划经济时代那样由政府包办或单位包揽，必须以假释人员的需求为核心，既发挥假释人员个体的能动性，同时整合政府、社会等多方资源协同推进、共同解决。需求治理必然以对治理对象的需求进行科学研究为基础。这就需要我们对假释人员再社会化过程中的需求进行深入研究。由于或长或短的监狱服刑经历，假释人员的正常社会化过程发生中断，原先在社会上承担的社会角色大多发生了改变，出狱后首先面临角色适应问题。在管控思维下，无论是学术界还是司法实务界，对假释人员的角色适应问题都关注较少。而假释人员的角色适应过程是否顺利，不仅直接关系到他们能否顺利回归社会，而且事关公共安全。特别是在中国特色社会主义进入新时代，我国社会主要矛盾发生历史性转变的大背景下，关注假释人员回归社会中的角色适应过程、问题和需求，帮助他们顺利融入社会，是创新社会治理，打造共建共治共享的社会治理格局，增强人民幸福感、获得感和安全感的必然要求。

本书立足于中国社会经济转型这一宏阔背景，以结构化理论为分析框架，重点探索在社会文化结构的诸多因素制约下，作为能动者的假释人员在社会适应过程中与其所处环境的互动、调适过程。有意思的是，本书以理解主义方法论为基础，通过深度访谈法倾听假释人员自身对其社会适应过程中的认知、行为、心理等方面动态变化过程的阐释，达到对其角色适应过程和模式的另一种理解。这样的研究有助于倾听研究对象内在的声音，挖掘丰富的生命故事，深入了解其自身对于角色适应过程的感悟及所赋予的意义，也有助于矫正社会工作者及公众体察包括假释人员在内的出狱人回归社会的艰难历程及其阶段性关键需求，从而更好地思考和开展出狱人帮困扶助工作，使帮扶工作更加精准、高效、人性化。

本书的主要贡献在于两个方面。一是提炼了假释人员角色适应的过程，即将出狱前的角色中断与角色想象，出狱初期的角色认知与定位，探索期的角色冲突、领悟与调整，以及重整期的角色实践与整合等四个阶段。作者发现，在这四个阶段中，探索期是假释人员角色适应的关键期。在尝试融入社会的过程中，假释人员容易遭遇罪犯与公众之间的角色冲突，以及社区服刑人员角色与职业角色、犯罪前后新旧角色等角色内冲突。面对角色冲突，多数假释人员能够进行反思性监控，以达到更准确的角色领悟，并通过特殊主义信任、弱者武器的运用、重建圈子等策略性行动进行积极的情境改造或者对环境中的结构性因素顺应服从，成功地实现角色调整；少数诸如涉毒、赌、盗窃等类型的假释人员则在不利处境下，加之不良惯习的累积效应，容易产生角色调整失败，重新走上违法犯罪之路。二是概括了假释人员角色适应的两种模式，即建构型角色适应和顺应型角色适应。其中建构型角色适应主要包括“自截再生”“跨界再生”“死而复生”等三种亚类型。两种不同的适应模式是假释人员犯罪前就业经历、犯罪类型、个性特征、自我价值定向、出狱后的个人资源、社会支持状况等多种因素交互作用的结果。作者在对假释人员出狱前后的心理变化和行为转变历程进行细致深入描述的基础上，对其角色适应过程和模式的提炼，以及对每个阶段的角色状态类型的概括，不仅在理论上丰富了犯罪人再社会化理论，而且在实践上对于矫正社会工作实务具有一定的参考价值，有助于矫正社会工作者及公众加深对假释人员这一特殊群体的认识和了解，并根据其角色适应的阶段性特征和需求有针对性地开展矫正帮扶工作。

党的十九大报告指出，我国已进入中国特色社会主义新时代，要创新社会治理，提高社会治理社会化、法治化、智能化、专业化水平，努力推进社会治理体系和治理能力现代化。在此背景下，社区矫正及司法社会工作等领域也正处于快速发展阶段。希望作者能够在现有研究基础上，继续潜心钻研，运用大数据对不同性别、年龄、犯罪类型等人口学、社会学特征的出狱人加强分类研究和比较研究，对本土化司法社会工作模式及干预策略等方面多做探索性研究。

张昱

于华东理工大学

目　录

第一章　导　　论

第一节　研究缘起及研究意义

一、研究缘起

社区矫正假释犯，是指已经在监狱内执行部分刑罚，被附条件地释放到社区中执行剩余刑期的罪犯（本书大多以社区矫正社会工作者日常所称的“假释人员”为主要称呼）。由于或长或短的监禁生活，假释人员的正常社会化过程发生中断，原先在社会上承担的许多社会角色都发生了改变，出狱后必然面临角色适应问题。“监狱作为人造的牢笼，其最大的不幸乃是既切断人性的自然联系又企图重塑人性的自相矛盾。”[①]“把一个人从正常社会中抓走，放入一个不正常的社会中去，而在他获释后，又希望他适应正常社会的生活，这是完全不可能的，是不符合逻辑的。”[②]电影《肖申克的救赎》中老犯

① 郭明：《监狱的隐喻：来自铁窗内的人生故事》，学林出版社 2010 年版，第 8 页。

② ［美］克莱门斯·巴特勒斯：《罪犯矫正概述》，龙学群译，群众出版社 1987 年版，第 56 页。

人布鲁克斯因长期被监禁，习惯了监狱内体制化的生活，临近出狱时，没有欣喜若狂，而是惊慌失措，对外面的世界充满恐惧，最后终因不适应社会而自杀。这是监禁刑悖论的最严重表现。大多数出狱人即使没有像布鲁克斯那样自杀，也都存在不同程度的角色适应问题。

正是因为假释人员出狱后会面临各种各样的适应性问题，我国在社区矫正制度实施后，将假释人员纳入社区矫正，要求其在假释考验期接受社区矫正的监管、教育和帮扶。在社区矫正实施之前的很长一段时间内，我国主要出于防卫社会的考虑，侧重于对假释犯进行身份管理。比如，《刑法修正案(八)》之前的刑法中有关假释的规定主要强调对假释人员的监督管理，而2011年修正的《刑法修正案(八)》中规定“对假释的犯罪分子依法实行社区矫正”。社区矫正具有复合功能。2009年9月2日，最高人民法院、最高人民检察院、公安部、司法部发布的《关于在全国试行社区矫正工作的意见》中，明确将社区矫正的内容归纳为三个方面：(1)对社区服刑人员的教育矫正；(2)对社区服刑人员的监督管理；(3)对社区服刑人员的帮困扶助。对包括假释人员在内的社区服刑人员进行复合性的教育矫正、监督管理和帮困扶助，体现了我国犯罪治理理念的进步，体现了对假释犯等社区服刑人员实现从身份管理到需求治理的进步。身份管理是在与计划经济体制相适应的管控思维指导下开展的。在计划经济时代，我国以单位制为基础，通过人的身份认定，实现对社会的管理。对假释人员的管理在很长一段时间内也沿袭了这种管理模式。随着社会主义市场经济的发展，对假释人员的身份管理模式已经不适应新的社会形势，也不利于假释人员适应社会、融入社会。因为无论是就业还是家庭关系的调节等问题，都不可能像计划经济时代由政府包办或单位包揽，必须以假释人员的需求为核心，既发挥假释人员个体的能动性，同时整合政府、社会等多方资源协同推进、共同解决。也就是说，在新时期，对假释人员等社区服刑人员的犯罪治理必须转向需求治理。

需求治理要求我们从假释人员自身的再社会化需求出发，在关注他们作为犯罪者进行管理的同时，也要引导好他们的正当、合理的需求，并不断调动他们自身的自觉性与能动性，使再社会化及融入社会的过程成为他们自己的实践选择。[①] 这就需要我们对假释人员再社会化过程中的需求进行深入的研究和了解。而目前学术界在社区矫正领域的研究大多集中于对社区矫正制度的研究，即探讨如何进一步建设和完善社区矫正制度，加强对社区矫正对象的有效监督、管理和教育。社区矫正制度的研究和完善在社区矫正制度实行初期是非常必要的，但随着社区矫正工作的深入开展，必然要求加强对社区矫正对象自身的研究，只有从社区矫正对象自身的角度了解他们的需求和问题，才能实现对他们有效的治理，这是需求治理的内在要求。由于监禁生活使假释人员发生了角色中断，因此社区矫正对象中，假释人员的角色适应问题更为突出。在当前社会日新月异的背景下，假释人员出狱后不但要继续接受社区矫正制度的规制，而且面临社会歧视等多种障碍，可以说，假释人员是一个特殊的弱势群体。社会学者对弱势群体的界定复杂多样，有生活贫困论、资源分配论、地位不利论、风险承受论、能力不足论、优势缺乏论及综合论等多个角度。有学者在对这些视角述评的基础上，对弱势群体的概念从更加抽象的理论层面进行了概括，认为弱势群体的概念是处于一定社会关系中的关系性概念，是在一定历史时期的开放性概念，是一个因比较而存在的相对性概念。具体而言，“弱势群体是指在一定时期和同等条件下，在非现有境况下根据社会平均观念能够享有某种权利或具备某种能力，而在现有境况下失去或减弱了获得相应的权利或能力的机会，或者在特定的社会关系中，对此种社会关系的对方强加的意识没有回应能力的人群集合的统称”[②]。根据这种界定，假释人员无疑属于弱势群体，并且他们属于不可转换弱势群体。他们由于犯过罪，在法律上处于与人民相对立的地位，在这种特定的社会关系中，他们往往在就业、人际交往等多方面

---

① 张昱、胡鹏：“需求治理视角下吸毒人员社区康复研究”，载《湖南科技大学学报》（社会科学版）2015 年第 4 期。

② 骆群：“‘弱势群体’再界定”，载《南京社会科学》2007 年第 3 期。

受到歧视，进而出现关系网络的萎缩、承受风险能力减弱、权利实现受到制约、社会适应能力下降等弱势镜像。[①] 尤其是那些刚刚出狱的无家可归、无亲可投、无业可就的社区矫正假释犯，他们是弱势群体中的弱势群体。他们出狱后面临经济上的贫困、缺乏与社会进行交换的任何资源禀赋、诸多政治权利和社会权利受到限制等多重困境，无论从经济角度，还是从政治角度，乃至社会角度而言，他们都属于社会中最弱势的一个特殊人群，亟须政府和社会提供帮助。

为了帮助假释人员更好地适应新角色，必须变“由上而下”为“由下而上”，倾听假释人员自己的声音，了解他们在角色适应不同阶段的需求和问题，从而使对他们的监督管理、教育矫正及帮困扶助工作更有针对性，这正是本书研究的目的所在。

二、研究意义

1. 现实意义

通过对假释人员的复杂角色适应历程进行研究，从纵向上探索其角色适应过程的若干个阶段性特征，从横向上掌握其在就业、人际交往及自我认同等方面的角色适应机制，可以为社区矫正工作提供理论依据，使矫正工作更有针对性，更能促进假释人员的正向改变，也更能体现需求为本的现代犯罪治理理念。从这些方面来看，对假释人员的角色适应过程进行研究具有很强的现实意义。

2. 理论意义

从理论上来看，作为社区矫正对象的假释人员的角色适应是一种特殊的角色适应，因为作为社区矫正对象这一特殊身份，假释人员在社区服刑，某些行为受到社区矫正法规制度的限制，面临政策和法律强制的“压力”。比如，假释人员因其犯罪而被社会剥夺了一定的权利，如自由行动权、经济

---

① 骆群：“‘弱势群体’再界定”，载《南京社会科学》2007年第3期。

权、社会参与权以及相应的原工作权、原医疗权等,即处于一定的"法律剥权"状态。[①] 所以假释人员的角色适应不同于一般社会群体,如移民的角色适应,也不同于刑释解教人员的角色适应。这样一种曾经社会化断裂后又重新回到社会,但在社会中行为又受到社区矫正法规限制的人群的角色适应过程,目前鲜有人进行研究。这种特殊的角色适应过程经历哪些阶段?各个阶段具有哪些特点?假释人员在"入矫"后面对"陌生的生活世界"采取怎样的行动策略来适应甚至创造新角色?这种行动策略具有什么样的特点?影响假释人员确立行动策略的主要因素有哪些?家庭环境、社区矫正机构、社会大环境对于假释人员角色适应有何影响?环境的正功能和反功能各自蕴含了什么?反功能的社会排斥作用表现在哪些方面?其具体运作逻辑是怎样的?对这些问题的回答,可以丰富角色理论和社会适应理论,尤其是可以深化角色理论在假释人员社会适应研究和政策实践中的应用。

第二节 概念界定

一、角色

"角色"本是戏剧理论中的名词,指"演员扮演的剧中人物"[②]。20世纪20至30年代,一些学者将角色概念引入社会学,进而发展成为社会学的基本理论之一。

社会学中的角色概念主要包括社会学视角的定义和社会心理学视角的定义两大类型。社会学侧重于从社会关系、社会规范、社会地位、社会身份的角度给角色下定义。比如戴维·波普诺(David Popenoe)从社会地位的角

① 周湘斌:"社会工作充权视角下的释犯——社区矫正政策分析",载《北京科技大学学报》(社会科学版)2005年第4期。

② 刘振铎:《现代汉语辞海》,北方妇女儿童出版社2002年版,第499页。

度解释社会角色。他认为，“一个人的社会地位指的是他（她）在群体或社会中被社会性地定义的位置”，相应地，“角色是指对群体或社会中拥有某一特定地位的人的行为期待”。“在每一次高度结构化的社会互动中，社会都为其提供了一个‘剧本’，用以指导分配给不同社会成员的不同角色的扮演。角色的学习就是要领会某一特定身份被期待的或是必需的行为，换言之，即把握好对具有某种身份的人的‘规范’。”[①]有的学者直接将社会角色界定为“与人的社会地位、身份相一致的一整套权利、义务和行为模式”[②]。J. L. 弗里德曼（J. L. Freedman）等人指出，社会角色是关于人们在特定类型的关系中应当如何行动的一套规则。H. H. 凯利（H. H. Kelly）和 J. W. 蒂博特（J. W. Thibant）认为，角色是他人对相互作用中处于一定地位的个体的行为的期望系统，也是占有一定地位的个体对自身行为的期望系统。社会心理学对角色的定义，虽然也强调社会角色与社会地位、社会关系的关联性，但更侧重于从个体行为、行为模式的角度定义角色。比如《社会心理学辞典》将角色界定为“与一定社会位置相联系的行为模式，是占有某一社会位置的人应有的行为表现”[③]。著名社会心理学家时蓉华也认为：“角色乃是某个个人在特定的社会和团体中占有的适当的位置，被该社会和团体规定了的行为模式。”[④]有学者在综合社会学和社会心理学中角色含义的基础上，将角色界定为“个人在社会关系中处于特定的社会地位，并符合社会期待的一套行为模式”[⑤]。

尽管不同的社会学者、社会心理学者对角色的定义有不同的表述方式，但是现在的看法正在逐步趋向一致。不论是社会学者还是社会心理学者，都承认角色概念含有这样一些内在假定：第一，在某一社会内部，关于处于

① ［美］戴维·波普诺：《社会学》，李强等译，中国人民大学出版社 1999 年版，第 97 页。

② 中国大百科全书总编辑委员会社会学编辑委员会：《中国大百科全书·社会学卷》，中国大百科全书出版社 1993 年版，第 311 页。

③ 费穗宁、张潘仕：《社会心理学辞典》，河北人民出版社 1988 年版，第 147 页。

④ 时蓉华：《社会心理学》，上海人民出版社 2002 年版，第 56 页。

⑤ 奚从清：《角色论——个人与社会的互动》，浙江大学出版社 2010 年版，第 6 页。

某一位置的人应该怎样行事，存在着相当程度的一致看法；第二，这个社会中的大多数人有意效仿这种一致性。无论认为角色是一种行为，还是将角色视为一种关系，都不可能离开社会的客观期望和个体的主观表演来谈论抽象的角色，也都不可能离开社会结构和个体心理来谈论抽象的角色。[①]“而这正是建立和形成统一的社会角色理论的基石，也是角色概念的本质所在。因此，如果要从根本上了解角色概念的内涵，就必须从角色的客观和主观统一性上去把握。”[②]

二、适应

“适应”概念源于生物学。在生物学意义上，适应包含三个方面的含义：(1) 适应是一个过程。对整个人类来说，适应就是一个长期的进化发展过程；对个体而言，适应是个人成长发展的过程。(2) 适应是一个生理结构或心理结构，即生物体在长期的进化过程中所形成的适应装置。(3) 适应是一种状态。[③]

心理学后来从生物学中借用适应概念。心理学中的适应概念也包括多个层次的含义：(1) 感觉上的适应；(2) 认知结构上的适应；(3) 社会的适应。这里的社会适应指个体为排除障碍、克服困难、满足自己的需求，与环境保持和谐而改变自己的一切内在观念(如态度)和外在行为的历程。如在学习或工作初期，个体的旧习惯与新要求之间逐渐调整的历程。[④]

“如果说适应是生物有机体(包括人类)在长期的进化过程中获得自然生存的基本法则，那么，社会适应就是人们在现代社会中获得社会生存的基本法则。”[⑤]不过，从目前社会学、心理学、教育学等诸学科的使用情况来看，适应和社会适应经常被互换通用，适应常被作为社会适应的简洁称法。下面侧重对社会学学科中有关适应(或社会适应)的定义做一梳理，以便为接下来的假释人员的角色适应的定义做铺垫。

---

① 奚从清：《角色论——个人与社会的互动》，浙江大学出版社 2010 年版，第 6 页。
② 周晓虹：《现代西方社会心理学流派》，南京大学出版社 1990 年版，第 222 页。
③⑤ 陈建文：《人格与社会适应》，安徽教育出版社 2009 年版，第 21 页。
④ 林崇德、杨治良等：《心理学大辞典》(下)，上海教育出版社 2003 年版，第 54 页。

最早将适应概念引入社会学领域的是斯宾塞(Herbert Spencer)，在《社会学研究》一书中，斯宾塞从个人和社会两方面分析了人的社会适应性，认为人作为有机体，总是直接或间接地使自己适应于它的生存环境。帕森斯(Talcott Parsons)在AGIL功能分析模型中也阐述了适应概念。帕森斯认为，任何一个行动体系(不仅包括所有的社会体系，而且也包括二人关系、小群体、家庭及复杂的组织)要想在社会中获得生存，必须具备包括"适应"在内的四个基本功能。适应包括两个方面：消极服从环境或积极干预环境。前者是指社会系统在与它的环境打交道的过程中，对于环境所强加的现实要求的一种顺应，后者是指社会系统积极的情境改造过程。英克尔斯(Alex Inkeles)将适应分为三类：一是适应外在环境；二是适应人类的生物社会性；三是适应集体生活的情境。[①] 吉登斯(Anthony Giddens)则将适应分解为人在社会中定位及社会这棵大树在个人心目中生根两个方面，并分析了适应形成的机制。吉登斯认为，人的生活需要一定的本体安全感和信任感，而这种本体安全感和信任感得以实现的基本机制是人们生活中习以为常的惯例。惯例总是形成于人们的实践中，并通过对实践的重复在人们的意识中触发一种指导人们行为举止的实践意识，这种意识不需要言说，不需要意识形态话语的宣扬，就能够对行动起制约作用。可见，一个人如果没有适应能力，他就根本无法在社会上生存。适应能力决定了生存能力。社会学家斯科特(W. R. Scott)把适应看作人和环境间相互作用的过程，并把适应分为主观和社会两个方面。主观方面指个体对环境的满意度，社会方面指个体通过努力获得的某一种社区中的地位。[②] 在移民的社会适应研究中，大多数学者认为，移民的社会适应包括心理适应和社会文化适应，因为移民转移到移入地一般都会面临与流出地不同的社会文化环境，面对陌生的社会文化环境，心理上也会带来一定的不适应。沃德(Ward)和肯尼迪(Kennedy)就将社会

① [美]英克尔斯、史密斯：《从传统人到现代人：六个发展中国家中的个人变化》，顾昕译，中国人民大学出版社1992年版，第188—190页。

② 转引自苏红、许小玲："三峡移民的社会适应策略"，载《思想战线》2005年第1期。

适应区分为心理适应和社会文化适应两个方面。所谓心理适应，指的是在新的文化环境下的良好的心理健康和满意度；而所谓的社会文化适应，指的是学习与新文化进行互动的技能，处理日常生活难题并有效地完成任务。[①]

《社会学辞典》中是这样解释社会适应的："社会适应指个人适应环境而产生的行为。个人通过社会化，明了自己的社会权利和义务，形成了与社会发展要求相适应的知识、技能、价值观和性格，就会在社会交往与社会行动中采取符合社会要求的行动。反之，如果不能很好地适应社会环境，就会陷入困境。人的一生是不断适应环境的过程。"[②]张海波、童星认为，社会适应是一个过程，是行动者对周围环境变化的主动和被动的调适，既包括客观层面，也包括主观层面，至少可以操作化为经济生存、社会交往、心理认同三个维度。[③] 风笑天在研究第一代青年独生子女的社会适应时，认为社会适应既包括行为的适应也包括心理的适应。行为的适应主要涉及青年对工作的胜任、对人际关系的协调、对独立生活的把握以及恋爱婚姻的进程是否顺利等方面；心理的适应主要涉及青年对自己各方面状况的正确认知、积极评价和自我满意感。在此基础上，风笑天将青年独生子女的社会适应操作化为五个维度：职业适应、人际关系适应、独立生活适应、恋爱婚姻适应和心理适应。[④]

陈建文从一般的意义上将社会适应概括为"个体在与社会环境交互作用过程中，旨在追求与社会环境达成和维持和谐平衡关系的过程"[⑤]。笔者觉得这一界定简洁明了地概括了社会适应的核心内涵。不过，正如曾守锤所说，处在不同的人生阶段，不同的社会环境和不同群体的个体，其所承担的角色、所面临的挑战和所要完成的任务不同，他们社会适应的内涵必然会存在差异，因而研究者需要的似乎是一个特定于某群体、环境和人生阶段的

---

① 转引自曾守锤：《流动儿童的社会适应：研究与实务》，华东理工大学出版社 2012 年版，第 13 页。

② 王康：《社会学辞典》，山东人民出版社 1988 年版，第 353 页。

③ 张海波、童星："我国城市化进程中失地农民的社会适应"，载《社会科学研究》2006 年第 1 期。

④ 风笑天："中国第一代城市独生子女的社会适应"，载《教育研究》2005 年第 10 期。

⑤ 陈建文："论社会适应"，载《西南大学学报》(社会科学版)2010 年第 1 期。

社会适应的定义。[①] 所以在下文中，笔者将对社区矫正假释犯这一特定群体的角色适应概念进行深入探讨。

三、角色适应

有的学者认为，“角色适应是指个体或群体因为情境的改变，社会期望的一整套权利、义务和行为规范或行为模式发生相应的变化，所涉及的个体或者群体调整自己的观念和行为，使之与角色规范相符合的过程”[②]。有的学者将角色适应界定为“个体为与其所承担的新角色或所处的新环境保持和谐状态，而采取的心理调适及行为反应”[③]。还有学者认为“角色适应是对于社会角色转变和重构的适应过程”[④]。基于上文对“角色”和“适应”概念的论述以及现有的角色适应概念的界定，笔者将角色适应定义为：个人或群体在与社会环境的交互作用中，调整自己的认知、态度和行为，使其与所处的新的社会地位、所拥有的新的社会身份相一致，从而与社会环境达成和维持和谐平衡关系的过程。

社会角色是社会地位的外在表现，当个体或群体所处的环境、位置、多种属性或社会关系发生改变，社会角色就应发生相应的转换以便与现有的处境相适应。假释人员由于犯罪入狱并经历了一段时期的监禁生涯，出狱后其所处的环境、所拥有的身份、地位、多种属性或社会关系都发生了改变，在此情况下，他们必须做出一定的角色调整和转换以与新的境遇相适应。因此，假释人员的角色适应可以界定为：经历了一段时期的监禁生活，从监狱回到社会后，假释人员在与新的社会环境的交互作用中，调整自己的认知、态度和行为，使其与出狱后的身份、地位相一致，从而与社会环境达成并维持和谐平衡关系的过程。从封闭的监狱到开放的社会环境，假释人员的

---

① 曾守锤：《流动儿童的社会适应：研究与实务》，华东理工大学出版社 2012 年版，第 14 页。
② 谈小燕：“城市化进程中重庆失地农民角色适应调查研究”，西南大学 2007 年硕士学位论文。
③ 司秀玲：“大学新生的角色适应与心理健康研究”，广西师范大学 2008 年硕士学位论文。
④ 刘楠：“新‘空巢’家庭的角色适应研究——以江苏省 T 市为例”，华东理工大学 2012 年硕士学位论文。

角色适应可以从以下几个维度进行评估。首先，鉴于假释人员曾经的违法犯罪身份，出狱后或多或少会面临标签化和污名化问题，加之有些假释人员与入狱前相比在社会地位、经济状况等诸多方面的巨大落差，势必对他们的自我价值认同、自我同一性的健全造成影响，所以应考虑心理适应这一维度。其次，假释人员因监禁生活而与社会环境隔离了或长或短的一段时间，原有的工作/学习、人际交往被迫中断或弱化，与此同时，外部的物理环境、社会环境却在日新月异地发生着变化，所以出狱后必然会面临环境适应、工作/学习适应及人际适应问题。再次，作为一个曾经法律社会化失败的特殊的社会群体，监狱矫正是否彻底矫正了其犯罪心理和行为恶习？是否受到了交叉感染？他们的遵纪守法意识如何？是否适应社会的法律法规？这也是出狱后角色适应的重要内容，笔者称之为规范适应。故此，我们认为假释人员角色适应的内涵至少应包含下列五个维度：环境适应、规范适应、工作/学习适应、人际适应和心理适应。前四个维度可以统称为行为适应，涉及假释人员对环境的熟悉、对社会规范的遵守、对工作/学习的胜任、对人际关系的协调和重建等方面。第五个维度为心理适应，主要指假释人员在面对前述行为适应难题时需要通过自我调节系统做出能动反应，使自己与环境达到新的平衡状态。概言之，如果某个假释人员回到社会，能够较好地解决各种日常生活难题，完成其社会职责，并能保持良好的心理健康状况，那么，我们就可以说，该个体的角色适应状况较为良好。①

第三节 理论视角与结构安排

一、理论视角

本书从吉登斯的结构化理论视角探讨假释人员出狱后的角色适应

① 高梅书、张昱：“国外出狱人社会适应研究及对当代中国的启示”，载《华东理工大学学报》(社会科学版)2013年第1期。

过程。

吉登斯在对结构理论及理解论、符号论、解构论、心理分析等社会理论批判吸收的基础上提出了结构化理论。吉登斯的结构化理论试图超越长期以来的结构与行动、主观与客观、个人与社会的二元对立，在主体与客体、个体与社会、结构与行动的统一中来把握社会问题。他的结构化理论不仅肯定社会结构的制约性，而且也肯定人们活动的能动性和创造性。按照吉登斯的观点，客体主义者强调社会中的结构、制度、制约性，主体主义者强调人的主观性、能动性、创造性，这两类因素在社会生活中都是实际存在的，既不可简单否认，又不可把二者对立起来。在社会实践过程中，这些因素是通过人的行动而动态地相互作用、相互转化的。① 我们应在社会实践或社会生产的不断展开和持续过程中动态地理解结构。社会结构制约着人们的社会实践，而人们又在社会实践中创造着社会结构。“社会行动者正是通过反复创造社会实践的途径，来表现作为行动者的自身；同时，行动者们还借助这些活动，在活动过程中再生产出使它们得以发生的前提条件。”②与韦伯（Max Weber）和帕森斯等人不同，吉登斯对社会行动的研究不是注重类型划分或理想类型与模式的讨论，而是把社会活动看作持续不断的动态过程，在其连续性的运动中剖析它的作用或结构化功能。“人的行动是作为一种绵延而发生的，是一种持续不断的行为流，正如认知一样。有目的的行动并不是由一堆或一系列单个分离的意图、理由或动机组成的。”③吉登斯主要强调蕴含在行动过程中或者说支配行动过程的意识因素的连续性。④ 在对行动者意识的分析中，吉登斯尤为重视其反思性。他说：“就社会实践循环往复的安排过程而言，最深入地卷入其中的因素，就是人类行动者认知能力所特有的反思性特征。”⑤“最好把反思性看作根植于人们所展现、并期待他人也如此

---

① ［英］安东尼·吉登斯：《社会的构成》，李康、李猛译，生活·读书·新知三联书店 1998 年版，第 52 页。

②③⑤ ［英］安东尼·吉登斯：《社会的构成》，李康、李猛译，生活·读书·新知三联书店 1998 年版，第 62 页。

④ 刘少杰：《国外社会学理论》，高等教育出版社 2006 年版，第 411 页。

展现的对行动的持续监控过程。”[①]可见，吉登斯强调的是人的行动在时空中的情境关联，人们是在与他人的联系中，在社会情境的共同关照中开展反思性监控的。关于行动的能动性方面，吉登斯说：“能动作用不仅仅指人们在做事情时所具有的意图，而是首先指他们做这些事情的能力。”[②]与社会行动的能动性直接联系的是社会行动的权利问题。吉登斯把社会行动的权利界定为对事件状态和进程的改变。他说：“我们说有能力‘换一种方式行事’，就是说能够介入、干预这个世界，或是能够摆脱这种干预，同时产生影响事件的特定过程或事态的效果。这就假定行动者能够（在日常生活中周而复始地）实施一系列具有因果关系性质的权利，包括那些影响他人所实施之权利的权利。”[③]他还说，行动中包含的权利逻辑指的就是转换能力。吉登斯认为，所有开展社会活动的人和人类全部社会活动都有权利。不仅支配者占有着某种资源，依附者也掌握着某些资源，他们也可以凭借自己的资源影响支配者的行动。“所有依附形式都提供了某些资源，臣属者可以借助它们来影响居于支配地位的人的活动。”[④]

结构与行动是交织在人们的社会实践之中的。但在具体分析中，本书采取吉登斯所说的方法论置括号的方式，即在制度分析中，结构性特征被视为社会系统再生产出来的特征；在对策略行为进行分析时，关注的焦点是行动者构成社会关系时，以何种方式利用了结构性特征。[⑤] 也就是说，在论述假释人员角色适应过程的每一阶段时，都是先论述他们此阶段的角色适应受到了哪些结构性的制约，然后再论述他们是以何种方式利用了结构性特

① [英]安东尼·吉登斯：《社会的构成》，李康、李猛译，生活·读书·新知三联书店 1998 年版，第 62 页。

② [英]安东尼·吉登斯：《社会的构成》，李康、李猛译，生活·读书·新知三联书店 1998 年版，第 69 页。

③ [英]安东尼·吉登斯：《社会的构成》，李康、李猛译，生活·读书·新知三联书店 1998 年版，第 76 页。

④ [英]安东尼·吉登斯：《社会的构成》，李康、李猛译，生活·读书·新知三联书店 1998 年版，第 78 页。

⑤ [英]安东尼·吉登斯：《社会的构成》，李康、李猛译，生活·读书·新知三联书店 1998 年版，第 417 页。

征跨越此阶段的结构性障碍的。

二、结构安排

本书的总体结构安排是：第一章为导论，第二章为文献综述，第三至六章阐述假释人员角色适应过程，第七章在对假释人员角色适应过程研究的基础上，对其角色适应模式进行概括提炼。第八章对本书的研究结论做一总结并反思本书的研究创新、不足和进一步努力的方向。

第一章，导论。该部分主要介绍本书的研究缘起、研究意义、研究方法、理论视角、结构安排并对核心概念做了界定。

第二章，文献综述。该部分主要回顾了角色理论研究以及国内外对犯罪人群体角色适应问题的研究。在文献梳理的基础上，还对现有文献做了评论并阐述了对本书的研究启示。

第三章，角色适应的第一阶段——隔离期。假释人员出狱后的角色适应过程是从即将出狱前的角色想象开始的，甚至在进入监狱的第一天他们就开始反思过去和思考未来。在即将出狱前，他们对出狱后的生活充满了各种各样的想象。但由于我国监狱行刑社会化非常匮乏，所以他们的很多想象是非常不切实际的。该章阐述了犯罪前不同生命历程的人对其出狱后的多样化的角色想象。

第四章，角色适应的第二阶段——半隔离期。在出狱初期，由于受环境、健康、经济、人际、心理等多方面因素的制约，大多数假释人员未能与社会深度接触，基本都在观察、了解社会的同时思考自己的角色定位。该章重点阐述他们出狱后受到哪些结构性制约，在这些结构性制约下，他们是如何定位自己的未来角色的。

第五章，角色适应的第三阶段——探索期。在经历了一段时间对社会的观察了解后，大部分假释人员开始尝试着走进社会，试图融入社会。但在与社会的较深层次的接触中，他们大多都遭遇了多种角色间冲突以及角色内冲突，面对冲突，他们经历了或深或浅、或长或短的反思后重新调整自我定位，最后做出不同的角色调整。

第六章，角色适应的最后阶段——重整期。经过之前一番的角色冲突和调整，大部分假释人员找到了与自身所处的主客观环境相适应的角色定位，开始进入所选择的场域进行角色实践，在实践中逐渐达到自我整合。该章从角色适应的三个关键要素即工作、人际、心理等层面对假释人员的角色整合进行了阐述。

第七章，假释人员角色适应的模式。基于前面第三、四、五、六章对假释人员角色适应过程的研究，总结提炼出假释人员角色适应的模式。该章主要研究不同假释人员在个体生命历程、个性特征、自我价值定向、所犯罪行等主观因素与其所处的社会支持或社会排斥等客观环境结构因素交互作用下形成了哪些主要的角色适应模式。

第八章，结论与讨论。该章在对主要结论进一步提炼的基础上，总结本书可能的研究创新及有待进一步研究的空间及不足之处。

第四节　研究方法

一、方法论及研究方式

本书以理解主义（诠释学）方法论为基础，以质性研究方式对假释人员的角色适应过程进行纵贯研究。质性研究方式是指“以研究者本人作为研究工具，在自然情境下采用多种资料收集方法对社会现象进行整体性探究，使用归纳法分析资料和形成理论，通过与研究对象互动对其行为和意义建构获得解释性理解的一种活动”[①]。质性研究遵循的是现象学的、阐释学的传统，更加强调研究的过程性、情境性和具体性。这种方法正适合本书的研究主题，即假释人员角色适应的动态过程。在质性研究的具体方法上，笔者

① 陈向明：《质的研究方法与社会科学研究》，教育科学出版社 2000 年版，第 12 页。

拟主要采用叙事研究法，即“借叙说生活故事和对话内容，以经验再呈现的方式来剖析被访者之情境，解读叙说者内心世界的生命主题，以及该主题赋予外在世界现象与事物的解释意义”①。之所以选择叙事研究法，是因为对于假释人员而言，出狱回归社会所经历的角色适应历程是极个人化的独特经验与感受，在其背后蕴藏着丰富而独特的生活故事，而且每个人的角色适应过程与其自身的个性特征、主观态度、对生命故事的诠释有密切联系，这些都不是量化研究或推论所能得到的。另外，目前国内外社会学界对于假释人员的角色适应研究为数不多，本书属于一项探索性研究。对于一项探索性研究，质性研究方法也更为合适。

二、研究对象及其选取

1. 研究地点的选择

J 省 T 市 2006 年起开始开展社区矫正试点工作，到目前为止已经形成一整套较为完整的工作体系。其中，C 区作为 T 市的主城区，是该市最早开展社区矫正试点的区之一，在社区矫正的制度建设、组织建设、人才队伍建设等方面比其他区（县）更胜一筹。当然，也正因为 C 区社区矫正工作试点较早，各方面制度建设比较完善，规范化程度较高，所以该区的假释人员受到的社区矫正法规的规训也更加严格。通过对这些受到严格规训的假释人员角色适应过程的研究，更能反映这个群体适应过程中的困难以及克服困难的主体能动性。此外，C 区下辖的 10 个街道，在地理环境、经济状况、社区建设、人文环境、人口组成等方面各有特点：其中有的街道地处市中心，经济状况较好，居民普遍文化程度较高，属于较为成熟的城市社区；有的街道地处城郊接合部，社区环境较为复杂；有的街道地处郊区，甚至有的是两年前刚刚撤镇改为街道的，辖区范围内农业人口较多，基本属于农村社区。总之，C 区社区矫正试点工作开展较早，并且下辖街道特色多样，便于笔者选择

① 陈向明：《质性研究：反思与评论》（第二卷），重庆大学出版社 2010 年版，第 193 页。

不同类型社区、不同类型假释人员进行调查研究，所以本书选择该地区进行了实地研究。

2. 研究对象的选取

本研究选取了 26 名假释人员和 5 名社区矫正工作人员进行了深度访谈。26 名假释人员的选择是在综合考虑性别、年龄、所处地域环境(农村、城市还是市郊)、犯罪类型、刑罚种类、服刑期限等多种因素的基础上，采用目的抽样法从 10 个街道的 7 个中选取的。其中男性假释人员 23 位，女性 3 位。年龄在 29 岁至 65 岁之间。婚姻状况，18 位已婚，4 位离异，4 位未婚。刑期在 10 年以上的有 12 位，刑期在 3 年以上 10 年以下(不包括 10 年)的有 14 位。案由主要有贪污、受贿、挪用公款、非法吸收公众存款、诈骗、盗窃、故意伤害、协助组织卖淫、容留卖淫、贩卖毒品、利用邪教组织破坏法律实施、重大责任事故、流氓等。案发前工作情况主要有：公务员(3 位)、教师(3 位)、医生(1 位)、会计(1 位)、公司负责人(5 位)、公司雇员(2 位)、个体户(5 位)、工人(1 位)、服务员(1 位)、驾驶员(1 位)、无业(2 位)、学生(1 位)。研究对象基本情况见附录 2。按照学术规范，本书的地名和人名都采用了化名。

三、资料收集方法

1. 文献法

首先，笔者查阅了关于社会角色、角色适应、再社会化等方面的理论和实证研究文献以及关于社区矫正和社区服刑人员，尤其是假释人员的相关研究文献。其次，查阅了政府相关部门，特别是 T 市及 C 区有关刑满释放人员及社区服刑人员的法规政策文献。再次，查阅了假释人员的有关档案材料，尤其重点查阅他们在社区服刑期间的思想汇报材料，从中了解他们的角色适应过程。

2. 访谈法

本研究选取了 26 名假释人员进行了深度访谈(其中有 6 名被访者在第

一次访谈结束一年后接受了笔者第二次访谈），通过半结构化访谈方式倾听研究对象叙说自己出狱前后（以出狱后为主）的生活情境与生命故事，以了解其角色适应过程及其自身对此过程所赋予的意义。具体而言，笔者主要从以下几个方面收集访谈资料：纵向层面上，假释人员经历了怎样的角色适应过程，比如，出狱初期的日常生活是怎样的，有怎样的情绪和感受，大约多久以后投入社会生活的，尤其是什么时候开始工作的（研究发现，工作是多数假释人员角色适应的转折点，投入较稳定的工作后能带动他们的人际适应和心理适应），找工作前后的经历是怎样的，期间有怎样的心路历程，大约多久以后感到自己基本适应了新的社会角色和社会生活，是如何定义这种适应状态的，等等；横向层面上，出狱以来，在就业、人际交往、自我意识、参与社区矫正活动等方面状况如何；从总体上回溯不同时段他们在就业、人际交往、自我意识等方面发生了怎样的变化，这种变化是如何发生的，期间遇到了哪些主客观结构性制约，自身采取了哪些策略应对这些制约，等等。在这些故事的收集过程中，重点关注研究对象的经验以及对其本人所赋予的意义。

此外，本研究还选择了 5 名社区矫正工作人员进行了深度访谈，从侧面了解假释人员的角色适应过程（访谈提纲见附录 1）。

四、资料分析方法

本研究主要对深度访谈资料及假释人员思想汇报等材料进行质性分析。质性研究对资料的分析有两种：类别分析和叙述分析。“类别分析称为‘变量取向’，叙述分析又被称为‘脉络化取向’与‘故事取向’。类别分析是将具有相同属性的材料归入同一类，材料的属性可以从事物的要素、结构、功能、原因等各个层面进行分类。然后依次经过开放式分析、轴心式分析和选择式分析三个不同的阶段进行分析。”[①]叙述分析则将材料放入自然情境

① 陈向明：“社会科学中的定性研究方法”，载《中国社会科学》1996 年第 6 期。

之中，生动逼真地对事件和人物进行描述及分析。资料的编码（登录）采用开放式编码、关联式（轴心）编码及核心式编码几种主要方式。[①]

本书在质性资料的分析中兼顾了类别分析和叙述分析。具体而言，是将收集到的资料按角色适应的几个主要方面（社会规范、就业、人际交往、自我认同等）构成分析框架，重复阅读访谈录音所转录成的文字材料，从受访者的角度捕捉其所赋予自己假释以来生活故事的意义，并从中找出主控其角色适应过程的关键因素以及各个因素之间的交互作用机制。

① 陈向明："资料的归类和分析"，载《社会科学战线》1999年第4期。

第二章　文献综述

第一节　角色理论研究回顾

前文论及角色定义时已指出，角色概念是20世纪二三十年代一些学者从戏剧理论中引入社会学，进而发展成为社会学的基本理论之一。关于什么是角色理论，有的认为角色理论是“以角色作为理解个人社会行为的理论……其中包括角色的学习、角色的理解、角色的认知，以及角色的冲突，等等”[①]。有的则认为角色理论是“从社会意识和社会行为方面研究和揭示个体社会职能本质及其活动规律的理论”[②]。奚从清在综合多家之说的基础上提出，角色理论就是研究个体在互动过程中扮演角色及其活动规律的理论。之所以如此定义，他认为主要基于以下几点考虑：角色扮演和互动过程是密不可分的；角色扮演是角色理论的中心概念；角色扮演也显示了个体与社会

① 时蓉华：《社会心理学》，上海人民出版社2002年版，第56页。
② 党乐群：“试论社会角色”，载《云南教育学院学报》1987年第1期。

之间的联结点。①

角色理论研究的范围包括静态的角色期望、角色规范等，也包括动态的角色扮演、角色冲突、角色转换、角色建设等。乔纳森·H. 特纳（Jonathan H. Turner）将角色理论归纳为两大类型，即结构角色理论和过程角色理论。下面主要参照特纳和奚从清对角色理论的研究分别对这两大类型的角色理论做一梳理。

一、结构角色理论

结构角色理论家以角色在社会结构中所处的位置为出发点，研究角色的行为、社会对角色的期望、角色所面临的冲突以及角色与社会的关系等内容，由此形成他们的角色理论体系。② 结构角色理论的代表人物主要有米德、帕克、莫雷诺、林顿、戈夫曼、萨宾、默顿等。

乔治·赫伯特·米德（George Herbert Mead）是符号互动论的奠基人，他从儿童在成长过程中如何学会扮演角色的角度，系统地论述了符号在人们互动中的重要性，并且认为角色是个体与社会的联结点。米德关于角色的讨论为后来丰富的角色理论奠定了思想基础。米德使用角色概念旨在说明在人们的交往中可以预见的互动行为模式以及个人与社会的关系。他研究了儿童角色意识的形成，即从想象扮演某个角色（米德称之为“嬉戏阶段”）发展为成熟地承担某个角色（米德称之为“群体游戏阶段”）。米德将自我分为“主我”（I）和“客我”（me）两个部分，前者是个体对他人做出反应的动力性趋势，后者是社会的自我，它依赖于角色的扮演，反映的是社会的经验，是通过在社会互动中概括他人对自己的态度后形成的。“客我”代表自我的被动性、社会性的一面，而“主我”则代表自我的主动性、生物性的一面，“主我”是动作的原则、冲动的原则、创造性的原则。③ “主我”和“客

① 奚从清：《角色论——个人与社会的互动》，浙江大学出版社 2010 年版，第 19—20 页。
② 周晓虹：《现代西方社会心理学流派》，南京大学出版社 1990 年版，第 233 页。
③ ［美］乔治·赫伯特·米德：《心灵、自我与社会》，赵月瑟译，上海译文出版社 1992 年版，第 4 页。

我”总是密切相关的，它们共同构成一个出现在社会经验中的人。也就是说，在角色扮演的过程中，在与他人的互动中形成了每个人独特的自我，而且角色扮演的过程也是一个主客体互动的过程。当然，米德角色理论中的“主我”“客我”“概化他人”等思想至少是直接受到詹姆斯（William James）、库利（Charles Horton Cooley）、杜威（John Dewey）等三位美国思想家的影响而提出的。从詹姆斯那里，米德获得“自我”概念，它说明人类具有将自己视为客体看待的能力。在詹姆斯之后，库利完善了“自我”这一概念，论述了个体间的相互作用，对对方姿势的理解，以及“自我”是如何根据他人的看法认识自己的，即“镜中之我”。“镜中之我”概念启发米德提出了“概化他人”的概念。此外，杜威所提出的“精神”（mind）在社会环境中产生并在互动中发展的理论，同样对米德思想的形成产生了重要影响。米德认为，角色扮演是社会互动得以进行的基本条件。角色扮演的关键是具备“扮演他人角色的能力”。这种能力体系包括：（1）理解常规姿态的能力；（2）运用这一姿态去扮演他人角色的能力；（3）想象演习各种行动方案的能力。[①] “米德通过对心灵和自我的社会生成过程的描述，进一步探索个体与社会整体之间的互动关系，在心灵（自我的内在精神活动）、行为（个体的外在实践活动）、社会（群体意义上有组织的人类活动）逐级展开的背景下，在心理学、生物学、行为学、社会学、符号学等多学科研究相互融通的基础上，做出自己的哲学思考。”[②]“虽然米德对心智、自我及社会等概念的讨论涉及了社会与个体的互动关系，虽然心智与自我的概念揭示出社会与个体相互依赖的关键过程，但这种理论并没有分析社会组织中各种模式的变异以及个体参与这些模式所采取的不同方式，而是仅仅指出了社会是一种协调活动，它的持续和发展都是由个体角色扮演与自我评价过程决定的。这一概念很粗略地描绘了社会与个人之间的关系。确实，米德对于社会的

---

① ［美］乔纳森·H. 特纳：《社会学理论的结构》，邱泽奇、张茂元等译，华夏出版社 2006 年版，第 376—378 页。

② 丁东红：《米德文选》，社会科学文献出版社 2009 年版，第 2—3 页。

描述并没有指出不同类型的社会组织与不同属性的心智和自我是如何相互作用的。”①虽然存在上述不足，但米德“最初致力于更精确地找出社会与个体之间的联结点的工作导致了试图建立一套揭示社会构成之基本要素的概念体系。这样，就能更充分地对个体与社会之间的联系加以概念化和理论化”②。

罗伯特·E. 帕克(Robert Ezra Park)在米德职业生涯的末期才来到芝加哥大学，但他是第一批用角色理论来扩展米德学术思想的理论家之一。帕克强调，自我是从人们扮演多种角色中诞生的，角色与社会中的结构地位相关联，自我与在社会结构的地位范围之内扮演的角色密切相关，尤其与他们从事的职业有很大关联。一般来说，自我取决于个体在社区和社会群体中寻求扮演的角色，同样还取决于社会赋予这些角色的地位和普遍认识。正是这种地位和社区的普遍认识，授予了个体作为某一具体人物的特性，因为个体作为某一人物的地位是社会性的，而不见得必须是法律地位。③

雅各布·莫雷诺(Jacob Moreno)是心理剧疗法的创始人，也是集体心理治疗的先驱。莫雷诺是最早发展米德的角色扮演概念的理论家之一。在早期著作中，莫雷诺区分了不同的角色类型：(1)“身心角色”，行为与一定文化条件下人们的基本生理需求相联系，角色设置是无意识的；(2)“心理角色”，在这种角色中，个体按照特定的社会背景的具体期望行事；(3)“社会角色”，在这种角色中，个体要遵从各种常规社会类别(如工人、天主教徒、母亲和父亲等)的更一般期望。角色扮演是莫雷诺心理剧的核心技巧，其中，角色互换又是角色扮演中的核心策略。在主角扮演与他们有冲突的其他人的角色的过程中，人际关系的歪曲信念可以被解释、探究和矫正。通过角色互

① [美]乔纳森·H. 特纳：《社会学理论的结构》，邱泽奇、张茂元等译，华夏出版社2006年版，第380页。
② [美]乔纳森·H. 特纳：《社会学理论的结构》，邱泽奇、张茂元等译，华夏出版社2006年版，第381页。
③ 奚从清：《角色论——个人与社会的互动》，浙江大学出版社2010年版，第26页。

换，主角可以重新整合、重新消化和超越束缚他们的情境。[①]

结构角色理论的另一个重要代表是拉尔夫·林顿(Ralph Linton)。默顿(Robert King Merton)甚至认为，仅仅在林顿的《人类研究》(*The Study of Man*)出版后，社会地位和社会角色概念及其含义才被系统地结合到关于社会结构的不断展开的理论之中。[②] 林顿将角色定义为：在任何特定场合作为文化构成部分提供给行为者的一组规范。他在1936年所著的《人类研究》一书中论述了角色与地位之间的关系。他指出，地位是权利和义务的一种直接的集合，而角色则体现着地位的动态方面，当地位所代表的权利与义务发生效果时即为角色扮演。[③] 林顿将社会结构置于个人行为之上，视社会结构为一个行为规范体系，个人接受和遵循这些规范。因而角色是由社会文化塑造的，角色表演是根据文化所规定的剧本进行的。[④] 乔纳森·H. 特纳认为，雅各布·莫雷诺和林顿所提出的对社会组织本质的理论洞见，无疑是对米德启发性的理论进行了必要的补充，使我们能够更加精确地理解心智、自我与社会之间错综复杂的关系。[⑤]

第二次世界大战后，许多社会学家对角色理论的发展做出了贡献。其中，最著名的是欧文·戈夫曼(Erring Goffman)创立的“拟剧论”。在“拟剧论”中，戈夫曼借用戏剧中的术语研究个人与社会的互动关系。戈夫曼引用莎士比亚《皆大欢喜》中的台词，认为整个世界是一个舞台，所有的男人和女人都是演员，他们有各自的进口与出口，一个人在一生中扮演许多角色。戈夫曼认为，所谓社会现实，其本质是由个人的行动构成的，它是由具体个人与个人间的互动而时时表现出的一种过程。因此，真正意义的自我，如作为

① 奚从清：《角色论——个人与社会的互动》，浙江大学出版社2010年版，第26—27页。
② [美]罗伯特·K. 默顿：《社会理论和社会结构》，唐少杰、齐心等译，译林出版社2006年版，第566页。
③ [美]拉尔夫·林顿：《人类研究》，阿普尔顿-森特利-克罗夫特出版社1936年版，第28页。转引自奚从清：《角色论——个人与社会的互动》，浙江大学出版社2010年版，第27页。
④ 郑杭生：《社会学概论新修》，中国人民大学出版社2003年版，第106—107页。
⑤ [美]乔纳森·H. 特纳：《社会学理论的结构》，邱泽奇、张茂元等译，华夏出版社2006年版，第384页。

一种抽象性的概念，来自对个人在日常生活中所表现的种种行动所反映的意义的提取。值得一提的是，在戈夫曼的众多著作中，虽然他基本上是一如既往地受着符号互动主义的影响，重视对互动意义的探究，但同时，他也表现出了对结构的分析的重视。比如，他形容社会生活的前台是一种制度化了的社会存在，它所构成的先决条件业已由特定时空应有的历史环境提供，因而对演员要演的角色形成制约。所以，乔治・瑞泽尔（George Ritzer）认为，“戈夫曼的理论与其说是符号互动主义，不如说是结构主义”①。

萨宾（T. R. Sarbin）发展了米德的角色扮演理论，他和 D. S. 琼斯（D. S. Jones）在《角色行为的实验分析》中指出，人们在扮演其他身份的角色方面具有各种不同的能力或才能。萨宾还把角色按参与程度的深浅划分为从“0 度参与”到“精神和外物合一的参与”的七种类型。

作为结构功能主义的代表人物之一，默顿在他开创的中层理论中讨论了参照群体、地位丛、角色丛、角色冲突等概念。默顿对角色、角色丛等概念的分析具有很强的结构主义色彩。默顿认为，每一个特殊的社会地位，不仅有单一相关的角色，而且还有一系列相关的角色。这是社会结构的一个基本特性。社会结构的这一事实可以用一个确定的名词来描述，即角色丛。他将角色丛界定为“人们由于占有某一特殊的社会地位而具有的角色关系的全部”②。默顿明确指出，角色丛和地位丛的概念是结构（并且是指某一特定时期的社会结构）的某些方面。随着时间的不断发展，充分地社会模式化的地位继替被称为地位序列。角色丛、地位丛及地位序列的模式化排列构成了社会结构。即使看似简单的社会结构也是极其复杂的。为了使这些社会结构运行起来，必须设法组织这些地位、角色丛和序列，以便使社会结构具有相当程度的秩序，从而足以使大多数人在大多数情况下，在从事其社会生活事务时不致被迫在遇到每一新情况时都必须临时做出适应。默顿在分

① G. Ritzer, *Sociological Theory*, Alered Knopf, 1988: 311.

② ［美］罗伯特・K. 默顿：《社会理论和社会结构》，唐少杰、齐心等译，译林出版社 2006 年版，第 567 页。

析角色丛等概念的基础上，还分析了在角色丛中，使各种角色联结起来的机制等问题。①

正如乔纳森·H.特纳所说，结构角色理论“粗略地描绘了个人与社会之间的关系”，而且认为角色是个体与社会的联结点，尤其是林顿关于“角色是地位的动态方面”的观点创造性地发展了米德的角色思想。但结构角色理论分析的重点是地位网络的结构和相关期望，认为这种地位网络结构和相关期望制约着个体内心的符号互动过程和角色的最终形式。② 这种观点过于强调结构对角色扮演者的制约作用，缺少理论的综合。③ 相比较而言，拉尔夫·H.特纳(Ralph H. Turner)的过程角色理论则向把结构和过程综合为一种统一的互动理论的目标迈进了一步。④

二、过程角色理论

过程角色理论家侧重对社会互动中的角色扮演过程开展研究。过程角色理论的代表人物主要有赫伯特·布鲁默、拉尔夫·H.特纳等人，尤其是拉尔夫·H.特纳的过程角色理论最具有代表性。⑤

赫伯特·布鲁默(Herbert Blumer)得益于米德思想，于1937年在一篇文章里创造了“符号互动主义”这一术语，后经30多年的努力，直至1969年出版了《符号互动主义》一书。在该书中，布鲁默对符号互动主义进行了系统的解释和论述，并把它上升为一种社会理论。⑥ 布鲁默认为，社会的存在是种实在，这种实在的内容是变异性的，由活动着的人不停地创造、使用各

① [美]罗伯特·K.默顿：《社会理论和社会结构》，唐少杰、齐心等译，译林出版社2006年版，第568—584页。
② [美]乔纳森·H.特纳：《社会学理论的结构》，邱泽奇、张茂元等译，华夏出版社2006年版，第400页。
③ [美]乔纳森·H.特纳：《社会学理论的结构》，邱泽奇、张茂元等译，华夏出版社2006年版，第429页。
④ [美]乔纳森·H.特纳：《社会学理论的结构》，邱泽奇、张茂元等译，华夏出版社2006年版，第462页。
⑤ 周晓虹：《现代西方社会心理学流派》，南京大学出版社1990年版，第234页。
⑥ 侯钧生：《西方社会学理论教程》，南开大学出版社2001年版，第221页。

种“符号互动”而表现于世。互动是个人与他人和群体之间意义理解及角色扮演的持续过程。在互动作用中，个人的行动具有创造性、建构性和可变性。[①]

拉尔夫·H. 特纳在批评结构角色理论的基础上，阐述了他的过程角色理论。他认为结构角色理论主要存在以下缺陷：(1) 由于早先角色理论强调规范、社会地位和规范预期的设定，因此对于社会世界的看法是结构泛化的；(2) 角色理论趋于把大量的研究和理论建构的努力集中在“失范”的社会过程，比如角色冲突和角色紧张里，从而忽视了对人类互动常态过程的分析；(3) 角色理论与其说是理论，不如说是一系列前后不联结、互相无关联的命题；(4) 结构角色理论并没有运用米德角色扮演的思想作为它的中心概念。作为对这些难题的修正，拉尔夫·H. 特纳提供了强调互动过程而不是社会结构和文化脚本支配的角色论述。比如，他从互动的角度对角色构成过程、角色校正过程、角色与自我概念之间的关系等方面进行了论述。拉尔夫·H. 特纳认为，互动是角色领会和角色扮演过程的联结点，互动就是角色领会和角色建构。“角色的文化定义往往模糊不清，甚至相互矛盾。这种定义最多也不过提供个体行动者建立行为方式的总体框架。因此，行动者建构角色，并在与他人的交往中告知对方自己在扮演何种角色。”[②]乔纳森·H. 特纳对拉尔夫·H. 特纳的贡献给予了高度评价，认为后者“致力于把互动论发展成为接近公理的理论”[③]。

我国学者对角色理论也有一些探索和研究，比如郑杭生主编的《社会学概论新修》、周晓虹所著的《现代社会心理学理论流派》、奚从清所著的《角色论》等都结合我国社会角色扮演的实际情境对角色理论有进一步的推进。

总体而言，角色理论逐渐趋向整合，既强调角色扮演中的结构性因素的影响，又重视角色扮演中的互动关系，角色是个体和社会的联结点的观点已得到

---

① 奚从清：《角色论——个人与社会的互动》，浙江大学出版社 2010 年版，第 32 页。

②③ [美] 乔纳森·H. 特纳：《社会学理论的结构》，邱泽奇、张茂元等译，华夏出版社 2006 年版，第 363 页。

广泛认同。这种整合趋势在与角色相关的经验研究中有较明显的体现。

第二节　罪犯角色适应研究回顾

前文曾提到，角色适应是指“个体为与其所承担的新角色或所处的新环境保持和谐状态，而采取的心理调适及行为反应”。而社会适应是指“个人适应环境而产生的行为”。前者侧重从角色理论视角或者说用角色理论的概念体系讨论某个人或某个群体对新环境、新境遇的适应。社会适应比角色适应含义更宽泛。对某个群体的社会适应研究往往包含了角色适应的研究，只是没有从角色理论视角去讨论其社会适应问题。在下文的文献梳理中，将遵照原文献对“出狱人社会适应”及“罪犯社会适应”等用法加以阐述。

一、国外有关出狱人社会适应的研究

国外对出狱人[①]的保护实践由来已久，但是对出狱人社会适应的研究热潮却到2000年前后才在美国兴起。1990年代末，美国监狱人满为患，监禁率达到1970年代的4倍，而矫正项目却开展不足，罪犯改造效果有限，许多出狱人社会适应非常困难，重新犯罪率极高，近70％的囚犯在释放三年内又被逮捕，有50％的人再度入狱。[②] 在此形势下，出狱人的社会适应问题引起了研究者的广泛关注。当时对这股研究热潮起推动作用的是美国前国家司法研究所所长、时任城市学院司法政策研究中心高级研究员的杰瑞米·特拉维斯(Jeremy Travis)。在杰瑞米·特拉维斯的领导下，城市学院司法政

① 国外出狱人概念除了刑满释放人员外，至少还包括假释、监外执行、保安处分人员等。在中国语境下，狭义的出狱人包括刑满释放、假释、监狱决定的暂予监外执行人员；广义的出狱人除了刑满释放、假释、监狱决定的暂予监外执行人员外，还包括劳动教养制度未撤销之前的解除劳动教养人员及法院决定的暂予监外执行人员。为保持概念的一致性，此处国外研究介绍沿用国外的出狱人称呼。

② Christy A. Visher & Jeremy Travis, “Transitions from Prison to Community: Understanding Individual Pathways,” *Annual Review of Sociology*, Vol. 29, 2003: 89 - 113.

策研究中心的学者们在2000年前后对出狱人回归社会过程中的各种挑战进行了实证研究,并发表了一系列研究报告、论文和专著。另一个对出狱人社会适应问题进行深入研究的机构是美国维拉司法研究所(Vera Institute of Justice)。这个一直致力于以实证研究推进司法改革的著名研究机构通过对出狱人的深度访谈等方法探究他们适应社会过程中所遇到的困难并推动司法部门开展了多项社会适应项目。除了这些司法研究机构的学者,近年来美国及英国、加拿大等其他国家的社会学、人类学等学科的学者也纷纷加入出狱人社会适应问题的研究行列,他们从种族、性别、阶层等多个角度对该主题进行了更加细致深入的研究。综观上述各领域学者的研究,出狱人社会适应研究的内容主要涉及出狱人社会适应的内涵、社会适应的过程、影响适应的因素、促进适应的措施及效果等几个方面。

1. 出狱人社会适应的内涵

关于出狱人的社会适应,国外学者尚未形成一个比较权威的界定。在外文文献中,与出狱人的社会适应(social adaptation)比较接近的表述还有释后调适(adjust to release from prison)、重新融入社会(social reintegration)、回归(reentry)、从监狱向社区的过渡(transition from prison to community)等,这些概念经常被交叉使用。大多数研究者都是从实践应用的角度出发,侧重讨论了出狱人的社会适应受哪些因素的影响,尤其关注那些重新犯罪的人面临的是怎样的释后环境。也正是这样的研究出发点造成了有些学者对出狱人社会适应内涵理解上的偏差,不少文献中仅仅以是否重新犯罪作为衡量出狱人社会适应的标准。比如,詹姆斯·K. 费希尔(James K. Fisher)等人认为,"衡量假释人员是否适应社会的一条重要标准是他们是否重新犯罪"。他们在文中分别从父母身份、就业、住房、家庭、朋友等方面讨论了环境因素及各种社会关系与成功适应之间的关联性,主要考察了这些因素是否有利于限制他们从事违法犯罪活动。① 当然,也有少数学者已经意

① James K. Fisher, et al., "The Reentry Process: How Parolees Adjust to Release from Prison," *Fathering*, Vol. 3, 2005: 243-265.

识到这种理解的片面性。维舍(Christy A. Visher)和特拉维斯指出，理解出狱人重返社会成功或失败的路径、原因及维度是近年来学术界研究的焦点，然而，既有研究仅仅聚焦于重新犯罪问题，却忽视了一个事实，即重新犯罪直接受出狱后的社会适应状况的影响，而出狱后的社会适应状况取决于出狱人个体及环境等一系列因素，不能仅以是否重新犯罪作为衡量出狱人社会适应的标准，应该将下列因素也考虑其中，如是否就业、能否解决与家庭成员的冲突、是否滥用药物、是否积极参与公共事务等。[①] 尽管这些学者并未对出狱人社会适应进行明确界定，但关于社会适应衡量标准的讨论为我们全面理解出狱人的社会适应提供了有益的参考。

2. 出狱人社会适应的过程

埃克兰-奥尔森(Eckland-Olson)等人认为出狱人社会适应的过程与退休人员的退休适应过程较为相似，大致都经历了蜜月期(或兴奋期)—失望期(或清醒期)—重新定位期这一过程。具体而言，刚出狱时，出狱人往往因获得自由而兴高采烈，渴望尝试很多因监禁生活而没有能够完成的事情，具有重新做人、干一番事业的强烈愿望，此时他们的家庭成员也对他们的出狱感到激动和高兴并热情地鼓励他们。兴奋期过后，出狱人会慢慢发现，许多事情受犯罪经历的标签效应影响并不能如愿去开展，家人、朋友也逐渐恢复到日常的生活而不像刚出狱时对自己那般热情照顾，这时便进入失望期(或清醒期)。当出狱人不能够或不愿意沿着一个新的方向生活时，压力则随之产生。为了缓解这种压力，出狱人往往会重新思考自己的身份，重新定位自己的生活，适应“前犯罪人”身份所带来的种种限制和困难，这便是重新定位期。若能够成功地应对由于监禁的污名化而带来的种种挑战并能进入正常的例行生活，则能进入一种再犯概率极低的生活方式；若无法应对挑战，则可能维持在一种消沉、沮丧和异化状态中，为了寻求安慰，他(她)可能又重新参与到从前熟悉的非法活动和非法团体中去，重新

---

① Christy A. Visher & Jeremy Travis, “Transitions from Prison to Community: Understanding Individual Pathways,” *Annual Review of Sociology*, Vol. 29, 2003: 89 - 113.

走上犯罪之路。[1] 与埃克兰-奥尔森等人的观点不同，马尔塔·纳尔逊(Marta Nelson)等人并未将出狱初期看作蜜月期或兴奋期，而是看作既兴奋又充满挑战的时期，若外界的帮扶工作做得及时到位，对出狱人而言，就是充满机会的时期，若帮扶工作不力，则可能步履维艰。他们对 49 名假释人员从出狱前一个星期到出狱后一个月进行了六次跟踪访谈，发现出狱初期虽然对出狱人而言充满困难，但多数人具有强烈的重新做人的愿望。那些得到及时帮助的人，大多进入了稳定的生活状态，而没有得到及时帮助的人，则一直处境艰难。[2] 费希尔等人对 51 位假释人员从出狱开始进行了为期六个月的跟踪访谈，在出狱一个月后的访谈中，39%的被访者认为自己不适应或非常不适应社会，在出狱后第二个月的访谈中，17%的被访者认为自己不适应或非常不适应社会。总体而言，随着时间的推移，假释人员的社会适应性越来越好，但 51 个访谈对象中仍有 10 人(近 20%)在释放后半年左右再度入狱，这是不适应社会的典型表现。[3] 桑普森(Robert J. Sampson)和劳布(John H. Laub)对前犯罪人终止犯罪的过程的研究从另一个侧面反映了出狱人社会适应的过程。他们用生命历程理论框架解释了关键的生命事件可能增强出狱人的社会纽带从而改变其犯罪轨迹，比如工作稳定度和婚姻依恋可以作为一种非正式的社会控制抑制一个人的犯罪行为。他们认为终止犯罪与终止其他问题行为(如吸毒、酗酒、家庭暴力等)具有相似性，问题行为的终止通常是一系列过程的结果，这些过程包括：个人决定或激励事件(这种决定和事件往往是长期累积效应所致)；生活方式的变化，比如进入新的社会网络和社会角色；对生活方式转变的社会支持等。桑普森和劳布得出结论：良好的婚姻关系、稳定的工作、为人父母等关键的生命事件可以作

---

① S. Ekland-Olson, M. Supancic & J. Campbell, et al., "Postrelease Depression and the Importance of Familial Support," *Criminology*, Vol. 21, No. 2, 1983: 253 - 275.

② Marta Nelson, Perry Deess & Charlotte Allen, "The First Month Out: Post-Incarceration Experiences in New York City," Vera Institute of Justice, New York, 1999: 135 - 146.

③ James K. Fisher, et al., "The Reentry Process: How Parolees Adjust to Release from Prison," *Fathering*, Vol. 3, 2005: 243 - 265.

为一种激励因素对出狱人产生正面影响，而且这种影响是渐进的、累积的过程，通过日积月累的正面影响和激励，出狱人逐渐远离犯罪，融入正常社会生活。① 维舍和特拉维斯认为，出狱人不仅仅是经监狱阶段性改造的产品，出狱人社会适应的过程是受其人生经历、需求、技能、价值观念、社会关系、社区生活环境、国家刑事司法政策及其他政策等多重因素共同建构的，应该采取跨学科、多层次的纵贯研究，综合考察出狱人监禁前、监狱中、出狱后的个人特质及环境因素是如何影响其社会适应的过程的。②

3. 出狱人社会适应的影响因素

第一，出狱人自身因素。出狱人自身的受教育背景、就业技能、就业历史、违法犯罪历史、身体和精神健康状况、回归社会的决心等因素对其社会适应具有很大的影响。一般而言，糟糕的就业历史和就业技能不能使出狱人获得稳定的工作和体面的薪酬。③ 美国司法统计局对 15 个州超过 30 万出狱人重新犯罪的一项研究显示，有更长的犯罪历史的人比那些只有短暂犯罪记录的人重新犯罪率高。这从侧面说明有更长犯罪历史的人更难适应社会。维舍引用卡利法诺(Califano)等人的研究结论说，能否解决药物滥用问题对出狱人成功适应社会起着关键作用。宾斯万格(Binswanger)等人对科罗拉多州的 29 名刚出狱两个月的出狱人进行的质性研究发现，在从监狱到社区的过渡阶段，他们通常不能及时地得到医疗照顾，而且出狱初期的压力、恐惧、焦虑和失望情绪还会加重他们的精神或身体病情。这对他们的社会适应带来严峻挑战。④ 一项对芝加哥 1 800 名监禁青少年的流行病学研究

① [美] 罗伯特·J. 桑普森、约翰·H. 劳布：《犯罪之形成——人生道路及其转折点》，汪明亮等译，北京大学出版社 2006 年版，第 216—253 页。

② Christy A. Visher & Jeremy Travis, "Transitions from Prison to Community: Understanding Individual Pathways," *Annual Review of Sociology*, Vol. 29, 2003: 89 - 113.

③ Marta Nelson, Perry Deess & Charlotte Allen, "The First Month Out: Post-Incarceration Experiences in New York City," Vera Institute of Justice, New York, 1999: 135 - 146.

④ I. A. Binswanger, C. Nowels & K. F. Corsi, et al., "From the Prison Door Right to the Sidewalk, Everything Went Downhill: A Qualitative Study of the Health Experiences of Recently Released Inmates," *International Journal of Law and Psychiatry*, Vol. 34, 2011: 249 - 255.

表明，除了行为问题，几乎三分之二的男性和四分之三的女性存在一种或一种以上的精神障碍，几乎一半的样本有药物滥用问题。如果这些疾病得不到及时治疗，将严重影响他们成功地适应社会。[①] 马鲁纳（Maruna）等人在对出狱人深入访谈的基础上得出结论，成功实现从监狱向社会过渡的核心因素是个人改变犯罪轨迹的决心，这个决心是其身份转变的动力，也是出狱人解释当前身份和过去行为的脚本。[②] 纳尔逊等人则认为出狱人所处的社会环境、个人解决潜在障碍的能力与融入社会的决心同等重要。[③]

遗憾的是，关于自身因素方面的现有研究中尚未见到关于性别和年龄因素对出狱人社会适应的影响研究。男性与女性，青少年、中年人与年老者在社会适应的速度、过程、适应的策略等方面是否存在差异？这些论题非常值得我们进一步深入探究。

第二，同辈群体。同辈群体对出狱人社会适应的影响可能是正面的也可能是负面的，甚至有可能是双重的。同辈群体的影响可能取决于出狱人面临的其他环境，如社会支持、自我效能感等。[④] 纳尔逊等人的研究发现，无论老朋友是拉他入伙继续从事违法活动还是尊重他的新的生活方式，大部分（49 个访谈对象中 34 个）假释犯出狱后一个月内与老朋友取得了联系，有超过一半的人说联系老朋友的原因是由于感到孤独。在与老朋友有联系的 34 人中，只有 17 人表示自己从老朋友那里得到了物质和情感的支持，12 个人表示没有从老朋友那里得到任何帮助，还有 5 个人没有作答。除了与老朋友联系外，49 个访谈对象中有 30 人在出狱后一个月内结交了新朋友，大多是通过工作认识的。出狱人努力建立新的人际关系虽然是一种好的征兆，

---

① 转引自 Laura S. Abrams & Susan M. Snyder, "Youth Offender Reentry: Models for Intervention and Directions for Future Inquiry," *Children and Youth Services Review*, Vol. 32, 2010: 1787 - 1795.

② S. Maruna, "Making Good: How Ex-Convicts Reform and Rebuild Their Lives," Am. Psychol. Assoc, Washington, DC, 2001: 231 - 243.

③ Marta Nelson, Perry Deess & Charlotte Allen, "The First Month Out: Post-Incarceration Experiences in New York City," Vera Institute of Justice, New York, 1999: 135 - 146.

④ Christy A. Visher & Jeremy Travis, "Transitions from Prison to Community: Understanding Individual Pathways," *Annual Review of Sociology*, Vol. 29, 2003: 89 - 113.

但研究者认为，我们不能确定这种关系给他们带来怎样的影响，“我们不能将新结交的朋友看作救世主，因为五分之三的人承认为了适应新的朋友，他们一起喝酒了”①。另一项研究发现，夜晚经常与朋友外出交往的假释人员重新犯罪率较高。在每周有四个夜晚与朋友交往的被访者中，70%的人在半年之内再度被监禁。② 有许多学者强调监狱中的狱友经常在同伴关系中起着负面作用，在监狱里结成的团伙甚至在出狱后从事更严重的违法犯罪活动。

在同辈群体的影响方面，有一项工作国外已经在实践中开展，但尚未见到对其效果的评估，那就是成功适应社会的出狱人作为指导者帮助那些新释放的出狱人的同伴教育工作。这项工作非常有意义，有待进一步研究。

第三，家庭。家庭是新释放人员的缓冲剂。家庭不仅能为他们提供物质支持，还能为他们提供情感支持。费希尔等人对犹他州的盐湖城和普罗沃的51名假释人员的研究表明，有50名被访者反映家庭给予了他们不同程度的支持，主要的支持是金钱（57%）、住处（55%）、情感支持和建议（53%）、交通（34%）。该项研究还特别注意到了其他文献关注不多的亲子关系对假释人员回归社会的影响。他们发现，亲子关系良好的假释人员有着更强的责任感，更有可能抑制其重新犯罪。③维拉司法研究所的研究结论是，家庭支持在假释人员被释放后的30天内发挥着非常关键的作用。那些就业获得很大成功、停止吸毒、有着乐观生活态度的人，是那些谈论家庭（对他们接纳）最多的人。④桑普森和劳布的研究发现，家庭这种社会纽带增加了出狱人与家庭成员之间的相互依赖和相互制约，从而大大增加了把犯罪倾向付诸实施的成本。因此，当他们在家庭生活中投入一定的社会资本就有可能最大限度地抑制他们去犯罪。卡桑德拉·钱尼（Cassandra Chaney）对非洲裔美国人的质性研究发现，多数人认为婚姻或同居关系是一种改变生活的力量，

①④ Marta Nelson, Perry Deess & Charlotte Allen, "The First Month Out: Post-Incarceration Experiences in New York City," Vera Institute of Justice, New York, 1999: 135-146.

②③ James K. Fisher, et al., "The Reentry Process: How Parolees Adjust to Release from Prison," *Fathering*, Vol. 3, 2005: 243-265.

也是生活的稳定剂。① 许多研究还表明，在监狱期间与家人联系密切的人假释成功率高。但也有学者认为，尽管家庭等社会关系是有帮助的，但出狱人直接回到家庭并不是最好的办法，最好是与中途家庭联合运用。因为，完全依赖现存的社会支持系统可能带来冲突、压力以及刚出狱的人无力解决甚至无法理解的问题。过渡性步骤是必要的，中途家庭可以帮助出狱人重新定位、调整自己。②

但是，值得注意的是，家庭在出狱人的社会适应过程中并非完全发挥正功能，有些家庭因素对出狱人的社会适应起负面作用。比如，有的家庭成员有吸食毒品或其他违法犯罪行为，或者家庭成员与出狱人之间有冲突性关系，这些家庭因素都不利于出狱人适应社会。费希尔等人所研究的 51 个调查样本中，没有冲突性家庭关系的假释人员没有一个再度入狱，而至少有一种冲突性家庭关系的假释人员中，有 29%再度入狱了。③ 另一项对芝加哥的刑释人员的研究也发现，那些有负面家庭关系的人更可能被再次监禁。甚至有研究发现，在重新犯罪者中，与异性伴侣的冲突是被提到的第二大问题，仅次于药物滥用。④

第四，社区环境。关于社区环境对犯罪率的影响有长期的丰富的生态学研究历史。对于出狱人而言，社区环境对其社会适应更是起到非常关键的作用。早在 20 世纪 20 年代，芝加哥大学社会学学院关于社会解体与城市犯罪的研究就表明，社区的结构性特征，如居住的稳定性、组织参与活动的频率、正式或非正式社会控制措施等对个人的犯罪活动有着直接或间接的

① Cassandra Chaney, "So My Family Can Survive: Prisoner Re-entry and the Risk and Resilience of Black Families," *Journal of African American Studies*, Vol. 15, 2011: 95 - 114.

② Jeffrey R. Breese, Khaz Ra'el & G. Kathleen Grant, "No Place like Home: A Qualitative Investigation of Social Support and Its Effects on Recidivism," *Sociological Practice: A Journal of Clinical and Applied Research*, Vol. 2, No. 1, 2000: 1 - 21.

③ James K. Fisher, et al., "The Reentry Process: How Parolees Adjust to Release from Prison," *Fathering*, Vol. 3, 2005: 243 - 265.

④ Christy A. Visher & Jeremy Travis, "Transitions from Prison to Community: Understanding Individual Pathways," *Annual Review of Sociology*, Vol. 29, 2003: 89 - 113.

影响。社区的环境指标和资源也会影响出狱人的释放结果，包括住房价格及可获得性、就业机会、健康服务、药物滥用治疗等。另外，不同社区中酒精、毒品和暴力行为的可接触程度是不同的。有研究表明，长期接触暴力性社区环境可以增加心理健康和青少年犯罪的风险。① 出狱人员大多集中于中心城市，而且多处于中心城市的少数社区，这些社区通常贫困、无序、犯罪率高。这种居住环境特别会影响到那些缺席了一段时间又回来的出狱人的行为。有研究表明，能够获得社会服务有利于出狱人顺利回归社会，降低再犯罪率。也有研究者认为，出狱人回到社区后与社区邻里的联系纽带弱化，被排除在社区生活之外，因前犯罪人身份而遭受不同程度的歧视和污名，这些都可能不利于其适应社会，甚至重新走上违法犯罪之路。② 下面侧重对出狱人的污名化以及污名与社会适应的关系的相关研究进行梳理。

出狱人因其曾经的犯罪经历极易受到社会的污名化。正如戈夫曼所说，“犯罪是个人品格的污点”。“这种污名符号(stigma symbols)引人关注不光彩的身份差距、在打碎一幅本可以浑然一体的画面方面特别有效，人们对此人的评价随之降低。”③犯罪这种污名符号往往使其拥有者身份受损，社会地位贬低，社会信誉与社会价值丧失。语义学考古认为，“污名”(stigma)一词源自古希腊，最初是指用灼热的烙铁在侍奉神的人身上留下记号，具有宗教含义。后来转变为指用刺或者烙的方式在奴隶或罪犯的躯体上留下记号，以标示其社会等级、身份地位的低下。1963年，戈夫曼将“污名”一词引入社会学领域，明确地将“污名”等同于使个体异于常人的一种“不名誉”的特征，而且如上文所说，戈夫曼专门对犯罪这种“不名誉”的符号进行了论述。在戈夫曼之后，社会心理学家琼斯(Jones)等人用不名誉的“记号”

① 转引自 Laura S. Abrams & Susan M. Snyder, "Youth Offender Reentry: Models for Intervention and Directions for Future Inquiry," *Children and Youth Services Review*, Vol. 32, 2010: 1787-1795.

② 转引自 Christy A. Visher & Jeremy Travis, "Transitions from Prison to Community: Understanding Individual Pathways," *Annual Review of Sociology*, Vol. 29, 2003: 89-113.

③ [美]欧文·戈夫曼：《污名——受损身份管理札记》，宋立宏译，商务印书馆2009年版，第5、61页。

(mark)替换了戈夫曼的不名誉的“特征”，并引入“印象吞没”概念(impression engulfment)阐述了污名化的形成过程。琼斯等人认为，在社会互动过程中，人们以不名誉的记号为基础形成了对记号背负者的整体印象，这一印象逐渐淹没了记号背负者本身，从而实现了从记号到污名的转化。① 克罗克(Crocker)等人指出，“一些属性或特征代表了在特定社会背景中受贬抑的社会身份，当一个人拥有(或被认为拥有)这些属性或特征时，污名化就会发生”②。科里根(Corrigan)进一步指出污名是由“公众污名”与“自我污名”相统一而构成的整体，前者指社会对被污名群体的刻板印象，后者则指公众污名产生之后被污名者出现的自我贬损。③ 污名从词源学上来看就与犯罪有密切关联。可以说，犯罪自古以来就是一种不名誉的行为。由于犯罪本身的不名誉性，背负罪名者极易因“印象吞没”机制而被污名化，即便已经接受了矫正的刑释人员等出狱人也常陷入污名化困境。这种污名化困境通常既包括公众污名也包括自我污名，而且二者之间相互作用、相互促进。当然，作为被污名者的出狱人，并非是刻板印象的受害者和消极接受者，相反，他们也在努力地建构自己的空间并积极追求成就的获得。④

但笔者通过文献梳理发现，国外研究仅仅停留于描述出狱人的污名预期、污名感知及这些预期和感知对其社会适应的影响，而对出狱人污名身份的内外在建构机制缺乏深入挖掘，既未能对社会观念、社会制度如何对出狱人进行外在的污名建构以及出狱人自身如何对外在污名进行内化吸收而形成自我污名等复杂的过程进行研究，也未能对出狱人的主体性给予足够重视，对于出狱人应对污名的策略研究很不深入。

---

① E. E. Jones, A. Farina & A. H. Hastorf, et al., “Social Stigma: The Psychology of Marked Relationships,” *Contemporary Society*, Vol. 14, No. 3, 1985: 401 - 402.

② Crocker, Major & Steele, “Social Stigma,” in Gilbert, Fiske & Lindzey (eds.), *The Handbook of Social Psychology*, New York: McGraw-Hill, 1998: 504 - 533.

③ P. W. Corrigan & C. W. Amy, “The Paradox of Self-Stigma and Mental Illness,” *Clinical Psychology: Science & Practice*, Vol. 9, 2002: 35 - 53.

④ D. Oyserman & J. K. Swim, “Stigma: An Insider's View,” *Journal of Social Issues*, Vol. 57, 2001: 1 - 14.

关于污名预期的研究，国外的研究者得出了不同的结论。本森(Benson)等人研究发现，大部分被访者污名预期较弱，对出狱后的生活抱有比较乐观的态度。[①] 而温尼克(Winnick)和博德金(Bodkin)的研究则认为，大多数人预期出狱后会遇到比较严重的歧视和排斥。[②] 关于污名预期与种族之间的关系，也存在不同的结论。安东尼·R. 哈里斯(Anthony R. Harris)研究发现，犯罪人的污名预期存在一定的种族差异。对于黑人来说，虽然负有较高的刑事责任(犯更严重的罪行)但污名预期较低，而白人即使负有较低的刑事责任也有较高的污名预期。[③] 本森等人却发现污名预期不受种族的影响，而更多地受个性及社会联结状况等因素的影响。那些自我控制能力低、与父母的联结较弱、对犯罪积极定义的监狱犯人有较强的污名预期。另外，羞耻感强的人也有较强的污名预期。[④]还有研究发现，污名预期与受教育程度也有一定关联，受教育程度较高者比受教育程度较低者有更强的污名预期。[⑤]

上述研究只是描述了监狱犯人的污名预期状况，并各有侧重地讨论了种族、个性、受教育程度、羞耻感、社会联结状况等对污名预期的影响，但未能对污名意识(perceived stigma，即意识到的污名)和污名预期(anticipated stigma，即预期的污名)的关系以及污名意识、污名预期对出狱后行为的影响进行研究。这一研究的不足在新近的一项研究中得到了弥补。[⑥] 穆尔(Moore)等人假设污名意识会影响监狱犯人的污名预期，而污名预期又可能会导致他们出狱后在多方面的糟糕的适应状况(如重新犯罪、物质依赖、精

①④ M. L. Benson, L. F. Alarid & F. T. Cullen, et al., "Reintegration or stigmatization? Offenders' expectations of community re-entry," *Journal of Criminal Justice*, Vol. 39, 2011: 385 - 393.

② T. A. Winnick & M. Bodkin, "Anticipated Stigma and Stigma Management Among Those to be Labeled 'Ex-Con.'," *Deviant Behavior*, Vol. 29, 2008: 295 - 333.

③ A. R. Harris, "Race, Commitment to Deviance, and Spoiled Identity," *American Sociological Review*, Vol. 41, 1976: 432 - 442.

⑤ T. P. LeBel, "Invisible Stripes? Formerly Incarcerated Persons' Perceptions of Stigma," *Deviant Behavior*, Vol. 33, 2012: 89 - 107.

⑥ K. E. Moore, J. B. Stuewig & J. P. Tangney, "The Effect of Stigma on Criminal Offenders' Functioning: A Longitudinal Mediational Model," *Deviant Behavior*, Vol. 37, 2016: 196 - 218.

神健康状况、社区适应等)。研究结果表明,污名意识确实可以通过污名预期预测他们比较差的社区适应,也就是说,污名意识越高的人污名预期也越高,而污名预期越高则呈现出越差的社区适应。

关于污名感知,大多数研究发现出狱人普遍感知到不同程度的污名。污名化导致出狱人在寻找并维持一份稳定的工作、修复破裂的家庭关系及社区融入等方面都存在一定的障碍。[①] 当然,也有研究发现,并非所有人都对出狱人有同等程度的污名,与那些跟出狱人没有直接接触的人相比,家人及熟悉他们的人对他们有更少的污名。另外,不同的出狱人感知到的污名程度也有差别,那些有多次违反假释规定的经历、与其他犯罪人员有更强烈的认同、在犯罪比较严重的社区长大、与家庭及朋友的联系纽带脆弱的出狱人感知到更多的污名。[②] 也有少数研究发现,某些出狱人并未感知到污名。N. 哈里斯对因酒驾入刑的犯罪人研究发现,无论是被判处传统的刑事法院处罚还是家庭小组会议形式处罚,这些犯罪人都未感到被污名化。[③] 至于为什么不同的出狱人感知到的污名程度不同,这些研究并未详细讨论。或许前文穆尔等人的研究结论可以对此做出一定的解释,即污名意识会影响污名预期,进而影响污名感知。而污名意识又与犯罪类型、入狱次数(初次入狱还是多次入狱)、个人的社会联结状况等因素相关。

关于污名对出狱人的影响,理论上有两种截然不同的观点。"重整羞耻理论"(Reintegrative shaming theory)认为污名不利于出狱人复归社会,因为污名给出狱人贴上耻辱性标签,给其在社会融入中带来诸多障碍。标签理论也持同样观点。威慑理论(Deterrence theory)则认为污名化有利于阻止犯罪人重新犯罪,因为他们出狱后感到羞耻,遭遇到家人、朋友、雇主等的

① Christy A. Visher & Jeremy Travis, "Transitions from Prison to Community: Understanding Individual Pathways," *Annual Review of Sociology*, Vol. 29, 2003: 89 - 113.

② T. P. LeBel, "Invisible Stripes? Formerly Incarcerated Persons' Perceptions of Stigma," *Deviant Behavior*, Vol. 33, 2012: 89 - 107.

③ N. Harris, "Shaming and Shame: Regulating Drunk Driving," in Ahmed, Harris & Braithwaite (eds.), *Shame Management Through Reintegration*, Cambridge: Cambridge University Press, 2001: 173 - 174.

排斥和疏离，付出了“依附代价”(attachment cost)，这可以警醒他们不要再从事犯罪行为。实证研究也有不同的研究结论。施奈德(Schneider)和麦金(McKim)研究发现，他人的污名没有对假释人员的行为产生直接影响。假释人员感受到的污名主要来自雇主、执法人员及社区。但这种污名被假释人员感受到的来自家人和朋友的支持所抵消，所以假释人员并没有严重的自我污名。[①] 图克斯伯里(Tewksbury)对 24 名性犯罪者的研究却发现，污名内化使他们感到羞愧、沮丧和恐惧，并感觉到标签化身份的不公以及对给以污名者充满愤恨。[②] 还有研究发现，不同阶层的出狱人受到的污名影响不一样。克利(Kerley)和科佩斯(Copes)研究发现，白领罪犯在出狱后更容易复原(重新振作)。然而，如果他们在 24 岁之前遭到多次逮捕或监禁，白领罪犯与街头罪犯(street-level offenders)一样难以获得稳定的就业。[③] 面对污名情境，出狱人采取的应对策略主要有隐瞒、退缩及预防性告知。温尼克等人调查发现，尽管大多数人预料到出狱后可能会遭到比较严重的排斥，但作为一种适应策略，他们更倾向于进行预防性告知而不是回避或隐瞒。当然，当遇到可能引起排斥的情况，比如歧视性观念或减少就业机会时，他们往往采取回避和隐瞒策略。当遇到“明智”的家人和朋友，他们更倾向于预防性告知而不是隐瞒。[④] 另外，白人罪犯更注意隐瞒前犯罪人身份。因为前犯罪人身份会阻碍白人特权，而隐瞒可以使白人优势继续保持，尤其是在劳动力市场中。所以白人犯罪者会更加严格保密前犯罪人身份，而且他们的隐瞒也更易成功，因为白人一般不会被认为有犯罪记录。而对黑人犯罪者而言，种族污名也许能代替犯罪污名，所以对犯罪污名的管理就显得不那

① Andreas Schneider & Wayne McKim, “Stigmatization among Probationers,” *Journal of Offender Rehabilitation*, Vol. 38, 2003: 19 - 31.

② R. Tewksbury, “Stigmatization of Sex Offenders,” *Deviant Behavior*, Vol. 33, 2012: 606 - 623.

③ K. Kerley & H. Copes, “The Effects of Criminal Justice Contact on Employment Stability for White-Collar and Street-Level Offenders,” *International Journal of Offender Therapy and Comparative Criminology*, Vol. 48, 2004: 65 - 84.

④ T. A. Winnick & M. Bodkin, “Anticipated Stigma and Stigma Management among Those to Be Labeled ‘Ex-Con.’,” *Deviant Behavior*, Vol. 29, 2008: 295 - 333.

么迫切。[①]

第五,国家政策。与出狱人个体因素及家庭、同辈群体、社区等因素相比,国家政策是一种具有更大制约作用的结构性因素,甚至可以说前几种因素都是在国家政策的制约下发挥作用的。国家政策主要涉及三个方面:一是谁入狱;二是入狱后接受怎样的处遇;三是出狱后的监督和帮扶政策。国家更加严厉的刑事政策,更多地使用监禁刑的直接后果便是更多的犯人入狱,也使更多的人面临重返社会的适应问题。

入狱后,刑期的长短对犯人未来的社会适应有直接的影响。更长的刑期会使出狱人与家人更加疏离,也不利于他们再就业,甚至有研究发现,长期的监禁无论对高风险出狱人还是对低风险出狱人而言都增加了再犯风险。对多项监狱矫正项目评估发现,监狱对犯罪人实施的文化、就业技能、认知能力、药物滥用等方面的教育和治疗项目,尤其是与释放后的过渡性项目相结合,有利于降低重新犯罪率。但是,如果监狱监禁人数不断增加,而矫正项目却没有同步增长,许多犯人在监狱中得到的治疗和训练则非常有限。长期被监禁于恶劣的非人的监狱环境中必然不利于其出狱后的社会适应。有研究发现,监禁经历使假释人员形成了三种应对矫正系统的心理适应方式,即默从、不行动和挑衅。"从一个高度结构化、严密控制、非私人性的环境进入一个社会性意义上孤立的世界,这样的世界要求人具有自我调节、自我控制和独立决策能力,这就会让新释放的假释人员感到迷茫,从而造就他们的压力、恐慌和经常性的破坏性行为。"[②]

对出狱人严格的监督政策一方面有利于加强对他们的约束,降低其再犯罪的风险。有研究表明,多数假释人员对假释监督表示感激,因为监督可

---

① T. A. Winnick & M. Bodkin, "Stigma, Secrecy and Race: An Empirical Examination of Black and White Incarcerated Men," *American Journal of Criminal Justice*, Vol. 34, 2009: 131 - 150.

② Elizabeth Marlow & Catherine Chesla, "Prison Experience and the Reintegration of Male Parolee," http://www.ncbi.nlm.nih.gov/pmc/articles/pmc2886197.

以使他们避免从事违法活动，特别是长期在监狱被严格监督，出狱后如果没有假释监督他们便难以控制自己不从事违法犯罪活动。[①] 但另一方面，过于严格的监督政策，在实施过程中如果缺乏人性化的关怀，不注重对出狱人的思想引导和切实的帮助，则可能会导致大量出狱人因违反监督政策而再度入狱。由于国家实施越来越严格的监督政策，1999 年，美国监狱犯人中有 35%的人是由于违反了假释规定而入狱的，远远高于 1980 年的 17%的比例。[②]

4. 促进出狱人社会适应的措施及效果

从广义上来讲，英美等国实施的出狱人保护制度以及日本等国家实施的更生保护制度都是为了保护出狱人顺利回归社会，无疑具有促进出狱人社会适应的功能。但鉴于国内已有大量文献介绍了域外的出狱人保护制度，此处不再从制度视角重复介绍，而主要从较微观的实践视角介绍国外实施的一些具体项目和做法。

为了帮助犯罪人出狱后能够更好地适应社会，许多国家从犯罪人入狱之日起就为他们开展了各种治疗、训练及其他服务项目。除了我们熟知的文化教育、职业培训、药物滥用治疗等内容外，国外还为监狱犯人及出狱人开展了认知行为治疗、人际沟通技巧训练以及包括亲职教育、预防家暴等内容在内的家庭治疗项目。这些项目有许多是民间社会组织运用心理学、社会工作等专业知识开展的。早在 1930 年德国政府就为监狱里的犯人启动了一项服务计划，按照该计划，监狱犯人每 3 至 5 人组成一个小组，配备一名社工，社工配合各个部门为犯人制订改造计划，如医疗服务、精神服务、图书馆及教育服务、宗教服务、工业资源的提供等，更重要的是帮助犯人调节与家人的关系，甚至对犯人衰弱的家庭系统进行介入和重建，为他们出狱后尽快

① Marta Nelson, Perry Deess & Charlotte Allen, "The First Month Out: Post-Incarceration Experiences in New York City," Vera Institute of Justice, New York, 1999: 135 - 146.

② Christy A. Visher & Jeremy Travis, "Transitions from Prison to Community: Understanding Individual Pathways," *Annual Review of Sociology*, Vol. 29, 2003: 89 - 113.

融入家庭、适应社会奠定基础。① 在澳大利亚，许多社会组织在政府及社会的资助下为监狱服刑人员及出狱人开展服务。昆士兰州的"监狱姐妹"即是由刑满释放的妇女倡导成立的专门为监狱中的女性囚犯提供支持帮助，并提供释放后服务的民间社会组织。还有其他诸如"犯罪人关怀和再安置协会""社区恢复中心""过渡中心"等各种机构为犯罪人从入狱到出狱的各个阶段提供"全程关怀"。比如，新南威尔士州的社区恢复中心不仅深入监狱中对犯人进行各种服务，为犯罪人家属赴监狱探视提供交通补贴，而且为出狱人提供心理咨询服务、住房、介绍工作等。② 美国也非常重视犯罪人回归社会的社会适应问题。美国前总统小布什甚至在他的 2004 年国情咨文中特别提到了监狱服刑人员的回归事宜，他还提议了一项为期 4 年的 3 亿美元的资助，以支持社会组织帮助犯罪人适应社会。在政府资助下，美国的维拉司法所开展了著名的旨在发动家庭力量帮助出狱人适应社会的绿光计划（the Green Light）。该计划通过小组工作、家庭会议等形式帮助出狱人改善或加强夫妻之间、亲子之间以及兄弟姐妹等其他亲属之间的互动，消除彼此之间的隔阂，增强相互理解。维拉司法所还与反家庭暴力机构在非洲裔美国人社区为出狱人开展了防止家庭暴力的反家暴计划等多个释后项目。③ 在英国，有许多社会组织运用社会工作方法为即将出狱的犯罪人开展"重返家庭项目"，比如对他们进行亲职教育等。④ 此外，在亚洲国家中，韩国也于 2009 年成立了"社会适应训练中心"，对即将假释的犯人在出狱之前 6 个月实施一系列社会适应训练。比如，通过让他们与亲属、家人互相拜访以及参加各种

---

① Ruth E. Collins, "Contribution of Social Work to Parole Preparation," *Journal of Criminal Law and Criminology*, Vol. 22, No. 6, 1932: 864 - 872.

② 司法部帮教安置工作代表团："澳大利亚刑释人员的过渡性安置及帮教"，载《人民调解》2007 年第 6 期。

③ Mike Bobbitt & Marta Nelson, "The Front Line: Building Programs that Recognize Families' Role in Reentry," Vera Institute of Justice, New York, 2004: 124 - 136.

④ K. Buston, A. Parkes & H. Thomson, et al., "Parenting Interventions for Male Young Offenders: A Review of the Evidence on What Works," *Journal of Adolescence*, Vol. 35, 2012: 731 - 742.

各样的志愿活动和文化演出等方式帮助他们重建社会关系，或是通过团体教育、找工作和创业培训等方式为他们适应社会做准备。以色列曾将一些18至30岁的青年犯人置于基布兹集体农场进行社会适应训练以代替他们监狱服刑的第三阶段，以团体动力学和社会学习理论为指导，通过农场里的收养家庭的关心、有凝聚力的工作小组的鼓励以及有意义的工作体验等方式激发他们提高自我效能感，改变违法犯罪思想和越轨的生活方式。①

为了不断总结经验，国外学者们对这些项目的实施效果开展了大量的研究工作。美国司法部曾资助马里兰大学的一个研究组对出狱人社会适应项目的效果进行了研究。该研究组的多丽丝·麦肯齐(Doris Mackenzie)认为，有些项目降低了犯罪率，如监狱里的认知行为治疗、职业教育项目、非监狱基础上的性犯罪者治疗项目、社区就业项目等。而监狱基础的性犯罪者治疗项目、成人基础教育、提供个别就业准备和服务的过渡项目对风险较高的犯罪人也是有效果的。塞特(Seiter)和卡德拉(Kadela)研究发现，以下项目对于降低重新犯罪率是有效的：职业训练和工作释放项目、中途家庭、毒品治疗项目及后续的照顾。他们还发现教育项目提高了教育成就，但没有降低犯罪率。② 亲职教育等家庭介入项目深受出狱人欢迎，参与项目的成员都报告说自己深受启发，受益匪浅，但对于项目的长期效果特别是对重新犯罪率的影响方面尚没有学者进行跟踪研究。③ 另外，与前文提到的维舍和特拉维斯的观点一样，彼得西亚(Petersilia)也认为不能仅以重新违法犯罪率作为衡量项目是否有效的标准，还应该考虑这些项目是否提升了当事人的觉醒、是否促进了他们的公共参与等。社会适应项目有许多提高的结果，但

① Michael Fischer & Brenda Geiger, "Resocializing Young Offenders in the Kibbutz," *International Journal of Offender Therapy and Criminology*, Vol. 40, No. 1, 1996: 44 - 53.

② 转引自莫瑞丽：《刑释人员回归社会中的社会排斥研究》，中国社会科学出版社2010年版，第25—26页。

③ K. Buston, A. Parkes & H. Thomson, et al., "Parenting Interventions for Male Young Offenders: A Review of the Evidence on What Works," *Journal of Adolescence*, Vol. 35, 2012: 731 - 742.

这些都被传统的那种只重视再犯罪率的方法所忽略。①

需要特别说明的是，如果政府监管不力，有些民间组织对出狱人的干预不但不能促进他们适应社会，反而会阻碍他们融入社会。有学者对美国新泽西、纽约等州的研究发现，社会适应项目往往占用出狱人大量的时间，使他们无法正常参加工作，而且有些项目缺乏针对性，甚至重复开展。不少出狱人反映，有些社会机构开展项目，只是为了约束他们的行动自由，是一种社会控制的手段，并不能有效促进他们适应社会，相反，却严重干扰了他们正常的工作和生活，不利于他们融入社会。比如，纽约州的一些私人机构为了自身的经济利益，为假释人员开展了许多重复无效的项目，有时甚至一周占用他们 40 小时的时间。②

二、国内有关罪犯社会适应的研究

关于罪犯的社会适应问题，国内大多在讨论罪犯再社会化问题时有所涉及，社会适应是罪犯再社会化的最终目的和归属。因此，下文首先对国内关于罪犯再社会化的相关研究进行梳理，然后综述罪犯社会适应的相关研究。

1. 罪犯再社会化的内涵、特点、思想源流及价值研究

关于罪犯再社会化的内涵，多数学者从社会学意义上人的社会化和再社会化概念出发引申出罪犯再社会化的含义。比如，李志鹏、张平在对再社会化含义解读的基础上解释了罪犯再社会化的含义。他们认为，再社会化指在社会化基础上进行的社会化，有广义和狭义两种不同的理解。广义的理解是指在生活的急剧转变中，个人放弃了原来的生活方式，适应另一类对他来说全新的生活方式的过程。这个过程可以是自愿的（如专业的变更、国

---

① Joan Petersilia, "What Works in Prisoner Reentry: Reviewing and Questioning the Evidence," *Federal Probation*, Vol. 68, No. 2, 2004: 4-9.

② Marie Pryor, "The Unintended Effects of Prisoner Reentry Policy and the Marginalization of Urban Communities," *Dialect Anthropol*, Vol. 34, 2010: 513-517.

籍的改变等)，也可能是被迫的、强制的(如对罪犯的教化)。狭义上专指强制性的教化过程，它要求个人放弃一种生活方式而采取另一种不仅与从前不同，而且完全不相容的生活方式，要求个人与过去一刀两断且被完全“改造”。对罪犯进行改造就是再社会化的典型形式，一般都是在一种完全封闭且通常与社会相隔离的全控机构的场合。[①] 连春亮认为，罪犯再社会化就是修补罪犯社会化过程中在心理结构、信念体系、价值体系、自我意识、需要结构等方面存在的缺陷，具体内容包括政治再社会化、道德再社会化、基本生活技能和文化知识的再社会化、社会角色的再社会化。[②] 有些学者侧重从法学角度对罪犯再社会化概念进行界定。他们认为，罪犯再社会化是随着“犯罪”这一人的社会化严重失败现象的产生而产生的。比如，何君将罪犯再社会化界定为“国家刑事法律所明确规定的罪犯控制机构应该在正确认识刑法原则与精神要义的基础上，在具体刑罚的执行过程中，通过适当的手段最大限度地减少自由刑执行对罪犯的负面影响，有效整合监狱资源与社会资源，完成罪犯向社会复归以及有效完善罪犯人格的过程”[③]。冯卫国认为，罪犯再社会化是通过发挥刑罚的矫治功能和教化作用，使犯罪人得以改过迁善，再度适应社会。[④]

关于罪犯再社会化的特点，苗伟明认为，与一般人的再社会化相比，罪犯再社会化带有明显的强制性、惩罚性和复杂性。罪犯再社会化过程的强制性，不仅表现为国家司法机关及其工作人员对犯罪者个体依法执行刑罚管制，强迫犯罪者个体与过去决裂，重新感知、适应和内化社会规范要求等活动，而且还表现为保障和落实这些活动顺利进行的各种强制性制度、组织、方法和手段等。罪犯再社会化的刑事惩罚性体现为：把犯罪者个体强行关押在特定场所或者限制其活动范围，控制其在社会上继续犯罪或诱使他

---

① 李志鹏、张平：“我国出狱人社会保护的理论基础新探”，载《重庆科技学院学报》(社会科学版)2010年第20期。

② 连春亮：“论对罪犯的再社会化”，载《许昌学院学报》2004年第3期。

③ 何君：“我国罪犯再社会化问题研究——以行刑社会化为视角”，载《研究生法学》2006年第4期。

④ 冯卫国：“行刑社会化论纲”，北京大学2002年博士学位论文。

人犯罪的条件。罪犯再社会化的复杂性表现在否定旧我与重塑新我过程内容的复杂性。[①] 冯卫国认为，罪犯再社会化的对象为罪犯，即被生效刑事判决宣告有罪的人，而不包括仅实施了一般违法或越轨行为但尚不构成犯罪的人；罪犯再社会化是由特定的国家机关承担或负责的一种刑事执行活动，这些是罪犯再社会化活动同其他形式的再社会化活动的主要区别。另外，他还认同其他学者提出的一些特点：罪犯再社会化以改造人、造就人为目的；罪犯再社会化具有艰巨性和复杂性；罪犯再社会化的目标是一个多层次的系统，包括醒悟教育、情感教育、法制教育和技能教育等。[②]

上述学者的论述大多强调两个方面：一方面，罪犯再社会化是刑罚的执行过程，具有强制性和惩罚性；另一方面，罪犯再社会化是对罪犯的心理、行为、价值观等方面的教育矫正过程，具有复杂性和艰巨性。可以看出，学界对罪犯再社会化的理解，普遍强调刑罚执行的强制性，而对罪犯的主体性和能动性重视不够。这不仅偏离了人的社会化和再社会化的本质内涵，也容易导致司法实践中对罪犯个体能动性、优势、潜能的忽视，不利于从罪犯自身的需要、特点出发激发其改过迁善的积极性，进而影响刑罚执行的效率和罪犯复归社会的进程。

罪犯再社会化思想是在一定的社会历史环境中产生并随着社会的进步不断地发展和完善的。纵观古代人类社会，死刑和肉刑在刑罚结构中长期占据主宰地位。即便在自由刑早期，在统治者所奉行的报复主义和威吓主义的刑罚思想指导下，监狱基本上不具备改造或者矫正功能，罪犯的社会化缺陷也无法得到修补。欧洲启蒙运动中所提倡的理性、人道和民主思想是罪犯再社会化思想产生的基础。在民主、人道等思想的指导下，监狱改革家们提出，刑罚的目的不应是对罪犯的报复和对一般人的威吓，应是对犯罪能力的剥夺，对罪犯的矫正，应使监狱成为救治罪犯的医院，以便罪犯重新回

① 苗伟明："再社会化与罪犯改造——再社会化在罪犯改造活动中的特殊性及其表现"，载《青少年犯罪问题》2003年第5期。

② 冯卫国："行刑社会化论纲"，北京大学2002年博士学位论文。

归社会，这就是罪犯再社会化的初步构想。后来这一构想经过不断的科学主义和人道主义的改造，便形成了20世纪50年代在欧美轰轰烈烈展开的重返社会（rehabilitation）或再社会化（resocialization）思潮。罪犯再社会化思潮之所以在这一时期爆发，主要源于人类对“二战”的反思。“二战”给整个人类社会带来了空前的灾难和痛苦。在对这场人类灾难进行深刻反思的基础上，国际社会更加重视对个人权利的尊重和保护，民主和人道的价值也被提到了新的高度，对罪犯进行再社会化，也是民主和人道的必然要求。以安塞尔为首的法学家们提出，罪犯具有再社会化的权利，刑事政策的目标不是要把罪犯排斥在社会之外，而是应当尽一切努力将罪犯重新纳入社会。在这样的背景下，很多国家开始进行罪犯再社会化探索，并摸索出了很多可行的办法。目前，对罪犯进行教育改造的最终目标是帮助其重返社会，即有效地再社会化已成为国际社会的共识。①

从罪犯再社会化思想的演进历程可以看出，它是伴随着近现代社会民主、人道思想的发展而产生和发展的，体现了人类对犯罪现象认识的理性化以及对罪犯这一特殊群体的人性化包容。徐晓婧认为，罪犯再社会化具有人道、民主和效益等多重价值。她论述道：人道主义以人为根本目的和最高价值，总是维护人的尊严、关注人的权利、促进人的幸福，而以人格矫正为前提、以罪犯复归社会为目标的罪犯再社会化正集中体现了人道价值；民主是罪犯再社会化的重要价值内涵之一，因为从国家及社会对待犯罪人的态度看，民主意味着一种宽容精神，对实施反社会行为的罪犯，国家和社会并不抛弃他们，而是给予他们重返社会的希望和机会；效益是法律的基本价值目标之一，通过与监狱配套的一些其他措施如社区矫正等共同完成罪犯的再社会化，可以节约成本，提高效益，体现了效益价值。② 有的学者认为，罪犯再社会化可以将犯罪分子从反社会行为的恶性循环中解救出来，进而有效地防止和减少重新犯罪。罪犯再社会化也是建设社会主义精神文明、提高

① 陈鹏鹏：“论罪犯再社会化”，载《法制与经济》2010年12期。

② 徐晓婧：“论罪犯再社会化”，载《淮南职业技术学院学报》2008年第2期。

全民族素质的重要组成部分，又是向国家社会主义建设输送合格人才、加速国民经济发展、构建和谐社会的一项积极因素。①

虽然罪犯再社会化的目的是使罪犯重新回归社会、适应社会。但由于种种原因，罪犯仍在社会适应方面存在障碍。

2. 罪犯社会适应的障碍研究

从服刑场域来看，罪犯服刑有两种场域：一是在监狱服刑，二是在社区服刑。假释人员是在监狱服刑一段时间后被司法机关附条件提前释放并在社区接受矫正的犯罪人，监禁生活及社区矫正中的一些因素都对其社会适应产生影响。故下面分别对监狱行刑罪犯及社区行刑罪犯的社会适应障碍研究做一梳理。

第一，监狱行刑罪犯社会适应的障碍。陈兴良认为监狱行刑存在的缺点主要包括感染性、封闭性、盲从性、过剩性与不足性。其中感染性与盲从性是中国监狱制度现存较为突出的痼疾，而监狱行刑的封闭性与过剩性则是罪犯出狱后社会适应困难的根源所在。② 陈和华认为，监禁的交叉感染问题并不是监禁缺陷的关键，监禁缺陷问题的关键是，罪犯在监禁前的生活条件与监禁后的生活条件之间存在着严重的矛盾。与监禁前生活条件存在严重矛盾的监禁环境对罪犯的心理适应机制和社会适应机制都造成了消极影响。在心理适应机制方面，罪犯对监禁充满了担忧、恐惧、紧张、敌意、多疑、沮丧、自我毁灭感等消极的心理状态。消极的社会适应机制主要表现为监禁场所罪犯的自我组织的过程。在罪犯自我组织的过程中，领头者和中立者更紧密地联结在罪犯团体周围而更多地与社会疏远；与监狱当局合作的受压者，在自己的活动中逐渐接近社会的价值指向，但因此而与罪犯团体相对立，由此遭受更多的痛苦。由此可见，在将罪犯监禁起来的同时，似乎也在抑制着他们的社会性发展。③ 何君从监狱的类型、分布、结构与环境、监狱

① http://wenku.baidu.com/view/a708e052ad02de80d4d84041.html.
② 陈兴良：《本体刑法学》，商务印书馆2001年版，第696—698页。
③ 陈和华："论监禁的困境与改善"，载《法学》2005年第4期。

的管理及管理人员等角度分析了当前我国监狱行刑中不利于罪犯社会适应的因素。他认为，我国监狱类型设置上过于简单，不利于对罪犯因人施治。从监狱布局来看，我国大部分监狱（大约有60%）设置在交通欠发达、环境恶劣的偏远地区。这就致使社会资源很难甚至几乎不能到达某些监狱，难以提高罪犯改造的效果。就监狱结构和环境而言，我国监狱的建筑形式比较单一，往往给罪犯一种压抑的感觉，造成沉重的心理负担，不利于罪犯的心理矫正。此外，监狱的管理模式是封闭式的管理，罪犯所遵守的恰恰是一种非社会化的模式。监狱内部的教育管理也是陈旧老套，尤其是关于思想政治的学习效果值得商榷。监狱也严重缺乏合格的管理者，片面的知识与不适当的管理方法在很大程度上滞后了罪犯的改造。① 吴宗宪认为，犯罪人改造体制的缺陷不利于罪犯社会适应，这些缺陷包括：要求犯罪人与监狱管理人员或犯罪人与改造人员一致起来；要求所有犯罪人之间一致起来；片面强调犯罪人的服从性。长此以往，可能会迫使罪犯形成双重人格。②

第二，社区行刑罪犯（社区服刑人员）社会适应的障碍。社区矫正中有碍罪犯社会适应的问题主要有：社会对社区矫正的理念认识不足、对社区矫正工作参与不多、对矫正对象支持有限甚至排斥矫正对象；社区矫正立法不完善；矫正对象权利保障不到位；社区矫正工作机制设置不合理；工作者缺乏及专业化程度低等。

骆群、靳利飞等对上海市的实证调查发现，社区矫正对象在劳动力市场、社会网络以及社会保障等领域都会遭遇社会排斥，而且社会排斥还会导致自我排斥的产生。比如，在求职的过程中，由于犯罪人的身份而被拒之于门外，即使能够谋得一份工作，也主要是一些低技能岗位、低工资待遇以及流动性大的职业。再如，在社会网络关系中，受到外界甚至家人的鄙视，故

---

① 何君："我国罪犯再社会化问题研究——以行刑社会化为视角"，载《研究生法学》2006年第4期。

② 吴宗宪：《罪犯改造论——罪犯改造的犯因性差异理论初探》，中国人民公安大学出版社2007年版，第230—231页。

而有些社区矫正对象完全过着独来独往甚至自我封闭的生活。[①②] 金碧华对社区矫正假释犯的社会支持研究发现，假释人员出狱后从地缘和业缘上取得的社会支持与入监前相比显著降低，多数人甚至没有获得任何社会支持。在正式的社会支持方面，假释人员能够获得的支持总量也很小，支持的形式也比较单一。[③] 姬莉平研究发现，社区矫正对象获得的心理支持比较弱，有六成以上的被调查对象感到不同程度的孤独。信任支持缺失也是社区矫正对象面临的普遍性问题，超过七成的被调查对象认为社会不太信任社区服刑人员。[④] 河北省社区矫正工作机制与规范运行研究课题组对河北省社区矫正的实证研究发现，该省社区矫正主要存在的问题有：工作主体能力不足，比如，司法所缺乏心理矫治、行为矫治的专业能力和技术，而一般只有思想教育、法制教育和组织社区服刑人员参加公益劳动等简单的教育矫正方法；各地社会力量的参与程度不一，水平参差不齐；经费保障、物质设施及人力资源建设等基层基础建设薄弱；缺乏科学明确的矫正措施，比如个性化矫正不明显等。[⑤] 石萍、黎光宇指出社区矫正存在下列问题：社会对社区矫正的理念认识不足、社区矫正立法不完善、社区矫正工作机制设置不合理、队伍专业化程度低、缺乏专门的假释决定机关等。比如，在社会认同方面，目前还有相当部分的人对社区矫正存在认识上的偏差，认为罪犯即意味着坐牢和监禁，只有把罪犯关进监狱才是最安全的，担心社区矫正对于罪犯而言容易造成失控或使其因得不到严格管教而重新犯罪。同时，罪犯被判刑后仍被放置在社会上，会使绝大多数人认为罪犯没有受到应有的惩罚。在社区矫正立法方面，我国现行的刑罚体系以监禁刑为主，非监禁刑在法律规范

---

① 骆群："社区矫正中的社会排斥与反社会排斥"，载《南通大学学报》(社会科学版)2009年第5期。

② 靳利飞："矫正对象社会支持网的重构——以上海Z社区服务社为例的质性研究"，中国青年政治学院2010年硕士学位论文。

③ 金碧华："支持的'过程'：社区矫正假释犯的社会支持网络研究"，上海大学2007年博士学位论文。

④ 姬莉平："社区服刑人员的精神支持网络探析"，载《山西师大学报》(社会科学版)，2008年第2期。

⑤ 河北省社区矫正工作机制与规范运行研究课题组："河北省社区矫正工作机制与规范运行研究"，载《河北法学》2010年第6期。

中处于从属、辅助、次要的地位。属于社区矫正范畴的刑种和行刑方式只有管制、缓刑、假释和监外执行。其中刑法典中作为主刑的非监禁刑只有管制一种，其他都是附加刑和具体的行刑制度。在矫正队伍方面，部分矫正工作者对运用社会工作的理念和方法开展社区矫正工作的认识还不到位，推进工作时，“社会化”和“人性化”显得不够。个别人有畏难情绪和等靠要思想，没有完全进入工作角色。有的仍习惯于行政手段，工作方法显得简单粗糙，或者在与工作对象接触和个别谈话时，虽有热情，但缺乏促进互动的手段，感召力和亲和力不够，有的也不善于通过协调各种社会资源开展工作和解决问题。在假释决定方面，我国现行体制还不完备。我国《刑法》规定，假释案件的裁定权由中级以上人民法院行使。但在司法实践中，监狱往往希望用假释作为奖励手段来加强管理，而法院往往倾向于保持原判决的稳定性，而且会有假释出狱后如果再危害社会法院是否要承担责任的顾虑，因此往往对假释的数量控制较严，造成了司法和执法上的矛盾。同时，假释的依据是罪犯在服刑期间的悔罪和改造表现，法院审理假释案件时，只能通过执行机关所报材料进行书面审查，这容易导致审理流于形式，其弊端是显而易见的。① 此外，还有少数学者提到，罪犯自身的某些因素也阻碍了其社会适应。比如，黎东榕、骆意中认为，犯罪人主观上的自卑与社会适应的主动性的丧失，削减了他们社会适应的信心与热情。②

3. 促进罪犯社会适应的对策研究

面对罪犯社会适应的障碍，学者们进行了广泛的对策探讨，归纳起来主要包括：发展和完善社区处遇，即发展社区处遇和对现行的社区矫正制度进行完善；完善监禁处遇，重点是改革和完善监禁刑的目标、内容和方式；加强对出狱人的保护等。

第一，发展和完善社区处遇。为了使罪犯更好地适应社会，学者们普遍认为，应大力发展社区处遇。此处的社区处遇，是指将罪犯置于社区环境进

---

① 石萍、黎光宇：“论我国社区矫正制度及其完善”，载《理论学刊》2008 年第 4 期。

② 黎东榕、骆意中：“论犯罪人的再社会化”，载《中南财经政法大学研究生学报》2008 年第 4 期。

行改造的所有处遇形式，它的含义比目前我国正在实行的社区矫正制度更广。但未丽认为，我国非常有必要增设社区服务刑，其中增设理由之一就是社区服务刑的服刑方式有利于犯罪人社会适应和融入社会。① 陈和华认为，应缩小监禁范围，这一措施的主旨是能不监禁就不监禁，在立法和审判实践中控制适用自由刑。在犯罪既定的情况下，把该受监禁处置的罪犯数量减少到最低限度，代之以罚金、附条件释放、缓期监禁、监督劳动等。② 何君认为，我国应在推进社区矫正制度的同时，进行有关的刑种改革，增设社区服务刑、间歇监禁刑等刑种，为罪犯的社会适应提供更广泛的选择可能。③ 此外，还有许多学者呼吁扩大假释的适用范围，比如王立君认为，作为罪犯复归社会的桥梁，假释制度无疑是弥补自由刑弊端的一项有力措施，它能使罪犯比较顺利地及早适应正常的社会生活。④

对于目前社区矫正中存在的不利于罪犯社会适应的问题，学者们也提出了许多对策建议。针对社区矫正对象普遍遭受社会排斥的问题，骆群建议应从转变观念、情感支持、物质帮助、提高技能、机会平等、政策保障等几个方面帮助矫正对象反社会排斥。⑤ 林兰芬提出运用社会工作的价值观和方法消除或减轻社区矫正对象遭受的社会排斥。比如，运用个案工作、小组工作、社区工作分别对社区矫正对象个人、家庭和社区进行介入，帮助社区矫正对象增强技能、重塑自信、构建社会关系网络、增强与社区的互动并取得社区的认同从而逐步融入社会。⑥ 针对社区矫正对象普遍面临的信任支持缺失的困境，姬莉平认为，一方面，要利用大众传媒等手段加强对人们的宣传教育，以维护社区服刑人员的人格尊严。同时，在法律上保障社区服刑人员不得受到歧视。另一方面，需要社区服刑人员自身的努力，这是最重要

---

① 但未丽："中国增设社区服务刑之必要性及立法构想"，载《首都师范大学学报》（社会科学版）2009 年第 6 期。

② 陈和华："论监禁的困境与改善"，载《法学》2005 年第 4 期。

③ 何君："我国罪犯再社会化问题研究——以行刑社会化为视角"，载《研究生法学》2006 年第 4 期。

④ 王立君："假释制度的理论基础及价值分析"，载《法学杂志》2006 年第 2 期。

⑤ 骆群："社区矫正中的社会排斥与反社会排斥"，载《南通大学学报》（社会科学版）2009 年第 5 期。

⑥ 林兰芬："社区矫正对象的社会排斥与社会工作干预"，中南民族大学 2008 年硕士学位论文。

也是最有效的办法。社区服刑人员要以一种正确的心态来接受社会大众的看法，用自己的实际行动赢得社会的信任。[①] 针对社区矫正对象权利保护的缺失，林立等人从法学角度提出，要确定罪犯权利保护的宪法原则，加紧社区矫正法的制定，实行权利推定原则和克减明示原则，加强权利保护的监督，完善权利救济程序，逐步强化社会保障环境。[②] 针对社区矫正工作机制及矫正执行等方面的问题，张建明等人建议：健全和完善社区矫正管理制度；加强专群结合的社区矫正工作队伍建设；推行个案矫正工作模式，建立科学的社区矫正方案；完善考核奖惩机制，调动矫正对象的改造积极性；建立完善的心理矫正机制，重塑健全人格。[③]

第二，完善监禁处遇。对于罪行较重有必要监禁的罪犯，为了有助于其将来适应社会，学界普遍认为应该对监禁刑的目标、内容和方式进行改革。

关于监禁刑的目标和内容，王利荣认为，监狱教育改造罪犯的目标应定位于让其重新适应社会正常生活，为达到此目标，应通过行刑和改造，培养犯罪人的公民意识和提高其正常生活能力。“尤其在社会大转型时期，传统的人生观、道德观已经发生裂变，整个社会主流文化有待重建，监狱如何向受刑人提供明确的行为规范，利用何种引导力向犯人传授具有责任感的社会所必需的能力和意愿，使其学会在一个自由社会制度下无须通过犯罪而生存，利用社会所提供的机会，同时经受其风险的考验非常值得研究。”[④]李强、王丁认为，罪犯教育的目标重点不是将其教育成道德完善、品行端正的完人，而应该是使罪犯适应社会的变化，顺利回归社会。为实现此目标，监狱要科学设置罪犯教育的内容与方法。教育内容应主要包括思想教育、文化教育、职业技术教育。教育方法应当多样化，应鼓励社会力量参与。[⑤] 巫

---

① 姬莉平：“社区服刑人员的精神支持网络探析”，载《山西师大学报》(社会科学版)2008 年第 2 期。

② 林立、陈峰、丁寰翔：“社区矫正对象权利保护的价值与途径”，载《中国国情国力》2010 年第 6 期。

③ 河北省社区矫正工作机制与规范运行研究课题组：“河北省社区矫正工作机制与规范运行研究”，载《河北法学》2010 年第 6 期。

④ 王利荣：“对重返社会的再探讨”，载《中国监狱学刊》2001 年第 1 期。

⑤ 李强、王丁：“罪犯再社会化与罪犯教育制度”，载《河南公安高等专科学校学报》2007 年第 6 期。

肇胜认为，监狱应加强对罪犯的心理矫正，心理矫正有利于罪犯更好地改造和回归社会。[①] 韩述钦认为，监狱应加强对罪犯的传统文化教育。罪犯社会适应需要解决好“四个观念”和“五个关系”，即矫正是非观、价值观、荣辱观、生命观，学会处理人我关系、人物关系、物我关系、身心关系、人与自然的关系。而传统文化中对以上问题都有明确的回答。[②]

关于监禁刑的方式，学界一致认为，应该对监狱进行社会化改革，使罪犯尽可能多地接触社会，并使社会最大限度地参与罪犯矫正事业。曹云平从法律角度讨论了罪犯教育改造工作社会化的完善策略：首先要修改《监狱法》，把罪犯教育改造社会化问题的倡导和成功经验写进《监狱法》，变“放任自流”为刚性规定，为该项工作的实施构建明快的法律通道；其次是构建罪犯教育改造工作社会化的法律支持和执法支持体系，加强法律监督。[③] 何君对此建议，首先，必须将静态的监狱行刑转变为动态的行刑，主要包括两点：一方面，引进分级处遇制度，根据罪犯的表现动态地调整罪犯的社会化方式，大量地使用减刑等手段，将罪犯从相对封闭严厉的矫正机构转向开放松弛的矫正机构；另一方面，在监狱内部细化矫正机构的设置，增加针对性的矫正机构，以根据不同罪犯的分类将其投入不同的矫正部门并随时准备调整。其次，扩大监狱的开放化程度。再次，在现有监狱体制内部进行一种社区化改造，在监狱的内部结构布局方面进行调整，营造与社区类似的环境并引进社区管理方式。[④] 刘炜、漆昊昱认为，要进一步完善罪犯社会化改造机制，应当切实转变行刑理念，树立人本、开放、效益的行刑观；构建社会帮教工作长效机制；推动罪犯处遇开放化，扩大监狱行刑的社会参与，完善罪犯的外出与归假制度，建立半自由刑制度，改进分级处遇制度；建立行刑社会

① 巫肇胜：“心理矫正：罪犯再社会化的引擎——以江苏省监狱广谱调查为例”，载《南京医科大学学报》(社会科学版)2006 年第 3 期。

② 韩述钦：“弘扬民族传统文化　服务罪犯教育转化”，载《中国监狱学刊》2010 年第 4 期。

③ 曹云平：“罪犯教育改造社会化法律问题研究”，载《犯罪与改造研究》2010 年第 10 期。

④ 何君：“我国罪犯再社会化问题研究——以行刑社会化为视角”，载《研究生法学》2006 年第 4 期。

参与评价机制。[1] 陈和华建议，通过采取诸如监外就业或学习、周末拘禁、返家探视、与眷同住等措施缩短罪犯与正常社会生活的距离。[2]

第三，加强对出狱人的保护。现代行刑理论认为，刑罚执行之目的在于使罪犯去恶迁善、回归社会，而这只是司法整体的一个有机部分，涵盖了破案审理、执行刑罚、出狱人社会保护等，各阶段的工作都要坚持贯穿使犯罪人悔悟的原则。破案审理意在确证犯罪及定罪量刑；执行刑罚的目的在于惩罚矫正罪犯；出狱人社会保护着眼于扶助出狱人适应崭新的社会生活，否则会前功尽弃。我国台湾学者林纪东先生认为，出狱人保护事业有三种基本精神：一为有不忍之心的仁爱精神；二为民胞物与、休戚与共、痛痒相关的社会连带精神；三为以预防再犯，防止社会为刑法服务的刑事政策精神。对于出狱人的态度如何、出狱人的生存状态怎样，不仅关系个体的冷暖，更牵动整个社会的安危。给罪犯以出路是我国的既定刑事政策，贯穿被监禁改造期间，亦应延伸至出狱之后。[3]

徐晓婧认为，应从三个方面加强对出狱人的保护：一是制定专门的出狱人保护法，明确规定出狱人的权利、义务和社会各有关部门的职权与职责，使出狱人保护工作全面纳入法制轨道，以立法形式推进出狱人社会保障机制的完善；二是完善出狱人保护的组织体系，在我国各级司法行政机关内设置专门机构，指导、协调各地的出狱人保护工作，同时，鼓励民间力量参与这一工作，扶植社区性的出狱人保护组织的建立、发展；三是充实出狱人保护的具体内容，加强对出狱人的生活指导、心理疏导、法律援助和职业培训等工作。此外，对于那些出狱后确实没有经济来源、生活极度困难的人员，可以考虑纳入最低生活保障范围，使其具备基本的生存条件。[4] 吴鹏森梳理了

---

① 刘炜、漆昊昱："罪犯社会化改造机制研究——从社会工作的视角"，载《中国监狱学刊》2010 年第 5 期。

② 陈和华："论监禁的困境与改善"，载《法学》2005 年第 4 期。

③ 李志鹏、张平："我国出狱人社会保护的理论基础新探"，载《重庆科技学院学报》（社会科学版）2010 年第 2 期。

④ 徐晓婧："论罪犯再社会化"，载《淮南职业技术学院学报》2008 年第 2 期。

新中国成立以来的刑释人员社会政策发现，新中国刑释政策“给出路”的核心内容始终未变，但制定刑释政策的基本理念经历了从国家维稳本位向个人权利本位的演变过程，反映了中国刑释政策从人治轨道向法治轨道转换的进步历程。吴鹏森特别强调，在一个法治社会，必须坚守罪刑相适应的基本原则。一个人犯了罪，就要受到相应的刑法处罚，但是，当其刑满释放后，他就成了一个自由人，理当恢复其应有的公民权利。社会不能为了预防其重新犯罪，将其继续作为“罪犯”进行隔离或监管。唯一可行之路是通过社会的安置帮教和必要的生活保障与权利保护，使其顺利回归社会。① 张秀玉等人认为，为了促进刑释人员顺利回归社会，应完善法治保障，特别应参照出狱人保护立法设计刑释人员社保法规，建立回归人员社会保障法，完善刑释人员社会保障制度。② 乐章、肖荣荣就刑释人员社会保障权益维护方面提出如下对策。一是提高刑释人员就业能力，拓宽就业渠道。首先，监管机构应和社会各界通力协作，在罪犯服刑期间就为其提供职业培训机会；其次，传递就业信息，增加就业机会；再次，鼓励刑释人员自主创业，给予税收等方面的优惠政策。二是推动立法，充实刑释人员的权利保护项目内容。首先，提高立法层次，建立刑释人员保护法，从法律的高度确立刑释人员的各项权利和义务；其次，加强心理救助，增强刑释人员回归社会的信心；再次，建立刑释人员重返社会帮扶基金；最后，开办短期生活保险。三是鼓励社会力量的参与，共同营造社会支持体系。比如，发挥新闻传媒的正面宣传作用，转变人们的传统观念；鼓励民间组织参与并配合司法行政机关出狱人保护机构开展工作。③

除了上述措施，还有不少学者建议“建立前科消灭制度”以减少罪犯社会适应的障碍。韩宝庆认为，在实践中，建立前科消灭制度应着眼于设定渐进的步骤，比如先行设立未成年人前科消灭制度，然后逐步建立体系性的前

① 吴鹏森：“新中国刑释人员社会政策的历史演变”，载《学术月刊》2016 年第 6 期。
② 张秀玉、李群英、贡太雷：“新形势下刑释人员再社会化的调查研究”，载《安徽警官职业学院学报》2011 年第 3 期。
③ 乐章、肖荣荣：“刑满释放人员的社会保障权益维护研究”，载《社会保障研究》2015 年第 3 期。

科消灭制度；确定正确的指导思想，比如肯定前科消灭的积极作用，加强前科消灭制度的可操作性，未成年人的前科应以消灭为原则、以保留为例外；整合现有法律，发挥司法解释的作用，注重实体法与程序法的衔接；取消株连效应；改进配套制度，比如完善犯罪记录查询制度，犯罪记录查询制度不应仅规定犯罪记录查询的操作过程，也应规定何种情形应终止犯罪记录的查询，以消灭犯罪人的前科；优化社区矫正制度，对进行社区矫正的犯罪人的犯罪事实应该予以保密。① 石慧认为，有前科的劳动者在求职过程中应当享有平等就业权，并需要相关立法为其提供充分保护。应进一步加强我国有前科劳动者平等就业权的立法保护，要增加对反前科就业歧视的规定，将“不因其他身份受到歧视”作为兜底条款；要增加并进一步完善就业安置机制，并明确相关实施单位的责任与义务；要修正对前科就业资格的限制，排除对过失犯的就业资格限制，确保就业资格限制与犯罪行为之间具有关联性，明确就业资格前科限制应具有存续期限；要修正对前科制度的规定，废除前科报告义务，建立前科消灭制度。②

三、对已有研究的评论

国外学者对出狱人社会适应的研究，以及国内学者对罪犯社会适应的研究对本书的假释人员角色适应研究具有多方面启示，比如在对假释人员角色适应维度的划分、研究方法的选取等方面启发很大。但已有研究仍然存在一些不足之处有待改进。

首先，从研究方法来看，理论研究、状况描述和对策讨论偏多，理论导向的实证研究还偏少，尤其是国内关于罪犯社会适应的研究较少从研究对象自身的角度开展实证研究。另外，在研究方法上，国内既有的研究大多是对罪犯群体的社会适应状况进行横断面的静态描述和分析，对他们适应过程

---

① 韩宝庆：“前科消灭制度建构论”，载《东北师大学报》（哲学社会科学版）2016 年第 2 期。
② 石慧：“我国有前科劳动者平等就业权的立法保护”，载《山东大学学报》（哲学社会科学版）2018 年第 1 期。

的纵向质性研究比较少。

其次，从研究内容来看，既有研究主要对罪犯社会适应维度及其影响因素进行了探讨，尚未深入研究影响因素的正面或负面影响是如何发生的、为什么能够发生，即没有阐明正面或负面影响的发生机制。

受既有研究启发，本书对假释人员角色适应研究在研究方法上主要侧重质性研究，尤其是通过对假释人员的深度访谈，倾听他们自己的声音。从已有的研究来看，不同人口学特征、社会学特征的罪犯，其社会适应或角色适应是不同的，也就是说不同的罪犯在社会适应中需要解决的问题或者说可能遇到的阻碍是不同的。因此，我们应从研究对象自身的角度去体察他们在适应中的困难、需求以及他们在其中可能具有的能动性。"实践社会学从方法论的意义上强调'实践'，实际上也即要求我们重视研究对象的立场和视野与经验事实本身的极端重要性，关注普通行动者日常生活与行为的历史与社会现实意涵，力求避免忽视作为普通社会成员的自主能动性和行动策略。"[①]就假释人员角色适应的实践而言，出狱后的生活经历和体验是研究他们适应规律的最有力资料。而从不适应到适应的过程中，最大的表征莫过于生活结构和社会行动的转变。[②]所以，本书主要通过对假释人员的深度访谈，对其角色适应过程开展纵向研究。

在理论视角上，本书结合吉登斯的结构化理论和角色理论对假释人员角色适应过程展开研究，试图对假释人员从犯罪人角色向社会人角色转变的过程进行理论概括，拓展角色理论在罪犯群体的运用，丰富角色过程理论。

在研究内容上，本书不仅研究假释人员从监狱罪犯向社会人转变的角色适应的过程，而且通过对角色适应过程中主客体相互影响、相互作用的互动过程的研究，提炼出假释人员角色适应的模式，以期为出狱人社会帮扶等工作提供一定的理论参考。

---

①② 符平、江立华："农民工城市适应研究——局限与突破"，载《调研世界》2007 年第 6 期。

第三章　隔离期：角色中断与角色想象

在短则几年、长则十几年甚至二十几年的监禁生活中，由于我国监狱行刑的封闭性，即监狱行刑社会化不足，假释人员入狱前的社会角色几乎全部中断，即便在假释准备期，也基本未能够与社会进行直接接触。因此可以说，我国假释人员在假释出狱之前几乎与社会处于完全隔离状态。在这种完全隔离的状态下，面对已然中断的社会角色，在即将假释出狱之际，假释人员只能在脑海中对出狱后自己可能承担的社会角色进行虚幻的想象。本章主要讨论假释人员在监狱服刑期间，即与社会的隔离期，由于我国监狱行刑的社会化不足，包括在假释准备阶段的社会化欠缺，所造成的角色中断，以及在此限制下假释人员对自己出狱后可能承担的社会角色的不同类型的想象。

第一节 监狱行刑社会化匮乏与角色中断

一、监狱行刑社会化的含义及典型形式

相对于肉刑等刑事制裁手段而言，监禁刑无疑是一种进步。但监禁刑也存在很多局限。第一，监禁刑对人道主义的违背非常明显。美国著名犯罪学家格雷沙姆·赛克斯(Gresham Sykes)在其《囚犯社会》(*The Society of Captives*)一书中认为，监禁刑剥夺了犯人的自由，剥夺了犯人的物品和服务，剥夺了犯人的异性关系，剥夺了犯人的自主性，剥夺了犯人的安全感，而这些剥夺都违背了人道主义的原则，也不利于犯人重返社会。第二，监禁刑由于空间拥挤、极易形成挫折情境和挫折情绪、与外界处于隔绝状态、被监禁人很难与管理人员建立平等的沟通关系等原因而容易使被监禁人的身心受到损害。第三，监狱里的负性互动容易形成“交叉感染”，影响矫正的效果。第四，监禁使被监禁人的社会化过程中断。由于上述几个因素的影响，被监禁人一方面不可能及时了解社会的变化，另一方面会形成一套监狱特有的情境意识和行为方式，以适应监狱的生活。这使被监禁人走出监狱后面临极大的不适应，这种不适应很可能使他们重新走向犯罪。第五，监禁矫正成本过高。[①] 为缓解监禁刑的上述弊端所带来的负面价值，行刑社会化逐渐成为一种国际潮流。

行刑社会化，是指为了缓解监禁环境对罪犯再社会化带来的负面影响，而尽可能拓展监外行刑，适度弱化监狱的封闭性，同时鼓励行刑过程中的社会参与，从而有助于罪犯重返社会。[②] 行刑社会化包括狱内行刑社会化和狱外行刑社会化两个方面。前者指在监狱内尽可能放宽对罪犯人身自由的限制的基础上创造尽可能接近狱外社会的环境氛围；后者指狱外的社区矫正，

---

① 张昱：《矫正社会工作》，高等教育出版社 2008 年版，第 3—4 页。

② 冯卫国：“论我国监狱行刑的社会化”，载《中国刑事法杂志》2003 年第 3 期。

主要指缓刑、假释的执行，我国的管制也属于此类社区矫正。①

国外监狱行刑社会化的典型形式包括开放式监狱、半开放式监狱、工作释放制度、学习释放制度、请假离监制度等。

开放式监狱是对轻刑犯及表现良好的其他罪犯的宽松处遇措施。1955年在第一届联合国预防犯罪和罪犯处遇大会上通过的《关于开放式监所和矫正机构的建议》指出，开放式监所和矫正机构没有防止囚犯逃跑的物质措施和人员措施（如围墙、门闩、武装看守等），是建立在囚犯自觉遵守纪律和对其所在群体生活负责的基础上的一项制度。②日本在20世纪60年代末设立的交通犯监狱——市原刑务所，是日本的第一所开放式监狱，该监狱没有围墙和警卫，但1969至1985年间没有一个犯人逃脱。印度在20世纪90年代就设有16座开放式监狱，一般开放式监狱只有一名地方官员驻守，犯人可与妻子儿女同住，还可与市内其他居民交往，经过批准还可在外留宿。拉贾斯坦邦监狱局长拜雅尔说，开放式监狱有助于犯人学习新的技能或持续学业，读函授课程。有的犯人已成为优秀工人，有的已取得硕士学位。以行刑人性化、社会化著称于世的荷兰针对不同犯罪人的情况设置了多种监狱。比如有一种开放式收押场所，该场所适用于已经服刑一半以上但至少还有12个月以上刑期的表现良好的犯人，这里的防卫措施非常有限。③ 这些开放式、半开放式监狱有利于犯罪人接触社会、了解社会，保持与社会的联系，从而有助于他们出狱后更快地适应社会。

工作释放（Work Release）是指罪犯居住在一定的监禁设施内，这里的监禁设施通常指监狱，也可以是看守所，而罪犯在监狱、看守所外参加劳动。工作释放又被称为日假释（Day Parole）、工作休假（Work Furlough）。工作释放起源于1906年美国的佛蒙特州。当时治安警察允许危险性小的罪犯到社会上参加劳动，但是遇到特殊的宵禁期时罪犯还是需要回到监狱。如今，

①② 马贵翔："狱内行刑社会化的价值及其实现"，载《复旦学报》（社会科学版）2005年第2期。
③ Peter J. P. Tak："荷兰的监狱制度"，何萍译，载《华东政法大学学报》2007年第5期。

不仅美国，其他西方国家也开始推行工作释放制度。工作释放遵循以下基本步骤。第一步，找工作。在美国，获得工作释放资格的罪犯可以自己找工作，自己找工作的途径可以是通过亲戚朋友的帮助，也可以通过请假离监制度自己在社会上找工作，还可以通过监狱的帮助找工作。监狱会雇用专门的工作人员，收集有关信息，帮助罪犯找工作。第二步，监狱审查。一旦罪犯找到工作，罪犯需要向监狱报告所找到工作的信息。监狱将对这些信息进行审查，只有这些工作信息满足“雇主所经营的项目是合法的”“没有犯罪的诱因”“罪犯到劳动场所具有较好的交通便捷性”等条件，监狱才允许罪犯工作释放。一项独立的研究表明，接受过工作释放的罪犯在刑满释放后不仅就业率高，而且被捕率低。①

学习释放一般适用于危险性较低的罪犯。接受教育可以帮助罪犯悔过自新，帮助罪犯克服融入社会的障碍，促进罪犯就业，降低罪犯重新犯罪的可能性，因此不少国家非常重视学习释放。比如美国纽约州矫正局曾以较大力度支持学习释放。该局不仅为参加学习释放的罪犯支付全部学费，而且承担服装费、餐费、交通费。现在，美国各监狱通过多种途径争取经费，向罪犯提供学习释放项目。南卡罗来纳州通过向罪犯提供临时劳动项目帮助罪犯挣得学费。②

请假离监是指罪犯基于一定目的而经批准短时离开监狱的行为。美国的请假离监制度始于1918年的密西西比州，1950—1960年，此制度受到广泛重视。1965年通过的《联邦矫正法》规定，在联邦监狱中，监狱可以对罪犯适用请假离监制度。请假离监的目的包括：维护家庭关系；解决家庭问题；为释放做准备，如参加就业面试、找房子、参加驾驶执照考试；参加教育项目；参加特别的活动。请假离监的条件通常包括：在最低警戒监狱服刑；距离假释或者释放有一段时间；在监狱内有良好记录。请假离监的时间一般介于24小时到72小时之间。对于间隔期，各州、各监狱的规定也有所不同，

① 吴宗宪：《社区矫正比较研究》，中国人民大学出版社2011年版，第75—78页。
② 翟中东：《矫正的变迁》，中国人民公安大学出版社2013年版，第183—189页。

有的是每2周允许一次，有的是一年允许一至二次。荷兰于1998年颁布的《普通的休假条例》规定了长期刑犯人的休假制度。根据该条例，在满足一定的条件下，可以准许个人休假：刑期是确定的，余刑必须超过3个月；犯人已经服完1/3的刑期，余刑不超过1年；提早释放的日期已经被确定。被关押在具有非常严格的防卫措施的监狱的犯人不允许休假。适用普通的休假条例意味着在犯人服刑的最后1年里，每2个月可被允许休假60小时。①

二、我国监狱行刑社会化匮乏与假释人员的角色中断

我国在行刑社会化方面进行了不懈的探索并取得一定的成效，比如近些年社区矫正制度的实施便是行刑社会化的体现。但同一些行刑法治比较发达的国家相比，我国的行刑社会化仍然处于较低水平。

冯卫国认为我国监狱行刑社会化不足主要受观念、立法、技术三个方面的影响。观念方面，长期以来的重刑主义观念制约了行刑社会化的推行，监狱行刑历来偏重于隔离和监管。立法方面，较低的立法质量也制约了行刑社会化的推行，比如对假释等社会化行刑制度规定比较粗疏笼统，可操作性较弱。技术方面，罪犯分类技术、再犯预测技术等很不成熟，导致对罪犯的分类、分级等处遇仍处于低水平、粗线条阶段。而对罪犯科学的分类、分级是科学地推行行刑社会化的基础。正是由于在观念、立法、技术方面存在的诸多问题，我国监狱行刑社会化仍开展不足。② 监狱行刑社会化不足主要体现在以下几个方面。

首先，我国大多数监狱地处偏远地区，加之资金匮乏、组织协调不力等原因，社会化帮教工作开展有限。由于历史原因，我国大部分监狱建在边远的山区、农村，大约有60%的监狱设置在交通欠发达、环境恶劣的偏远地区，这就致使社会资源很难甚至几乎不能到达某些监狱③，家属探监及社会帮教

---

① Peter J. P. Tak："荷兰的监狱制度"，何萍译，载《华东政法大学学报》2007年第5期。
② 冯卫国："论我国监狱行刑的社会化"，载《中国刑事法杂志》2003年第3期。
③ 武延平：《中外监狱法比较研究》，中国政法大学出版社1999年版，第18页。

等工作都因此而受到影响。家属探监及社会帮教可以在信息和情感等方面给予监狱犯人多方面的支持，但那些在偏远的监狱服刑的犯人在这些方面获得的支持比较有限。尤其是社会帮教方面，由于资金匮乏、组织协调不力等因素，目前我国监狱里的社会帮教工作还不够深入、系统、连续，仍然没有制度化、经常化。那些"送温暖"、做报告等形式的帮教工作由于不够深入、持续，与犯人的沟通不充分，对犯人的帮助效果自然会受到影响。

其次，对罪犯分级分类等技术粗疏导致分级分类工作开展不足，大多数罪犯自始至终被不加区别地置于与社会高度隔离的严管模式下。"累进处遇居于行刑社会化中心地位。"①累进处遇的前提是运用科学的方法，根据犯罪情节轻重、主观恶性大小以及罪犯的自然特征、人格特征等因素综合对罪犯进行分类和分级。分类是分级的基础。罪犯分类制发达的国家，主要利用医学、心理学、社会学等科学的方法，对犯罪人的个性、身心状况、境遇、经历、教育程度等进行适当的调查；而后依照调查的结果，按犯罪人为初犯、再犯，并按其年龄、罪质、刑期以及身体、心理、精神、社会环境等诸特性，进行适当的分类，将其分别收容。②分级制是将犯罪人裁判上所宣告的自由刑刑期分为数个阶段，按其在监狱执行期间表现好坏之程度，逐渐放宽其行刑上拘束自由之程度同时加重其自律责任并给予升级，级数愈高，处遇愈优，以促其改悔向上适于社会生活，达到再社会化的目的之制度。罪犯表现越好，处遇越宽缓，至一定阶段后以中间监狱等方式取代，并对其予以社会生活训练，使其逐渐复归社会。③但我国目前对罪犯的分类、分级处遇仍停留在粗线条、低水平的状态，科学的再犯预测机制也没有形成，国外普遍实行的判决前犯罪人人格调查制度在我国尚没有制度化④，大多数罪犯从入监之日起自始至终被置于与社会高度隔离的严管模式下，没有享受到像国外普遍实施的在假释出狱之前一年的特宽管待遇，因此普遍有强烈的与社会脱节之感。

最后，受封闭保守的行刑观的影响及在确保安全稳定的压力下，开放式

①②③　马贵翔："狱内行刑社会化的价值及其实现"，载《复旦学报》(社会科学版)2005 年第 2 期。
④　冯卫国："论我国监狱行刑的社会化"，载《中国刑事法杂志》2003 年第 3 期。

处遇措施适用率低。由于整个社会在观念上的重刑主义思想浓厚，加之监狱与社会沟通不足，处于封闭状态，监狱恐怕因罪犯逃脱等事件的发生而遭到社会指责或承担责任，因而在确保安全稳定的压力下，我国对开放式处遇的实施极为谨慎。比如，上文提到的国外普遍实施的请假离监、工作释放、学习释放、开放式或半开放式监狱等制度在我国仍然很不健全，有的制度如开放式监狱制度甚至处于空白状态，有的制度虽然在相关法规和文件中有所规定，但在实践中很少实行。比如，离监探亲制度在我国《监狱法》里有明文规定，但在实践中很少有犯罪人能享受到这项制度。本研究中调查的26位被访者中，有两位被访者在亲人去世的情况下都未能获准离监探亲。一位是TGK，从小父母离异，由奶奶一手将其拉扯成人，与奶奶感情非常深厚，但其奶奶去世时并未获准离监探亲，TGK在监狱里痛苦得撞墙，“想跟奶奶一起死了算了”。另一位是QJI。QJI告诉笔者，他是母亲最疼爱的小儿子，当他出事进监狱后，母亲受到精神刺激，很快患了阿尔茨海默病，过了几年就去世了。无论在母亲生病期间，还是在母亲去世的时候，他都未能获准回家看望母亲。当讲起这段经历时，年近六旬的QJI泪流满面。

假释是行刑社会化的一种类型，是狱内行刑社会化的延伸，是一种典型的开放式处遇措施。但这项体现人道、民主、效益等现代刑法思想的制度在我国实行得并不理想。下面侧重从假释观念上的“恩赐观”制约我国假释制度的广泛实施，以及假释制度的低适用率导致的假释准备不足两个方面，讨论假释人员出狱之前的行刑社会化不足及由此带来的角色中断问题。

首先，假释观念上的“恩赐观”制约了我国假释制度的广泛实施。我国通常把假释看成是国家对罪犯的一种恩惠，而不是犯罪人的一种权利。《中华人民共和国刑法》第八十一条规定：“被判处有期徒刑的犯罪分子，执行原判刑期二分之一以上，被判处无期徒刑的犯罪分子，实际执行十三年以上，如果认真遵守监规，接受教育改造，确有悔改表现，没有再犯罪的危险的，可以假释。”这里的“可以假释”而非“应该假释”意味着，是否得到假释，要由那些有权决定假释的机构来决定(《中华人民共和国监狱法》第三十二条规定，由监狱根据考核结果向人民法院提出假释建议，人民法院予以审核裁定），而不能由犯人直接依法获得或者依法要求假释。也就是说，假释并非犯罪人依法享有的一项权利，而是在其表现良好时，执行机关根据当时的情况，不固定地实施的一项制度。在司法实践中，部分司法工作者长期将假释作为对罪犯表现良好的一种奖赏，旨在维护监狱秩序。目前，在世界上许多国家中，假释不再是国家对罪犯的恩赐，而是罪犯的权利。比如，意大利 1974 年 7 月 4 日宪法法院的判决就确定，只要犯人符合法律规定的主客观条件，他们就有权利获得假释。有的国家甚至制定了强制性假释制度（mandatory parole）。比如，加拿大联邦系统有一种“法定释放”（statutory release）制度就是如此。根据法律规定，对于那些被认为没有危险的犯人，必须在其服完刑期的三分之二后将其释放。在加拿大、澳大利亚、美国等国家，假释是一种重要的刑罚执行制度，假释在罪犯出狱形式中占有较高比例。以 2000 年的假释率为例，加拿大为 32.7%，澳大利亚为 39.7%，美国则高达 72%。①而我国由于假释观念上的“恩赐观”、假释的实质条件抽象且难以把握、不合理的禁止性规定、人为设定假释比例和倒查制度等因素，假释率超低，多年来一直维持在 2%～3%。②

其次，假释制度的低适用率导致假释准备不足，假释人员出狱之前社会化处遇欠缺，进而导致假释人员强烈的角色中断之感。由于我国的假释适用率极低，多年来一直维持在 2%～3%的假释率意味着，在每个监狱，每年只有极少数人被假释出狱。对于这极少部分犯人的假释出狱工作，目前许多监狱在假释程序及假释准备工作方面仍存在一些不足，比如缺乏假释预告制度，未能充分保障犯罪人的假释知情权与申诉权。更为重要的是，由于在假释观念上的“恩赐观”而非“权利观”，并不是每个符合条件的罪犯都可以获得假释，这就导致在实践中产生难以避免的随意性和不确定性，也缺乏制度化和社会化的适应性训练。在本项研究中，多数被访者反映，在他们出

① 郭建安：“刑罚的历史趋势呼唤行刑体制改革”，载《犯罪与改造研究》2000 年第 10 期。
② 冯涛、李荣辰：“走出我国假释率超低之困境”，载《河南社会科学》2009 年第 1 期。

狱之前监狱曾对他们开展了出监教育工作，但自己从出监教育工作中并未感觉到明显的受益。

“我所在的监狱有出监教育的，时间是2～3个月。内容有很多，关于日常生活技能的培训，比如公交卡怎么用，银行卡怎么用，怎么上网等；关于怎么创业，如何做计划书，如何到工商、税务等部门办理手续。这些都是监狱请社会上的相关部门来为我们免费培训的。”(被访者XXN)

“监狱就是在我们即将回来之前一个月，通过讲课的形式，告诉我们要跟社会接轨，出来以后要注意处理好家庭关系啊、邻里关系啊，也讲我们的合法权益啊，用法律武器维护自己的合法权益啊。”(被访者XLI)

“出监教育主要包括三个方面内容：一是就业辅导，二是心理辅导，三是法律法规教育。就业辅导比较笼统，我感觉对自己帮助不是很大。主要讲目前的就业形势，哪些行业用工缺口比较大。心理辅导主要叫我们要自强自立，不要自暴自弃，这一块感觉有些是说到我们心里去了，对我触动还是挺大的。法律法规方面主要让我们不要再触犯法律法规，要遵纪守法等，这些我们都懂，我们经历了这一次大的挫折后，不可能再去做违法犯罪的事情。关于出监教育的时间，这跟我们国家目前的假释制度有关，现在监狱一个季度假释一次，最多提前一个季度才知道自己能不能假释，所以出监教育不可能提前很久，最多提前两三个月。”(被访者CY)

从上述受访对象的叙述中，我们可以看出，目前的出监教育主要存在以下几方面问题。一是教育的内容偏理论化，流于形式，实践指导性不强。以就业创业辅导为例，只有针对每个人的特点进行个别化的辅导，才能收到实效。但从假释人员的反馈来看，出监前的就业创业辅导大多都是笼统而泛泛地以讲座的形式做些讲解，比如被访者CY所服刑监狱的就业辅导只是给犯人讲讲当前的就业形势，哪些行业用工缺口比较大，并未对每个即将出狱的犯人的特点和需求进行调查、了解，更没有基于每个人的特点、需求和优势进行有针对性的职业生涯规划和就业指导。即便被访者XXN提到他所在监狱进行了创业辅导，还讲解了如何做计划书，但也仅限于纸面上的计划书的撰写方法，并没有对犯人进行有针对性的指导。再如所谓的心理辅导，也就是鼓励犯人出狱后要自强自立，不要自暴自弃，也就相当于励志教育，并没有针对每个犯人出狱后可能在家庭、人际交往等方面遇到的现实处境进行有针对性的指导，指导他们在特定的处境下如何进行自我调适，理性应对。二是出监教育时间短。上述几位受访者均反映，他们所在监狱的出监教育大多只有两三个月，有的甚至只有一个月。《监狱教育改造工作规定》第五十五条规定，监狱出监教育的时限为3个月。这跟国际上其他狱政管理较为成熟的国家相比，明显时间太短。出监教育作为犯人从监狱到社会的过渡性适应阶段，其时间的长短直接影响犯人出狱后社会适应的顺利与否。前文第二章提到，国际上许多国家都对即将出狱的犯人进行较长时间的社会适应训练，有的国家——比如德国——甚至从进入监狱那一天起，就为犯人制定个性化矫正项目，以帮助他们重新适应社会。亚洲国家中，韩国也于2009年成立了“社会适应训练中心”，该中心提前6个月就对即将出狱的犯人进行求职、创业、人际交往等一系列社会适应训练。三是社会化不足。出监教育中的那些所谓的就业辅导、心理辅导、法律法规辅导都是在监狱里封闭进行，大多以讲座或上课的形式，这种形式非常抽象，不利于假释人员对假释后的生活形成真切感受。有学者建议假释执行前一年的罪犯原则上享受特宽管待遇，特宽管理可以考虑建立开放式监狱和半自由刑制度，半自由刑制度可以设计为比开放式监狱还要宽和的处遇措施，如周末监禁中的监禁可以放在开放式监狱中。①

近年来，我国各地监狱纷纷设立出监监区，贯彻执行《监狱教育改造工作规定》中有关出监教育的规定，有些省份甚至设立专门的出监监狱，帮助即将出狱人员更好地适应社会，比如湖南的星城监狱和浙江的乔司监狱。

① 马贵翔：“狱内行刑社会化的价值及其实现”，载《复旦学报》（社会科学版）2005年第2期。

这些出监监狱(区)在帮助即将出狱人员更好地实现从监狱向社会过渡方面进行了积极探索,也有很多创造性做法。但学者们通过对这些出监监狱(区)罪犯的调查,也发现出监监狱(区)的教育活动存在人生规划和职业规划流于形式、罪犯在出监监狱(区)服刑时间过短等问题。[①] 这说明目前我国监狱中的出监教育工作仍然存在很多不足,尤其是对于那些仅占出狱人总数 2%～3%的假释人员而言,监狱对他们的假释准备工作只是作为出狱人出监教育的一部分流于形式,并没有为他们的假释做专门的准备。而假释人员的出监又与刑满释放人员的出监存在一定的差异,比如假释人员出狱后还要参与社区矫正。根据我国刑法修正案(八)的最新规定,假释人员在假释考验期纳入社区矫正,由司法行政部门负责管理监督矫正,此乃将假释人员纳入社区矫正的相关规定正式写入了刑法,而此前的假释人员由公安机关负责监管,由于公安机关忙于案件侦查、社会治安等大量工作,往往对假释人员疏于管理。假释人员从监狱释放后纳入社区矫正,监狱与社区矫正机构必须做好充分的衔接工作,这也是假释准备中必不可少的工作,尤其对于社区矫正的性质、假释人员纳入社区矫正的意义、假释人员在社区矫正中必须履行的义务和享有的权利等内容应该是出监教育的重要内容之一。但假释人员反映,大多数监狱在这方面的工作很不到位,导致许多假释人员对社区矫正知之甚少,对在即将到来的社区矫正中自己应该扮演怎样的角色充满疑问。

总之,我国目前的假释准备工作仍然停留于在监狱内开展一些封闭式的、笼统的、形式化的教育培训工作,假释人员仍然与社会处于隔离状态,对高墙外的社会以及自己即将扮演的社会角色仍然停留于虚幻的想象之中。他们有的对未来充满了不切实际的幻想,有的对未来充满了矛盾情绪,既向往又惧怕,而那些在监狱服刑时间较长的犯罪人则不敢想象也无法想象自己出狱后的生活,因为他对外面的世界一无所知。

① 刘毅:“罪犯再社会化过程中出监监狱(区)的矫正管理新探”,载《江苏科技大学学报》(社会科学版)2011 年第 4 期。

第二节　社会化匮乏下的行动选择：角色想象

一、“不敢想象”型

由于监禁行刑社会化匮乏，长期与社会处于隔绝状态，那些在监狱服刑时间较长的假释人员都说不敢想象，也无法想象出狱后的生活。比如分别在监狱服刑16年和13年的LY和CS就是这样说的：

“我1995年进了监狱，2011年出来。出来之前没有什么打算，因为在（监狱）里面根本不知道外面是什么情况，没有办法想象外面的生活，也不敢想象外面的生活，只能想出来总比待在里面好。”（被访者LY）

“我在（监狱）里面待了13年，脱离社会十几年，感觉对这个社会掌握的信息太少了，根本摸不清现在社会的情况，所以出来之前对外面的世界也没敢怎么想象。”（被访者CS）

从监狱产生的那一刻起，就存在着监狱的封闭性与社会的开放性、监狱的监狱化与罪犯的再社会化的矛盾。由于监狱封闭性的固有缺陷，许多学者呼吁司法改革，推进行刑技术化和监禁刑执行社会化。行刑技术化，是指现代自由刑的执行往往辅之以精密的行刑技术，这种行刑技术不仅指监狱管理技术，更重要的是指矫正技术，尤其是将各种矫正模式引入监狱行刑。比如在重新回归模式中，为犯人提供广泛的重新回归活动项目，包括提前释放、工作释放、教育释放以及探亲等。[①] 本书的研究对象假释犯虽然获得了附条件的提前释放，但正如上文所说，现阶段我国假释适用率极低，而且假释之前的准备工作很不完善。至于此处提到的工作释放、教育释放以及探

① 陈兴良：《本体刑法学》，商务印书馆2001年版，第705页。

亲等，更是很少有犯人享受过这样的权利。我国实践中准许犯人暂时离开监狱的事由十分有限，仅仅包括探亲、重病就医、生育和哺乳婴儿以及生活不能自理须狱外亲友照顾四种，适用率也很低。在笔者所调查的访谈对象中，没有一个人曾经在服刑期间享受过工作释放、教育释放或者探亲的机会。在日新月异的现代社会，犯罪人长达几年、十几年封闭在高墙深院，与世隔绝，对社会的变化一无所知或知之甚少，即便有所知也是间接地通过报纸、广播和电视等新闻媒介，缺乏亲身感受。这必然会使犯罪人有强烈的迷茫感，那些没有技术专长的犯罪人更是无从谈起职业规划等议题，感到“两眼一抹黑”，不知道当前社会哪些行业好就业，也不知道自己适合从事哪些行业。至于监禁刑执行社会化，上文提到，国际上许多国家，比如英国和美国，根据罪犯危险性的高低设计了不同警戒度的监狱，在不同警戒度的监狱里，罪犯享受到的人身自由权利不同，这样有利于社会危险性较低的犯罪人有更多的机会接触社会。我国的监狱虽然也实行“三等五级”监狱管理制度，但在实践中过于突出严管而忽视对宽管措施的运用，宽管级的处遇措施有限。因此，我国监狱的当务之急是要改变片面注重严管的做法，充分发挥宽管的作用，并相应增加宽管级别当中的处遇措施。[①] 德国则将监狱直接划分为封闭式监狱和开放式监狱两类。我国已有学者倡导监狱的开放程度应与社会的开放程度相适应。他们认为，对于低警戒度的监狱，将其由全封闭改为半开放甚至全开放，在一定程度上消除自由刑的封闭性，具有重要的刑事政策意蕴，这将是监狱改革的发展方向。开放式处遇的刑事政策上的意义，日本学者大谷实认为，在于弥补封闭式处遇的不足，合乎尊重受刑人的尊严、促进犯人改造自新重返社会的犯罪人处遇理念，同时，还有助于行刑经济，即开放式处遇在消除拘禁处遇所产生的痛苦方面和人道主义相结合，让受刑人的生活接近于一般社会的生活条件，并且这种接触对受刑人的身心有很好的影响，培养受刑人和行刑职员间的信赖关系，使矫正教育成为可

---

① 过琳、常宁：“监禁刑执行社会化的趋向及启示”，载《中国人民公安大学学报》(社会科学版)2010年第5期。

能。开放式处遇在这些方面与重返社会的理念相一致。[1] 在监禁刑执行社会化的策略方面，应像上文所说，扩大社会力量参与监禁矫正，将社会上的最新发展变化带给犯人，将最新的技能、信息传递给犯人。也可以通过采取诸如周末拘禁、返家探视、与眷同住等措施缩短罪犯与正常社会生活的距离。[2] 如果我国能够在监禁刑执行社会化方面有更多积极的探索，则能够缩小监禁犯人与社会的距离，不至于让他们有太强烈的“两眼一抹黑”“无法想象外面的生活”的感觉。

二、“美好憧憬”型

“之前在监狱里经常想象出来以后要怎么样做一番事业，享受高品质生活。以前在里面就是空想，因为不了解现在的生活节奏，但现在接触了社会，感觉完全不一样，就开始重新思考要走什么样的路。现在觉得就过正常生活就好，实实在在、开开心心就好，只要家人幸福就好，比较实际和现实了。”(被访者 HJK)

“我在(监狱)里面就想，我出去后，还有一定的经济基础，依靠以前的人脉做点生意应该不成问题。但是出来以后，发现在我真正遇到困难时帮助我的人还是很少，发现人的变化还是很大。”(被访者 JZQ)

“本来想着把超市再弄大一点，现在房租太贵，弄不下来了。还想着浴室卖了给我多少钱，结果只是我以前投资的五分之一，以前投资了 100 多万，现在只卖了 20 多万，差距太大。想好也没有用，只能慢慢来了。”(被访者 CJG)

“在监狱里面有很多美好的愿望，但是出来之后发现现实是残酷的，不是你想的那么简单，很多东西已经不是你想的那种样子了，一些人不像以前一样全心全意帮你，美好的愿望无法实现了。”(被访者 CMI)

---

① 转引自陈兴良：《本体刑法学》，商务印书馆 2001 年版，第 706 页。
② 陈和华：“论监禁的困境与改善”，载《法学》2005 年第 4 期。

“我本来在监狱里还想出来后靠自己的智慧和勤奋重新发展的，没想到老婆有外遇了，回来就要跟我离婚。那时候，我六神无主。自己觉得回到监狱反而好，有得吃，也有得住，确实是很想重新回到监狱。”（被访者TGK）

“在监狱里也进行了反思，觉得自己是一时冲动犯了这个事，出去以后踏踏实实做人。我反正有技术，我原来有固定工作的，在监狱里做医生。我岳父、我老婆也是医生，岳父承包了卫生院，我出去后，即使原来的固定工作丢了，也可以在岳父的卫生院里干。没想到出来后跟老婆就处不好，总是吵架，后来就离婚了。在低潮的时候，想死的心都有。”（被访者 GK）

“美好憧憬”型的被访者在出狱之前对自己的家庭角色、工作角色及人际交往角色都展开了美好的想象。他们想象着家庭圆满，朋友会对自己出手相助，工作能够像自己想象的那样顺利。只有这几方面都如期待那样圆满，才能真正有美好的未来。但遗憾的是，在家庭方面，虽然多数已婚被访者家庭圆满，但也有两位被访者出狱后，妻子向其提出离婚。比如上述案例中的 TGK 和 GK，他们本来都打算出狱后踏踏实实地工作和生活，但婚姻的破裂给他们带来沉重打击。TGK 说“那时很想再回到监狱”，GK 说“想死的心都有”。从他们两位的叙述中我们能够感受到他们当初的那种极端的痛苦。婚姻的稳定、情感的支持对于从监狱出来的人来说是非常重要的。美国维拉司法研究所的研究结论是，家庭支持在释放后的 30 天内发挥着非常关键的作用。那些就业获得很大成功、停止吸毒、有着乐观生活态度的人，是那些谈论家庭（对他们接纳）最多的人。① 卡桑德拉·钱尼（Cassandra Chaney）对非洲裔美国人的质性研究发现，多数人认为婚姻或同居关系是一种改变生活的力量，也是生活的稳定剂。② 本研究在调查中也发现，当问及

① Marta Nelson, Perry Deess & Charlotte Allen, “The First Month Out: Post-Incarceration Experiences in New York City,” Vera Institute of Justice, New York, 1999: 135 - 146.

② Cassandra Chaney, “So My Family Can Survive: Prisoner Re-entry and the Risk and Resilience of Black Families,” *Journal of African American Studies*, Vol. 15, 2011: 95 - 114.

哪些因素对他们出狱后的社会适应有帮助时，多数人都提到了家人的支持，那些已婚者特别感激配偶对自己的不离不弃。这也从侧面反映出那些出狱后婚姻破裂的人是多么的痛苦。

对工作角色的美好想象有的是基于自己具有一定的经济基础，有的虽然没有经济基础但寄希望于朋友的帮助。那些对朋友的帮助寄予很大希望的人，一般都遭到了打击，本研究中几个对朋友抱有较大希望的被访者都没有从朋友处得到他们所预期的帮助。这种对朋友的较高的期待没有如愿实现，对他们的情绪有很大的影响，在较长一段时期内，他们都处在愤怒、焦虑、苦恼、不安中。而那些有一定经济基础，但资金不太多的被访者出狱后发现，这些年物价上涨了很多，房租价格也相应提高了很多，比如 CJG 本打算出狱后再把超市开大些，但发现房租太贵，自己根本无力如愿实现工作计划。

总体而言，在监狱里对未来想象得太美好的人大多都发现出狱后现实不像他们想象的那么美好，他们未曾预料到的主要变化在于人际关系和经济形势的巨大变化。在人际关系方面，有些人已经不像他们想象的那样仍然是朋友，需要重新看待与重新处理。在经济形势方面，近年来物价的飞涨、市场竞争的激烈都使他们觉得生意难做。这一系列的期待和失望，其缘由还是因为上文所说的监狱的封闭性所造成的，应加大监狱行刑社会化的改革力度。在当前监狱行刑社会化改革尚不能达到预想效果的情况下，政府相关部门及相关社会机构应该帮助监狱里服刑的犯人与他们的家庭加强联系，并通过多种途径让他们了解外面的经济发展和就业形势。

三、“矛盾冲突”型

除了“不敢想象”型及“美好憧憬”型外，还有一些假释人员，由于种种原因，他们在临近假释时，思想上充满了矛盾。

“我要出来的时候心情很复杂、很矛盾。一方面，觉得出来肯定比在里面好。但另一方面，又觉得没脸见人，越是临近出来的时候，这种感觉越强烈，觉得自己有污点，不但自己丢脸，也给家里人丢脸。恨不得远走高飞，跑得远远的，跑到没有一个人认识我的地方才好。还有就是自己这种劳改犯的身份，不知道出去了以前的朋友、熟人会怎么对待我，还认不认我这个朋友了。”(被访者 CJS)

“要回来的时候心情十分复杂，毕竟经过那么多年，自己终于可以重获自由，心里想，回到社会以后，有什么能力还是要向社会展示。但同时，自己的心里面还是有很多忐忑，不知道外面有什么困难，这在里面是想象不到的。那时候的心情既兴奋又矛盾，很多人被释放的时候都存在这种复杂情绪。”(被访者 CY)

“要出来时心情总归是不一样的，但肯定不是出国留学回来那种心情。总之，回来的时候就是希望知道的人越少越好吧。”(曾因贩卖毒品罪入狱的 SG)

“我自己不想提前出来，因为我外面有很多债主，他们的钱放我这里，结果被一个大骗子骗去了，那个大骗子做生意亏本，还不起了。我现在也没钱还我的那些债主，回来也不安心，也不敢出门，因为那些债主知道我回来肯定要上门讨债的。本来我是打算在监狱里拿够 120 分减刑回来的，我不打算假释的。但我老公说，家里老人都盼着你回来，你哪怕早回来一天也好的，然后他这么说我就这样假释了，不然的话再有 5 个月我就全部清除了回来的。”(因非法吸收公共存款罪而入狱的 XLI)

“要出来时心情也没有太激动，因为我如果不假释的话，可以减刑的，减刑后，我在里面再待一年就出来了，出来后就什么事情都没有了，就完全自由了。但是假释出来的话，还要在社区矫正再熬近三年时间。主要是比较起来，一个时间长，一个时间短。一个是出来没什么事情了，一个是出来还要熬三年时间。”(被访者 PY)

上述这些假释人员在临近出狱时思想比较矛盾的原因主要有：一是对自己“劳改犯”身份的顾虑，“觉得自己有污点，不但自己丢脸，也给家里人丢脸”，而且担心这种“劳改犯”身份不能得到以前熟人、朋友的接纳。多数人或多或少都会有这种顾虑，但那些自尊心特别强的人通常对这方面考虑得更多。二是有些人尚有经济纠纷没有解决，或者曾经结交了不良朋友，出来后都有可能会遇到一些麻烦。有经济纠纷或曾经结交不良朋友的这两类人，他们都希望越少人知道自己出来越好，担心别人知道自己出来会来找自己的麻烦或者再引诱他从事不法行为。三是对社区矫正的担忧，觉得自己还要在社区矫正中再熬一段时间。对于假释人员的这些顾虑、担忧和不安心理，监狱及社区矫正机构都非常有必要在他们出狱前后进行疏导，教给他们心理调节的技巧，教会他们如何运用法律武器维护自己的合法权益，如何抵挡不良社会成员的诱惑，如何正确看待社区矫正，以使他们在扮演好社区服刑人员角色的同时尽快适应社会、融入社会。这里特别要注意防止有些人从长期高压的监狱生活回到社会后出现“减压病”现象。奥地利著名心理学家弗兰克尔（Viktor Frankl）对那些从纳粹集中营释放出来的囚犯进行研究后发现，囚犯在离开了集中营后，非常需要别人精神上的帮助。他说，一个长期承受巨大精神压力的人，一旦获得自由，尤其在毫无准备的情况下突然解除压力，自然会面临某种危险。这种危险从心理意义上看就是相应的减压病，就像潜水员突然离开潜水仓将会有生命危险一样，一个人突然解除精神压力，在道德上和精神上也会出现危险。其中最常见的反应是对自由的滥用。有些生性粗俗的犯人难以摆脱残酷的集中营生活对他们的消极影响，他们一旦获得自由，便认为自己可以肆无忌惮地滥用自由。对他们来说，唯一与过去不同的就是现在已由受压迫者摇身变为压迫者，他们有一种任意施加暴力的补偿心理，昔日受压迫成为他们今天理所当然地让别人受压迫的理由。弗兰克尔认为，应当慢慢引导这些人，让他们严守自己的道德。①

① 刘翔平：《寻找生命的意义——弗兰克尔的意义治疗学说》，湖北教育出版社 1999 年版，第 7—16 页。

当今社会发展如此迅速，假释人员，尤其是那些在监狱服刑时间较长的假释人员出狱后会产生巨大的心理落差，巨大的心理落差容易导致内心的不平衡和焦虑，进而引发他们的补偿和报复心理。所以，要帮助假释人员增强法制观念，通过社区矫正的相关教育矫正活动预防“出狱减压病”的发生。

第四章 “半隔离”期：角色认知与定位

如第三章所述，假释人员在回到社会初期，由于物理环境、语言、价值观念等方面的变化，大多会发生回归文化休克现象。在短暂的文化休克之后，假释人员发现，原先的社会网络大多发生了断裂，加之社会地位的改变及犯罪人身份带来的自我污名等原因，他们中的大部分人在一段时期内与社会接触有限，本书将之称为“半隔离”期。本章主要讨论哪些结构性因素导致了假释人员与社会处于半隔离状态，以及在这种半隔离状态中，他们怎样观察社会、了解社会、进行角色认知和自我定位，从而为走向社会做准备的。

第一节 结构制约下的“半隔离”

一、环境制约：回归文化休克

文化休克（culture shock）一词由美国文化人类学家奥伯格（Kalvero

Oberg)于1960年所创造，用来指移民从一种文化进入另一种新的文化所产生的不适应的感觉。奥伯格将文化休克描述为“突然失去所熟悉的社会交往符号和象征，对于对方的社会符号不熟悉，而产生的一种突如其来的忧虑和无所适从的深度焦虑症，就像突然离开自己生长的文化茧壳的一种很不舒服而且不适应的感觉”①。1955年，利兹格德(Lysgaard)在对200名赴美访学的挪威学者的跨文化适应研究中提出了著名的U型曲线模型。根据U型曲线模型，旅居者刚来到一种新文化中，通常处于最初的欣快阶段，这一阶段旅居者与东道国的接触相当肤浅。随着接触的加深，旅居者逐渐出现语言问题以及随之而来的挫败感、迷惑、误解和孤独感，进而积累起比较严重的焦虑感。再经过一段时间，旅居者逐渐熟悉当地社会环境，情绪逐渐回升。② 利兹格德此处描述的欣快过后的低潮期即相当于奥伯格所说的文化休克现象。后来，葛勒豪(Gullahorn)等学者在对5 700名回国留学生的实证研究基础上进一步发展了U型曲线假说，提出W曲线假说，用W曲线描述留学生回国后的再适应过程。与进入异国文化的适应过程相似，回归者回到本土文化后也会经历一个重新适应本土文化的过程，葛勒豪等将此过程中的低潮期称为回归文化休克。③ 在日新月异的当代社会，假释人员在封闭的监狱待了数年甚至十数年(本研究中的受访者在监狱服刑时间最长的达16年，最短的为2年1个月)，重新回到社会后，在监狱化以及社会快速变迁的双重影响下，必然会产生回归文化休克。具体而言，这种回归文化休克主要表现在对监狱外物理环境、人文环境(语言、价值观念、日常生活习惯等)的变化以及对自己回到社会后社会角色的改变的不适应。

---

① K. Oberg, “Culture Shock: Adjustment to New Cultural Environments,” *Practical Anthropology*, 7 (4), 1960: 177－182.

② S. Lysgaard, “Adjustment in a Foreign Society: Norwegian Fullbright Grantees Visiting the United States,” *International Social Science Bulletin*, 7, 1955: 45－51.

③ J. Gullahorn, “An Extension of the U-curve Hypothesis,” *Journal of Social Issues*, 19(3), 1963: 33－47.

假释人员出狱后，首先遇到的是社会中的物理环境的变化带来的直接的感官刺激。当被问到他们出狱后的感受时，几乎 100％的被访者都感叹"社会发展太快了"。

"我在(监狱)里面六年，出来后感觉社会变化太大了，包括路啊，建筑啊，变化太大，很不适应。我在南京坐牢的，刚出来家人带我到夫子庙去逛逛，说是让我感受一下快节奏的生活环境，我感到真的不适应，过马路都不太敢过，都是家人扶的。"(被访者 HJK)

"出来发现社会变化太大，发展太快，自己跟不上来。比如我第一次去司法局开会，我回去的时候东南西北都分不清了，只好打的回来，本来我老婆还叫我坐多少路公交车什么的，我连站牌都找不到。"(被访者 CJG)

"我出来首先感官上感觉到社会很繁荣，人多，车多，高楼多了，高架路多了。再深入地接触社会后，就觉得自己落伍了，跟社会的发展已经有比较大的差距了。"(被访者 CY)

"我从里面出来，发现我们这个城市这几年发展太快了，从开发区到新城区建了那么多高楼，另外还有高架路，以前都没有的，这几年一下子多了那么多高架路，还真有点眼花缭乱的。"(被访者 XXN)

上述几位访谈对象都提到社会发展快，不认识路了。事实确实如此，近几年 T 市的城市建设发展确实很快。以路网建设为例，据 J 省新闻网 2013 年 12 月 28 日报道，自 2009 年 5 月首条快速路兴建以来，T 市的快速路网建设发展迅猛，虽然起步比较晚，但仅用了 4 年多时间就成功跃居全省第一方阵。目前，建成和在建的快速路网总里程达 83.24 公里，工程包括了 9 座立交、33 对上下匝道、10 座跨线桥、7 座天桥和 2 个隧道。在 4 年多的时间内，快速路网从无到有，且成功跻身全省第一方阵。难怪 2009 年之前入狱的假释人员为之震撼，出现明显的文化休克。

正如被访者CY所说，在经历道路、建筑等物理环境的感官刺激后，再进一步与社会接触，他们发现自己在语言、日常生活习惯、价值观、知识技能等"社会符号"方面都已经不适应了。

在语言交流方面，一方面假释人员会养成监狱里的一些特殊的语言习惯，社会成员对这些习惯的不接纳往往使假释人员感到尴尬。比如在监狱服刑16年的LY告诉笔者："在里面我们都是用'讲'什么，外面是用'说'什么，没有用'讲'的。我刚回来的时候，我都用'讲'，比如'我对你说'，我都用'我跟你讲'，人家就说，你怎么总是用讲啊，我这才意识到自己跟外面的人说话不一样。从这个小的方面就看出来里面和外面有很大的区别。"另一方面，社会上近年来新词汇层出不穷，尤其是新的网络用语不断出现，也使假释人员不知所云。比如在监狱服刑9年零24天的YXM说："我刚出来的时候思维比较迟钝，跟不上，不知道别人在说什么，还有一些新的词语，什么'给力'啊，这些词语在里面都没听说过。"除了对新词汇不熟悉外，YXM所说的"不知道别人在说什么"也是非常普遍的现象。他们刚从监狱回到社会，对于社会上发生的事情不了解，当别人聊天时，自己根本插不上话，所以有12位访谈对象提到别人觉得自己话少了。被访者CY的一段话非常具有代表性。他说："刚回来跟朋友聚会时，感觉自己很另类。他们谈的东西我完全插不上话，不知道他们在谈什么，他们的话题我一点不熟悉。话题转到我这边，大家出于好奇，问我在（监狱）里面的情况，我感觉自己讲的内容很另类。后来我就不愿意参与这样的聚会了。"

在日常生活习惯方面，假释人员在经历了监禁生活对身体一段时间的规训后，或多或少会带有一些监狱化的烙印。"监狱化"一词是美国社会学家唐纳德·克莱默（Donald Clemmer）20世纪30年代在对美国男犯监狱的亚文化调查研究的基础上提出来的，指罪犯对监狱文化的学习与内化的过程。"监狱是惩罚权力的浓缩体现：这里有一种深思熟虑的对犯人肉体和时间的责任观念，有一种借助权威和知识系统对犯人活动和行为的管理，有一种齐心协力逐个改造犯人的矫正学，有一种脱离社会共同体，也脱离严格意义上的司法权力的独立行使的刑罚权力。"[1]在经过监狱"深思熟虑的对肉体和时间的规训"以及"对活动和行为的管理"后，许多犯人出狱后会延续监狱里的思维方式和行为模式，严重的甚至人格萎缩，成为"监狱呆子"或"心理上的瘫患者"，其表现主要有极度自卑，缺乏自主性、自尊心和责任感，刻板、麻木和对外界事物感知迟钝等。[2] 在访谈过程中，多数被访者提到自己刚出狱时感知迟钝，有的被访者觉得自己行为刻板、麻木。比如 ZM 提到："刚出来一两天的时候，觉得好长时间没出来，对外面有说不上来的那种感觉。心情啊什么还是有一种压抑感，因为在里面的时候心理是比较压抑的，心情没有什么时候是好的。在监狱里是没有自由的，想上个厕所都不自由。回家以后，还是有那种感觉，觉得我自由得都有点不怎么相信了。"在服装方面，犯人在监狱里统一穿囚服，为安全起见，裤子不允许系裤带，统一用松紧带。有的访谈对象提到："在生活细节方面有许多不太适应的地方，比如出来不习惯用皮带了，因为在（监狱）里面都是穿的松紧带的裤子。"此外，几乎所有的被访者都提到自己早晨容易早醒，因为习惯了监狱里的生活节奏了，生物钟短时间内很难调整过来。这些都是监狱化的结果。正如有的学者所说："将一个人数年之久关押在高度警戒的监狱里，告诉他每天睡觉、起床的时间和每日每分钟应做的事，然后再将其抛向街头并指望他成为一名模范公民，这是不可思议的！"[3]

在价值观方面，当前我国正处于急剧的社会转型期，各项制度、规范的变革正逐步引起人们价值观念的变化。特别是社会主义市场经济体制的实行，在增强人们主体意识、权利意识、竞争意识的同时也导致了偏重实用、追求功利、注重享乐等不良价值观。

那些在监狱服刑时间较长的假释人员对这种价值观的变化感受更为深

---

① ［法］米歇尔・福柯：《规训与惩罚》，刘北成、杨远婴译，生活・读书・新知三联书店 2012 年版，第 146 页。

② 赵宝成："罪犯监狱化初探"，载《政法论坛》1992 年第 4 期。

③ ［美］克莱门斯・巴特勒斯：《矫正导论》，孙晓雳等译，中国人民公安大学出版社 1991 年版，第 130 页。

刻。下文是笔者与在监狱服刑9年零24天的被访者YXM的对话。

访问者：您出来后发现这十年人们的价值观发生了什么样的变化？

被访者：我发现很不一样了，现在的80后的孩子都是享受型的，生活怎么自由就怎么来，对父母的考虑不是很多，跟我们那个年代很不一样。我上学的时候对父母很孝顺，一直想着要对父母报恩。现在的小孩子心灵太脆弱了，都是在蜜罐里成长的，学习的知识都觉得没用。

访问者：您觉得一般的人与人之间的交往有什么不同？

被访者：我觉得现在大家经济好了后，人们之间的交往就变了。以前计划经济时代，大家都是为国家办事，不会有太多的想法。现在这个社会经济发达了，人们的价值观就有些变化。我觉得应该对这个方面加强引导，尤其是对现在的年轻人，要让他们懂得奉献，当然也要保护好自己的利益，并且要有责任感，不要一切向钱看。我们那个年代出来的人，价值观念和现在都不太相同，我以前在部队里接触的层次都挺高，所以看到的也比较多。出来的时候我发现，大家都是一味地以金钱来衡量一个人，这个方面是我比较不认同的。

另一位在监狱服刑16年的被访者LY对人们价值观的变化则更加不适应。

“现在和以前不一样，有的朋友就是朋友，有的朋友不一定是朋友。以前说过两天叫你吃饭，就肯定请你吃饭，现在都是嘴上说叫你吃饭，不一定后来真的叫你吃饭。所以现在只能听听而已，不能当真。有过那么几回就适应了。”

当今社会科技发展日新月异，许多被访者感叹技术进步太快，11位(42.3%)被访者直接提到“感觉自己落伍了”。比如，近几年智能手机快速普及且不断更新换代，即便是仅在监狱服刑四五年的人出狱后也大呼不适应，不会用智能手机。比如 CJG 说："像手机啊，出来的时候都不知道怎么弄，现在都是智能的，和以前不一样了。"

二、健康制约：监狱规训的身体烙印

访谈中大多数被访者都提到在监狱里过的不是人过的日子，吃得不好，住得不好，而且纪律非常严格，思想压力大，稍微违反监狱规范就要被惩罚，被扣分。

"一般吃的都是时令菜，比较便宜一点的菜。比如说夏天，我们那里就经常吃冬瓜，几乎每天中午都喝冬瓜汤。虽然天天吃觉得厌烦，但不吃又饿，只能硬着头皮吃咯。虽然说每天都开荤，但是菜里肉都很少的。"（被访者 PY）

"以前在外面整天吃香的喝辣的，在（监狱）里面那菜里难得有几片肉片，还不许你加餐，除了一天三顿饭，你有钱也不许你买其他东西吃，除非你达到一定的积分才可以。积多少分可以买价值多少钱的东西都是有严格规定的。"（被访者 LYN）

"在里面吃得差啊，在里面最大的好处是减肥（哈哈大笑），你看我以前高血压、高血脂、肥胖，现在出来血压、血脂都正常了，坐牢是最好的减肥方式。"（WX）

"我们那里每个月都会根据各方面表现进行打分，表现得好的十一二分，表现差的三四分，犯错的就是零分。想早点出来的人都很想挣分数，很老实，不敢有任何违反纪律的情况，否则你这个月一分得不到，就太亏了。"（被访者 PY）

"监狱里都是用分数来管理的，有日考核，周评比。我在里面就是做协管，协助狱警管理，负责考核这一块。"（被访者 XXN）

"在里面，你是随时有人看管的，都是有人在监视你的。在里面就两个地方，一个是睡觉的地方，一个是劳动的地方，两地相距150米，前面你动一步，后面就有人跟一步的。在里面一点自由都没有，而且到处是铁门铁窗，冷冰冰的，心情怎么能好起来?”(被访者CMI)

“在监狱里生活质量、人格降到最低，没有一点尊严。我说都不如社会上的乞丐，乞丐还有自由，我们一点自由都没有，违反规定就要被扣分，受处罚，所以整天神经绷得紧紧的。”(被访者CJS)

在这种较差的生活条件下，再加上沉重的思想压力，原来体质较差的人往往容易生病。比如被访者ZM告诉笔者：“可能我自己进去之前身体就有寒毒，在(监狱)里面不运动，里面又比较冷，很潮湿，这样就暴发了风湿病，就患了腱鞘炎，手握不起来，伸不直，手有炎症，肩膀也疼。回来后根本做不了什么重活，只能在家里做做家务。所以我回来到现在也没有上班，先把身体养养好。”那些在监狱里服刑时间较长的假释人员由于长期的压力和较差的生活条件，一般身体都比较虚弱。在监狱服刑13年的CS说：“在里面十几年，身体也不是很好，比较虚弱，容易生病，这种现象在里面也比较普遍，在那里营养跟不上，心情也不好。”问卷调查也证实了上述被访者的说法。当被问及身体健康状况时，认为自己身体状况良好者仅占32.9%，55.7%的人身体状况一般，8.6%的人体质较差，甚至有2.9%的人丧失劳动能力或有残疾。

从上述访谈资料及问卷调查的数据可以看出，有较大一部分假释人员身体状况都不是很好。这是较差的饮食和巨大的思想压力共同作用的结果。虽然国家也正在提倡监狱文明管理和人性化管理，但监狱毕竟是一个监禁和惩罚的场域，它致力于对犯人内在灵魂的征服。正如福柯(Michel Foucaul)在《规训与惩罚：监狱的诞生》一书中所说，监狱通过空间分配、活动编码、时间安排等手段对服刑人员进行全方位的规训。就空间而言，监狱是个封闭的空间，“在这个空间中，依据单元定位或分割原则，明确分配每一个人的空间位置，从而有效地监督个体、维持秩序。而且，规训是一种‘等级排列艺术’，通过对个体的区别对待，使得个体的位置在空间的关系网络和等级体系中不断变化和流动”①。“活动编码”是指“通过精打细算使得身体被精确、专注、高效地投入运营中。它通过对时间的不断强化和彻底使用，使个体始终保持‘最高速和最大效率的理想极限’，进而‘榨取’身体的能量和资源”②。而这种活动编码又受到时间安排的影响。在监狱里，从早晨起床到吃早饭，再到干活及休息的时间都是严格规定好的，连续的时间被分解成独立、平行的片段，犯人在每个规定的时间片段中进行细微和精确的活动。

在吃不好、住不好，紧张的劳动和高度的思想压力下，生活了几年甚至十几年后，多数服刑人员出狱后身体状况欠佳，加之前一章论述过的监狱化效应，几乎所有的人出狱后都需要经历一个身体的调适阶段才能逐渐接触社会、融入社会。

三、经济制约：贫困的排斥效应

首先需要说明的是，并不是所有的假释人员经济状况都不好，有些经济类犯罪人员以及家庭背景较好的犯罪人员出狱后经济状况仍然较好，有的甚至更好。这里所说的经济制约是指那些经济状况较差的假释人员，他们与社会的互动受经济状况的制约。

在接受访谈的26名假释人员中，57.7%的人在假释初期没有稳定的生活来源，甚至有不少人亏欠外债，只有50%的人明确回答自己不亏欠任何外债，即有半数的人都或多或少亏欠外债。之所以经济状况不好甚至亏欠外债，原因之一是不少犯罪人员犯罪之前就没有稳定的工作和收入，基本没有积蓄，几年甚至十几年的监狱生涯结束回来后自己一无所有，只能靠家人接济。如果其家庭条件一般，就会给家庭带来较大经济负担，自己手头也不会宽裕。比如，本研究中的访谈对象CS，在监狱服刑13年，出狱后父母都已年

①② 赵方杜：“身体规训：中国现代性进程中的国家权力与身体——以川北剑县为例”，南开大学2010年博士学位论文。

近七十，靠种田维持生计。在这种情况下，父母无力提供他很多经济上的支持，他有时候靠已经成家的妹妹给予经济上的接济。另一位在监狱服刑16年的LY，出狱后父母也已七十多岁，靠父母的退休金维持生活。再如，在监狱服刑9年的YXM在监狱服刑期间，妻子得了乳腺癌，做了手术和化疗，家里亏欠不少债务。而且一般的家庭都会因家庭成员的犯罪入狱，经济上受到影响，因为一方面家里缺失了一个劳动力(本论文的26名访谈对象都是成年人，犯罪之前基本都是家里的主要劳动力之一)，另一方面，在犯罪、判刑、坐牢期间，家庭在犯罪人员身上花了不少钱。还有一些人由于犯罪而受到了罚款。比如QJI说："家里四十万的存款基本都被用作罚款了，出事后打官司又借了些钱，现在家里还欠着外债，我在监狱里这些年不挣钱还花钱，我老婆说借钱都不好意思再借了。"也有的人就是因为犯了诈骗罪而被判刑，假释出狱后还要承担民事赔偿责任。

还有一些假释人员，不但经济上一贫如洗，而且没有家庭接纳他们，这种特殊的情况非常值得我们关注。他们出狱后无家可归、无亲可投、无业可就，被称为"三无人员"。比如TGK，在监狱服刑期间，房子被拆迁，而且拆迁的补偿费被其后妈占有，他的父亲已经去世，他与后妈的关系非常不好。另外，在服刑期间，其妻子有了外遇，出狱后妻子便与他离了婚，导致他无家可归，而且精神遭受严重打击。TGK说："我从监狱出来老婆就跟我离婚了，那时我身无分文，我的钱之前全都花掉了，一直都没有钱。出来连衣服都没有，社工谢大姐把她老公的衣服拿给我穿，又帮我办了低保，460元每月，吃也舍不得买好的吃。我刚出来的时候，真想还回到监狱，监狱里有得吃，有得住，有衣服穿。"

上述假释人员捉襟见肘的经济状况直接制约着其社会活动情况，因为在礼尚往来、饭桌文化浓厚的中国社会，社会交往需要一定的经济基础，在自己没有收入，生存都依靠别人的情况下，他们很少外出社交，也就处于与社会的半隔离状态。正如社会排斥研究所发现的那样，经济上的贫困是社会排斥产生的重要原因之一。不少假释人员因经济上的贫困而被排斥或主动自我放逐于主流社会之外，不愿跟社会多接触。

四、人际制约：社会网络断裂

人际制约指的是社会网络断裂对假释人员的社会行动所造成的制约。社会网络断裂又可以分为两种情况：一是因犯罪入狱，假释人员与原有的一些社会网络成员关系疏离；二是为规避社交风险，假释人员主动与原有不良朋友圈子疏远。

俗话说，亲戚朋友越走越亲，越走越近。监禁生活给监狱服刑人员与他们社会上的亲戚朋友之间的交往带来很大的障碍，尤其是2008年起，我国相关法律对探监制度做了更加严格的规定，按照规定，非直系亲属探监必须得到相关部门的审批。《中华人民共和国监狱法》第四十八条规定，罪犯在监狱服刑期间，按照规定，可以会见亲属和监护人。江苏省《罪犯会见通讯管理暂行规定》(苏狱规〔2004〕19号)第五条明确了亲属的范围：亲属是指因婚姻、血缘和收养形成的社会关系，包括夫、妻、父、母、岳父、岳母、子、女、祖父、祖母、外祖父、外祖母、孙子、孙女、养父、养母、养子、养女、继父、继母、继子、继女以及兄、弟、姐、妹等。非以上所列亲属会见服刑人员的，须经监狱狱政管理部门审查批准。非亲属人员会见服刑人员，须经监狱分管领导批准，其中会见重要案犯的，须报省局批准。这些规定本意是为了更好地维护监狱的安全和秩序，但同时，也使得监狱服刑人员的非直系亲属及朋友等非亲属人员探监面临着更复杂的程序和手续。不少被访者都表示，2008年以后，由于上述探监规定，为了避免麻烦，他们就让亲属带口信，让其他非直系亲属及朋友不要来看望自己。这在客观上减少了监狱服刑人员与亲友之间会面交流的机会，长期没有沟通接触难免带来生疏感。

"我进去(监狱)后就没有跟以前的朋友联系过，以前的联系方式都没有了，以前的朋友都不来往了，也不想跟他们来往，我现在的这种情况，去联系他们简直是自取其辱。"(被访者PY)

“刚回来时跟以前的同事也有一些接触，也想尽快地融入社会，但跟他们相聚时就感觉已经不在一个圈子里了，跟他们差距太大了，已经不在一个平台上了，跟他们好像没有很多共同语言了。跟他们聚会时，感觉自己很另类，后来我就不愿意参与这样的聚会了。”(被访者 CY)

PY 和 CY 所说的情况一方面反映了监禁生活客观上使得自己与朋友之间联系的中断，另一方面还反映了主观上自己也不愿意跟以前的朋友来往了。这主要是因为经过犯罪服刑后，他们的社会身份发生了变化，社会地位下降，与朋友的共同语言减少，为了维护自尊，自己与朋友主动隔离。还有一种情况是，自己主观上想跟朋友重新取得联系、建立关系，但朋友主动疏远他们。比如 WX 说：“现在人家不图你什么，所以人家也不搭理你了。”QJI 说：“我在监狱里，我老婆来探监就说，社会上的人势利得很，平时偶尔遇到不像以前那么热情了。我说这也正常，世态炎凉，人走茶凉，这是古话。出来以后果不其然，有的人见到我就绕路走。”

此外，对于某些犯罪类型的假释人员而言，朋友为了避嫌故意与之疏远。比如，利用职务之便收受他人贿赂而犯罪的 WX 说，“人家现在也不方便跟我来往，我一出来就跟我走得太近，恐怕对他们影响不好，所以他们跟我疏远也是可以理解的”。

人际断裂最为严重的情形当属那些在监狱服刑期较长的假释人员，尤其是服刑十年以上的人这方面问题最为明显。

下面是 18 岁入狱，在监狱服刑 13 年的 CS 对人际关系断裂的感受：

“我在里面待了十几年，出来之后，原来熟悉的环境已经变得不熟悉了。以前认识的那些人现在也基本上全都疏远了。以前在一起玩的跟我年纪差不多大的那些邻居，人家都成家立业了，孩子都十来岁了，我跟他们也没有什么共同语言了，现在联系的朋友很少了，基本上都断了联系。十几年时间足以把一个人改变掉，差距也都比较大了。反正就是我们已经走不到一起

了，这个想一下也能理解，已经不在同一条起跑线上了，很难再走到一起。我出来之后就成了一个孤家寡人了。”（被访者 CS）

当笔者问在监狱服刑 16 年的 LY 跟朋友的交往情况时，他说：

“出来后很少跟以前的朋友交往了，他们一直在外面，而我们在里面，他们的思维方式和理解能力和我们都不太一样了。有些事情也不好跟人家说，现在的思维方式和以前不一样了。”（被访者 LY）

有些入狱前经常结交社会不良人员的假释人员，他们出狱后想洗心革面，彻底改过自新，与以前的不良朋友绝交，他们便有意识地回避社会接触，防止以前的不良朋友再引诱其从事不法行为。本研究中，有一位因贩卖毒品而入狱的假释人员这样叙说了自己出狱初期的状况和想法：

“我刚出来的时候整天待在家里，大门不出，二门不迈。一个原因是家里人不允许，另一个原因是自己也不想出去。有朋友想约我，家里人不让出去，说我万一一不小心把持不住，就完了。所以朋友找我，我就推三阻四，不去。慢慢地，人家就不会再找你了，时间长了就没什么朋友了。我就是不出去最好。这种状况大概持续了半年时间，基本都在家里，偶尔才上街买买东西，都是跟老婆一起去的。”（被访者 SG）

像 SG 这些以前有不良朋友圈的假释人员，为了脱离不良朋友圈，他们回来后尽量不让以前的朋友知道，用 SG 的话说，“希望知道的人越少越好”。另一位被访者 HJK 也因结交不良朋友而走上犯罪之路，出狱后也尽量待在家里，不与以前的不良朋友接触，用他自己的话说，“要在家里稳一稳自己”，一来避免与那些（不良的）朋友再联系，二来在家里可以静静地思考一下以后的路怎么走。

五、心理制约：身份认同焦虑

身份认同在英语中为“Identity”一词。“Identity”最初是一个哲学范畴，表示变化中的同态或差别中的同一问题。[①] 哲学意义上认同问题的提出源自作为社会主体的个人对于自身生存状况及生命意义的深层次追问，即查尔斯·泰勒(Charles Taylor)所说的关于“我是谁”这一涉及人的安身立命的大问题。[②] 身份认同涉及识别和归类两个方面：一是识别“本体”“本身”“身份”是什么；二是将自己跟哪个群体归为一类，即寻找与其他群体的相同性或一致性。假释人员经历了犯罪、被判刑、监狱服刑等一系列负性生活事件，原有的职业身份和在社会中所处的等级序列都发生了改变。因而，他们需要重新确认“我是谁”“我要向何处去”这样的“安身立命的大问题”。但是，带着“劳改释放犯”这样的负面标签面对与他们入狱之前迥然不同的社会环境，确定“我是谁”“我要向何处去”的问题是那么的艰难，他们陷入了身份认同的焦虑。这种焦虑正是由生活连贯性遭到破坏造成的。正如吉登斯所说，“对日常习俗有序性的另一方面造成威胁的无序，在心理上可被看成是克尔凯郭尔意义上的畏惧，即一种被焦虑所淹没的景象，这种焦虑直抵我们那种‘活在世上’的连贯性感受的深处”[③]。弗洛伊德(Sigmund Freud)指出，任何给定情境中所感受到的焦虑的程度，在很大程度上依赖于个人的“关于外在世界的知识和权力感”[④]。莱恩(Ronald David Laing)指出，自我感分裂或残缺的个体倾向于表现出下述一种或多种特征。第一，他也许缺乏个人经历连续性的一致的感受。个体不能获得关于其生命的持续观念。时间被领会为一系列分立的时刻，而每一时刻以一种无法获得的持续“叙

① 张海洋：《中国的多元文化与中国人的认同》，民族出版社2006年版，第39页。

② 孙频捷：“身份认同研究浅析”，载《前沿》2010年第2期。

③ [英]安东尼·吉登斯：《现代性与自我认同》，赵旭东、方文译，生活·读书·新知三联书店1998年版，第41页。

④ Sigmund Freud, *Introductory Lectures on Psychoanalysis*, Harmondsworth: Penguin, 1974: 395.

事"方式把后续经验与原初经验切割开来。对湮灭的焦虑以及被外在冲击的事件所吞没、所粉碎、所倾覆的焦虑，经常是这种情感的相关物。第二，在充满变迁的外部环境中，个人难免充满对其存在的可能风险的担忧，并且依据实际行动而被这种担忧所麻痹。第三，个人不能在自我完整（self-integrity）中发展或维持信任。① 不少假释人员在出狱初期出现了莱恩所说的"缺乏个人经历连续性的一致的感受"，"充满对其存在的可能风险的忧郁"，甚至可能被忧郁所麻痹以及"不能在自我完整中发展或维持信任"等状况，即陷入身份认同危机状态。

下面围绕身份认同的两个核心问题，即"我是谁"和"我该向何处去"详细阐述假释人员在半隔离期的身份认同焦虑。

1. "我是谁?"之困惑：犯罪人身份的自我污名与自我怀疑

"污名"一词最早源于古希腊，指刻在或烙在某人身体上的一种符号或标记，表明此人具有道德或行为缺陷，人们会因此拒绝、回避他们。20 世纪初，符号互动论学派中拟剧论的提出者欧文・戈夫曼将污名一词引入社会学领域。他在 1963 年出版的《污名：受损身份管理札记》中，将"污名"界定为人们在日常交往和人际互动中的一种"令人大大丢脸的特征"，这种特征使其拥有者"身份受损"，社会地位被贬低，社会信誉与社会价值丧失。② 克罗克等人指出，"一些属性或特征代表了在特定社会背景中受贬抑的社会身份，当一个人拥有（或被认为拥有）这些属性或特征时，污名化就会发生"③。科特里根（P. W. Cotrigan）进一步认为污名是由"公众污名"与"自我污名"相统一而构成的整体，前者指社会对被污名群体的刻板印象，后者则指公众污名产生之后被污名者出现的自我贬损。④ "犯罪人"自古以来是一种受贬

① ［英］安东尼・吉登斯：《现代性与自我认同》，赵旭东、方文译，生活・读书・新知三联书店 1998 年版，第 59 页。
② ［美］欧文・戈夫曼：《污名：受损身份管理札记》，宋立宏译，商务印书馆 2009 年版，第 2—6 页。
③ Crocker, Major & Steele, "Social Stigma," in Gilbert, Fiske & Lindzey (eds.), *The Handbook of Social Psychology*, NY: McGraw-Hill, 1998. 504 - 533.
④ 管健："污名的概念发展与多维度模型建构"，载《南开学报》(哲社版)2007 年第 5 期。

抑的社会身份，这种受贬抑的社会身份产生污名化效应，有意无意中组织着假释人员的行为，使其产生自我污名，觉得自己“丢人”“没脸见人”。这种自我污名现象也可以理解为是假释人员对于传统文化中罪犯负面形象和刻板印象内化的结果。社会心理学研究表明，社会对弱势群体的刻板印象容易被弱势群体内化，即弱势群体中的个体对某一外群体有更积极的刻板印象，即外群体偏向（outgroup bias），而对内群体却存有消极的刻板印象，贬损内群体（内群体贬损，ingroup derogation）。系统公平化理论认为，外群体偏向是指人们理论化地使用观念和社会判断去支持既存的不平等形式，甚至在损害个人和群体的利益和尊严的情况下也是如此，弱势群体成员心理上接受了社会主流文化对社会结构或地位差异的定位，并倾向于顺从这种安排。[①]

正是犯罪人身份的自我污名效应导致不少假释人员在出狱初期深觉自己“没脸见人”“没面子”“不好意思”而在较长一段时期内自我封闭，不愿出门。

“刚开始很闭塞，总害怕别人嘲笑我，因为在监狱里大家都是同一种人，出来在社会上总感觉坐牢很丑，怕人家从眼神当中看出问题。”（被访者TGK）

“回来后总觉得自己坐过牢，有污点，没脸见人，不但自己丢脸，还给家里人丢脸。所以回来半个多月时间都没有出门，也不想讲话，朋友、同学打电话，自己都不愿意接。后来半个月以后，心里想，生活总得继续，朋友老是打电话，不去也不好，然后就开始跟朋友一起吃饭、沟通了。”（被访者CJS）

“（从监狱）出来真的不适应，讲话啊，和熟人见面啊，都不习惯，不想出门。有时候去菜市场买菜看到熟人，我就绕路走，不好意思，毕竟坐过牢，看到熟人心理上还是会有点不舒服，觉得没面子。所以我基本上都在家里看

---

① 金盛华：《社会心理学》，高等教育出版社2010年版，第145页。

电视，很少下楼，只有朋友叫我或者来我家找我，我偶尔才会跟他们玩玩。”（被访者 CJG）

“人要脸，树要皮”“人争一口气，佛争一炷香”等俗语无不折射出脸面对中国人的重要意义。“脸面对中国人而言是全方位的生活方式和最重要的社会理想，它使中国人在社会生活中既有积极向上的一面，也有消极退守的一面。”[①]面子已成为中国人判断和决定人际交往方式和程度的重要依据和准则。这就不难理解假释人员在经历了犯罪、服刑等不光彩事件后，出狱之初所表现出的消极避世行为了。林语堂认为，面子是统治中国人的三位女神（面子、命运、恩惠）中最有威力的一个。“脸面这个东西无法翻译，无法为之下定义，它像荣誉，又不像荣誉。它不能用钱买，它能给男人或女人实质上的自豪感。它是空虚的，男人为它奋斗，许多女人为它而死……它在空气中生存，而人们却听不到它那备受尊敬、坚实可靠的声音。它不服从道理，却服从习惯……它比任何其他世俗的财产都宝贵。它比命运和恩惠还有力量……中国人正是靠这种虚荣的东西活着。”“中国人生理上的面孔固然很有意思，而心理上的面孔则更为迷人，值得研究。这个面孔不能洗也不能刮，但可以‘得到’，可以‘丢掉’，可以‘争取’，可以‘作为礼物送给别人’……它抽象，不可捉摸，但都是中国人调节社会交往的最细腻的标准。”[②]林语堂在讲到乡村制度时，还说：“人们总是避开法庭，95%的乡村纠纷是由那里的长者们来解决的。牵涉到一项诉讼中去，本身就不光彩。体面的人们都以自己一生从未进过衙门或法庭而自豪。”[③]费孝通在《乡土中国》一书中专门讨论传统中国是无讼社会，“打官司也成了一种可羞之事，表示教化不够”[④]。这些厌讼传统和面子文化已经深深地嵌入中国人的血脉中，因而有些假释

① 翟学伟：《中国人的脸面观：形式主义的心理动因与社会表征》，北京大学出版社 2011 年版，第 343 页。
② 林语堂：《中国人》，郝志东、沈益洪译，学林出版社 2007 年版，第 152 页。
③ 林语堂：《中国人》，郝志东、沈益洪译，学林出版社 2007 年版，第 155 页。
④ 费孝通：《乡土中国　生育制度》，北京大学出版社 1998 年版，第 56 页。

人员正因为自己觉得“丢掉”了面子，所以不肯外出，逃避社会交往。

除了自我污名、自我排斥，假释人员在“我是谁”的问题上，还普遍存在自我怀疑。自我怀疑主要包括两个方面：一是对自己的专业技术、职业技能的怀疑，怀疑自己原有的专业技术或职业技能还能否适应当前的社会需求；二是对人际关系的怀疑，怀疑别人是否还接纳自己、认可自己。

“现在的社会发展很快，我在里面待了三年，出来了以后对外面的形势都不了解了。家里虽然来监狱看望，但他们对工程领域行情也不懂。所以不是说出来就好了，出来后还有一个了解社会的过程，特别是对自己的建筑行业这一领域新的发展形势的了解，比如技术标准是否提高了，提高到什么程度，我原来掌握的那些技术是不是已经过时了，等等。这些方面都有个观察了解的过程。”(被访者 WX)

“我原来在银行工作，在监狱里待了近十年，十年间社会变化太大了，我们金融领域变化也很大的。虽然我在里面也一直都订报纸，了解我们市的情况，本省的情况，中国的情况，世界的情况，包括经济发展情况等，了解到互联网金融已经兴起，银行的一些传统业务正在衰落，但这些都是间接的了解，具体什么样子没看到，所以我出来后，必然有一个适应的过程。另外，在人际交往方面，我现在不太愿意与太多人联系，还是因为现在假释人员的身份。很多时候不方便透露自己现在的身份。”(被访者 XXN)

“我这段时间为什么没出去做事？之前有几家企业请我过去，我就想，三年多时间，以前我是不错，现在我还行不行？还有一个就是在想，哪一家对我好一点，我要到哪一家去，还没定下来，所以我就自己在家里先观察观察，从侧面了解了解。毕竟在里面三年多，对外面信息有点封闭，而且他们也没来看过我，我不知道他们怎么想的，彼此之间了解不多嘛，所以我还是想再考虑一下。专业方面，我原来是学建筑专业，在(监狱)里面待了三年多时间，知识都有点生疏了，也得再看看，复习复习。甚至还有些新的知识需要学习学习。”(被访者 LYK)

需要注意的是,有些假释人员出狱后遭遇了重要他人的否定和不接纳,更加剧了他们的身份认同焦虑。比如上一章提到过的 TGK 和 GK,当他们回到社会,妻子提出离婚时,他们一时万念俱灰,甚至想到过自杀。

“刚回来的时候,跟老婆关系不好,老婆跟我闹离婚。我心里很压抑,想死的心都有。不想接触任何人,怕跟任何人接触,在家里哪里都不想去,谁打电话什么的,就说不在。以前那些朋友,知道我回来了,想找我聚聚,我都不想去。大约一个月时间,基本没有出门。”(被访者 GK)

“我回来老婆跟我离婚,房子也没有了,房子拆迁款被后妈弄去了。这个拆迁办有绝对的责任,怎么能把我的房子给我后妈呢? 怎么能转到她的名下呢? 应该征求我的同意啊。其实我很痛恨他们的,像这些人我真想把他们砍死,他们害得我太惨了。还有我后妈,我真的想把她砍掉,砍掉后我自己回监狱,回监狱还轰轰烈烈,我最多就是死,我什么东西都没有了!”(被访者 TGK)

自杀是一种自我毁灭的行为,它是一种极端的自我否定,看不到自己存在的价值和意义,是对自己身份极端焦虑的表现。尤其像 TGK,打算把拆迁办的工作人员和其后妈都砍死,然后自己轰轰烈烈地进监狱,这种观念的萌生正是由于在现实生活中遭受了太多的打击,自我评价失衡导致对自己产生怀疑,自我认同感急剧下降,直至心理容忍度达到饱和进而完全崩溃的结果。[①]

2. “我该向何处去?”之迷茫

许多假释人员不愿出门是因为不知道出去干什么,没有考虑好做什么工作,找不到行动的目标,处于一种非常迷茫的状态。

出狱初期处于迷茫状态的假释人员比较普遍。笔者对所有 70 名假释人员的问卷调查显示:假释人员中有 15.4%的人直言自己很迷茫,找不到方

① 卫小将、武杰:“大学生的自杀行为及防控措施”,载《青年探索》2005 年第 4 期。

向；19.2%的人经常感到无助；44.3%的人对生活没有信心；26.9%的人自述没有就业途径，没有明确的工作目标；11.5%的人自述不能给自己进行准确的就业定位；38.5%的人不知如何到人才市场找工作；57.7%的人不知如何在网络上找工作。由于就业定位不明确，没有明确的目标，不自信，而且缺乏找工作的手段，许多假释人员在出狱后的一段时间内与社会基本处于隔离状态。他们一方面通过慢慢了解社会，给自己定位；另一方面通过家人、亲戚、朋友等其他人的帮助找寻一些就业信息和就业机会。

第二节 “半隔离”：与社会的有限接触

由于假释人员出狱后受到上文所说的多方面结构性制约，他们与社会的接触还是比较有限的。这种有限的接触主要体现为三个方面：一是对社会环境的初步熟悉；二是通过网络、电视以及与亲友的谈话间接地了解社会信息；三是社会网络的选择性链接。

一、文化休克的初步复苏

前文已经描述了环境的巨大变化给假释人员带来的文化休克反应。文化休克在移民研究中是一个非常普遍的问题，与之相应的一个词是“文化适应”，当面对与自身所熟悉的本土文化迥异的异地文化时，移民们有不同的文化适应策略。比较常见的策略有贝利(Berry)所概括的整合、同化、分离、边缘等策略。还有的学者从移民和本地居民双方的角度提出了交互性文化适应模型。比如布瑞斯(Bourhis)交互性文化适应模型将主流群体的文化适应策略划分为整合、个人主义、同化、隔离、排斥；将非主流群体的文化适应策略划分为整合、同化、分离、排斥和个人主义。[①] 但假释人员回归社会后的

① 张保林：“论新生代农民工城市适应——广义文化系统演化视角的探索”，载《理论与改革》2014年第1期。

文化适应显然不同于移民的文化适应。假释人员文化适应是在经历了一段时期的监禁生活后重新适应已然变迁了的社会环境的过程。因为是重新回到原社会环境，所以笔者用文化休克的"复苏"以区别于移民的文化适应。

假释人员文化休克的初期复苏主要包括去监狱化和再社会化两个层面。从短期来看，假释人员在出狱初期与社会的半隔离状态下的去监狱化主要指日常生活习惯的去监狱化，初期的再社会化主要是对物理环境的熟悉以及对一些突出的价值观念等方面的适应。

首先，在物理环境方面，假释人员在好奇中主动适应。对于出狱后看到城市的道路、建筑等物理环境的巨大变化，多数假释人员在感叹变化之大的同时，语气里还带着一些好奇和新鲜，并表示，出来不久甚至当天，就在家人的陪伴下或自己独自外出熟悉环境。

"刚出来的时候，对于环境充满新鲜感，觉得城市发展得好快，比较好奇。刚开始没事干，就开着车在新城区、火车站逛，感觉我们这个城市有大城市的面貌了，发展得很快，包括房子，这几年多了不少高层建筑，感觉还是对新的建筑很好奇。"（被访者 XXN）

"刚出来的时候我儿子、老公在门口接我，出来以后就觉得我离开家乡好长好长时间了，发生了很大的变化，就是这样一种感觉。到了晚上我儿子带我到有变化的地方去转了一圈，觉得还好，因为我在里边也不是很长时间，我一共算起来待了两年一个月。"（被访者 XLI）

"我回来后就自己开车出去逛逛啊，开了好几十公里。"（被访者 JZQ）

"家里人经常带我出去走走亲戚，出去转啊，慢慢就适应了。"（被访者 HJK）

假释人员对于物理环境的这种适应类似移民对新环境的适应，都对新环境充满着好奇，虽然城市环境的变化给他们的生活带来了不便，尤其是那些在监狱服刑时间较长的人，但他们在谈到城市环境变化的时候，没有太多抱怨，大多都说，“这方面（指物理环境）适应起来是很快的，多转转，多跑跑，没几天就熟悉了”。

其次，在生活习惯方面，假释人员较快地实现了“去监狱化”。假释人员在作息时间方面大多有早醒的习惯，因为监狱里固定的作息时间已经使他们形成了这样的生物钟。另外，在衣着方面，有的被访者反映，刚出狱时不习惯用皮带，因为在监狱里穿的都是松紧带的裤子。但多数假释人员表示，生活习惯也是容易调节的，出来后一两个星期就能调整过来。比如对于早醒的习惯，CS说，“刚回来时早上五六点钟就醒了，但醒了就不起床，仍然躺在床上，躺着躺着又睡着了，慢慢地也就适应了，不会那么早就醒了。”再如，在监狱里养成的早晨起床叠被子的习惯，“在家人的提醒下，也就不叠被子了，因为他们说，被子起床就叠起来不卫生，不利于身体健康”。关于这些日常生活习惯的改变，多数假释人员表示，也是比较容易的事情，毕竟这是从监狱里原来各种严格的纪律向自由、随意的生活的转变，人从不自由到自由的转变还是比较容易的，而从自由到不自由的转变就相对比较痛苦。

再次，在价值观念方面，对于难以接受的价值观，假释人员进行了淡化处理——“一切看得很淡了”。前文已经提及，价值观念方面，假释人员出狱后感受最深的是人们对金钱看得比以前重，甚至有的人用“拜金”“一切向钱看”等字眼来形容。当提到这种价值观的变化时，不少假释人员一方面表示不适应，但同时也表示，经过犯罪坐牢这样的重大人生变故后，自己对很多事情都看得很淡了。

“现在想想金钱真不是个好东西，生不带来死不带去的，你不能把它带进棺材里，但它能把你送进牢狱里。我现在对钱看得很淡了，够吃够用就行。”（被访者LYN）

“我现在觉得很多东西都是过眼云烟，很贵的烟、酒吃了又不能长生不老，都无所谓了。出来后感觉只要钱够花就行，但这个社会没有钱也是不行的。这个社会就是认钱，拜金主义特别严重。所以我还要挣钱。但至于挣

多少钱，只要够花就行。首先要快乐地生活，健康长寿，把我坐牢的时间补回来。”(被访者 WX)

“我出了这个事以后，已经对任何事情看得更透，看得更淡了，承受力也强了，比如现在开车路上堵车的话，也不会像以前那么着急了。事情变数很多，不要看得那么重，不要追求名利。”(被访者 CJS)

“现在社会很功利，很看重金钱，像我们这些人出来，各方面跟不上，就看自己怎么调节了，调节得不好就很容易像以前一样了。”(被访者 CY)

从以上几位假释人员的叙述中我们可以看出，面对价值观的变化，多数假释人员能够主动调整心态，以一种平和的心态看待社会上的金钱至上等价值观念，这或许是一种自我解嘲、自我保护的机制，也可能是犯罪坐牢这个重大变故给他们带来的一种成长。

此外，受访的假释人员对社会信息的间接了解的方式也发生了很大的变化。

“我刚出来的半个月都没出过门，不想出去，就在家里了解一下社会，通过上网、看电视、与亲人谈话，了解现在的社会情况。”(被访者 HJK)

“我回来后，有几家企业请我过去帮忙，我暂时还没去，我想从侧面了解一下这几家企业的情况。只能从侧面了解，听别人说，不好直接问，也许他们之间有联系，万一他们互相知道也不好的。”(被访者 LYK)

“出来找份工作也不容易，开店的话，房租太贵。我一直在通过各种途径了解市场行情，每天在家就看看电视、上上网，了解一下就业信息或者看看哪个方面生意好做一些。”(被访者 CJG)

“我回来以后，过去的同事、老领导都蛮关心我的，给我出出点子啊，大家也都一起出去吃吃饭、聊聊天啊，聊聊社会各方面的情况啊。通过与他们吃饭聊天，我慢慢地了解了市场行情，特别是我们建筑这方面的行情。”(被

访者WX)

“回来后也会跟我以前的同事和朋友吃吃饭、叙叙旧，我发现确实跟社会有点脱节，他们谈论的话题我都插不上话，就只能自己听听，听听也好的，也是了解社会信息的一种途径。”(被访者JZQ)

从上述几位被访者的叙述，我们可以看出，他们主要通过以下几种途径间接地了解就业、创业、市场行情等社会信息：一是与亲友聊天，大多是在聚餐的时候，在聊天中进行信息的获取；二是通过电视、网络等传媒途径了解社会经济发展情况及相关的就业、创业信息。

当然，这些了解信息的手段很多是间接的，特别是与亲友聊天所获得的信息，是通过口口相传的方式传递的，有时候不一定准确。甚至有的亲友为了不影响假释人员的情绪，防止打击他们的自信心，对他们进行了善意的“欺骗”。这些都可能导致假释人员真正进入社会尝试实施自己的角色期望时有很大的心理落差。

二、社会网络的选择性链接

社会网络理论将整个社会视为一张大网，每个人都是嵌入于网络中的一个节点，网络中纵横交错的连接线则是个人的社会交往与联系。在本章第一节中已经谈到，由于监禁生活，假释人员的社会网络大多发生了断裂。在监狱服刑期间，与其保持联系的主要是家人，一般的亲戚朋友大多中断了联系，只有少数关系非常近的亲戚朋友仍然与之有联系。由于2008年起，非直系亲属探监需要比较复杂的审批手续，因而即使是那些关系很近的亲戚朋友，也多数是通过服刑人员的家人与之进行间接的联系。比如，在家人去探监时，亲戚朋友托其家人给服刑人员带些钱物以表达心意。这些亲戚朋友由于一直与服刑人员的家人保持联系，一般都知道服刑人员大概的假释日期。在出狱初期，假释人员最先接触到的主要是这些亲戚朋友。这些亲戚朋友由于在服刑期间也未曾中断与假释人员的联系(尽管多数是通过家人的间接联系），因而在假释人员心中，原来近的关系就更近了，用学术语言来说，就是强关系更强了。不少假释人员反映，那些关系一般的亲戚朋友在他们出事（犯罪）后就开始疏远了，等到几年甚至十几年的监禁生涯结束后更是基本不再来往了，也就是弱关系更弱了。下面分别对假释人员出狱初期与亲戚和朋友的互动加以研究，然后讨论假释人员与一类特殊的对象——曾经在同一监狱服刑的狱友——的互动情况。

第一，实践性亲属关系——亲亲疏疏。所谓实践性亲属关系，是阎云翔借用自布尔迪厄（Pierre Bourdieu）的一个术语。但阎氏不赞同布氏关于实践性亲属关系属于私人生活领域和正式亲属关系属于公共生活领域的二分法，他主要强调的是个体在处理亲属关系实践中的能动性。阎云翔在对中国东北下岬村的田野调查中发现，亲属关系已经转变成个体关系网络的一部分，对祖宗和亲属群体集体利益的重视转变成对个体——他或她的身份和利益的重视。在当代生活中，同祖同宗的观念只有在对村民们追求经济或政治活动中的个体利益有实际功用时才被唤起。这里面没有一点宗教因素，村民们是再利用而不是献身于祖先或宗族集体。当他们的个人身份和利益与亲属群体或祖先的身份和利益发生冲突时，更多的个体会选择重新界定与各种亲戚之间的社会距离，与不同的合作者建立新的亲属联盟，或者公开挑战同行的亲属规则，因此形成充满活力的实践性亲属关系。① 这里的实践性亲属关系强调“对祖宗和亲属群体集体利益的重视转变成对个体——他或她的身份和利益的重视”，它反映了个体的重要性，因为新的关系网都是个体通过选择而不是继承建立的。这里借用阎云翔实践性亲属关系概念旨在强调，假释人员出狱后，他的亲属关系中的交往状况主要受亲属个体选择的影响，在情感上是否亲近以及与之交往是否有利可图是亲属个体选择是否与之往来的主要依据。多数假释人员反映，在出狱初期，亲戚方面，主要与关系比较好的亲戚有来往，而一般的亲戚都基本没有联系。这里

① 阎云翔：《中国社会的个体化》，陆洋等译，上海译文出版社 2012 年版，第 14—15 页。

的一般亲戚主要是从假释人员的情感角度来看，他们认为与自己感情比较淡漠、关系一般的亲属。亲戚是人们日常生活中对亲属的口语化表达。就其含义而言，亲戚指与自己有血缘或姻缘关系的亲属。亲属是亲戚的书面用语，我们下文一般用亲属代指亲戚，而当引用被访者的原话时，尊重他们的真实表达。

“跟亲戚还是联系的，主要是很近的亲戚，兄弟姐妹，其他亲戚也不怎么来往。”(被访者 PY)

“无论是我坐牢期间，还是我出来以后，我的兄弟姐妹，我老婆的兄弟姐妹对我家都非常照顾，我老婆生病化疗期间，我还在牢里，多亏兄弟姐妹的帮忙，捡回了一条命。我爱人有六个兄弟姐妹，对她的支持很多，对我的儿女的帮助也很大。我对他们非常感激。”(被访者 YXM)

像 PY、YXM 等人所说，出狱后联系较多的主要是关系很好的亲属，一般来说，像兄弟姐妹等直系亲属关系一直都比较好，就是关系亲近的仍然亲近，或者更加亲近。而那些关系比较远的、以前来往本来就不太多、心理上也不觉得亲近的亲属出狱后联系更少了，也就是说，原来疏远的关系更加疏远了。下面侧重讨论假释人员出狱后与这些比较疏远的亲属之间的互动情况。

许多假释人员反映，那些关系一般的亲属在他们出事后给予自己的帮助不多，有的甚至落井下石。有的假释人员说，原来走得比较近的亲属在他出事后恨不得躲着他，在背后说三道四，说风凉话(被访者 CY)。其他学者的研究也发现了类似情形。比如储琰、骆群、金碧华等人在上海的调研均发现，社区服刑人员的亲属关系网络出现了某种程度的断裂。储琰对一些社区服刑人员深入访谈时，有些被访者说，从监狱回来之后，当自己缺钱向亲戚借时，没有一个亲戚肯借给他，相反，倒是从朋友那边借到了钱。“在以刑释解教人员为中心的传播出的关系波纹的影响下，在至亲和业缘、友缘的关系的中间出现了一个断层，这个断层的出现是波纹所在关系人群对于刑释解教人员群体的身份区隔所引起的。"[①]骆群的研究发现，基于身份地位、经济限制、面子问题以及个人利益等方面的原因，包括假释人员在内的社区服刑人员往往遭遇至亲以外的亲戚的冷落，较少从亲戚那里获得帮助。[②] 金碧华也发现，部分家庭情况较差、急需用钱的假释人员很难从亲戚那里获得帮助，当假释人员提到自己经济上的困难或张口向他们借钱时，亲戚们就开始哭穷，推托说没钱，反正是找各种理由不借钱给他。[③]

一般的亲属关系的疏离说明我国的家族主义传统正在逐渐淡化。上文提到的家族主义中的"责任感""关爱感""一体感"似乎只在家庭内部体现得较为明显，而在扩大的家庭即家族成员之间则有淡化趋势。杨国枢认为，中国的家族主义主要跟我国长期的农业生活有关，有助于农业生活的适应，比如农耕活动工作繁重，单靠个人或小家庭难以独自完成，家族间必须有强烈的一体感、责任感、关爱感，才能使大家长久生活在一起，工作在一起，共同合作，以有效经营务农的生活。另一方面，农业生活的资源匮乏，极易产生分配上的问题，因而家族成员必须有强烈的一体感、责任感、关爱感，才不会斤斤计较个人的得失，才能避免家人间的冲突。[④] 而随着社会经济的发展，尤其是现代工业的发展及市场经济的实行，与传统农业社会相适应的一系列价值观念势必发生变化。正如法国社会学家迪尔克姆(Emile Durkheim)所言，随着社会的发展、人口的增多，社会分工日益细密，与此相对应的便是价值观的异质与多元，而以家族成员的共同特质、需要、宗教信仰等为基础的机械团结的家族团结形式必然受到冲击。现代社会的社会化大生产和市场经济的经济体制需要社会成员以独立的个体参与社会劳动和市场竞争，

① 储琰："规训社会中的权力逻辑与刑释人员的认同困境——基于福柯的《规训与惩罚》"，载《广西社会科学》2013 年第 12 期。

② 骆群："社区矫正对象社会网络排斥的成因探析——以上海市为例"，载《内蒙古社会科学（汉文版）》2010 年第 2 期。

③ 金碧华："支持的'过程'：社区矫正假释犯的社会支持网络研究"，上海大学 2007 年博士学位论文。

④ 杨国枢：《中国人的心理与行为：本土化研究》，中国人民大学出版社 2004 年版，第 141 页。

这带来了社会的个体化和家庭的小型化。小型家庭和核心家庭是社会的主要家庭形式，也是提供家庭成员社会支持的主要来源，而其他家族成员之间的关系则不像传统社会那样的牢固。美籍华人学者阎云翔在其著作《中国社会的个体化》中提出，今天的中国文化正在见证并孕育着一种新的个体主义，这种个体主义在过去是不可言说的、不成熟的，甚至在政治上是不被接受的，而如今却公开地发挥着影响力。阎云翔还发现，姻亲和朋友的重要性在不断增强。它反映了个体的重要性，因为新的关系网都是个体通过选择而不是继承而建立的。笔者在对假释人员的访谈中也发现，虽然亲属关系的流动性和灵活性在增强，但有不少被访者提到了姻亲给予他们及其家人的帮助。比如，YXM在提到自己坐牢期间妻子患癌症的艰难历程时，不停地感慨妻子那边的兄弟姐妹给予的帮助。“我在监狱的时候我爱人生病（乳腺癌），我爱人有六个兄弟姐妹，对她的支持很多，对我的儿女的帮助也很大。我部队的战友的儿子还给我妻子汇了一万五千元，给她支持。这些人我是不能忘记的。在我这个家庭这样的情况下，还对我予以认可，且不提任何条件地给我这么多帮助，我真的很感动。”王春光在讨论中国的个体化问题时，将其放在改革开放三十多年中国社会关系的变迁中进行考量。他认为，改革开放后，随着工业化、市场化、城市化及功利主义观念的盛行，中国的社会关系受到了巨大的影响和冲击，而且这种影响和冲击又是相当的复杂和多样的。比如改革开放后，国家让渡了很多权力，社会的自主空间扩大，包括家庭、家族关系在内的许多传统社会关系又得以复归，走向社会的前台和显处，而不再像以前那样屈从于政治身份和地位。但另一方面，市场化又渐渐地使人们摆脱对家庭、家族的依赖而更加依赖于劳动力市场，这在很大程度上抵消了改革开放后传统社会关系的回归和复兴。[①] 正如德国社会学家贝克（Ulrich Beck）所说，工业化、市场化创造了一个所谓的“孤立的

① 王春光：“个体化背景下社会建设的可能性问题研究”，载人大报刊复印资料《社会学》2014年第2期。

大众隐士的标准化集体”[①]，使人们“从历史地规定的、在统治和支持的传统语境意义上的社会形式和义务中脱离”[②]。所以，在假释人员的物质支持方面，就呈现为至亲家庭成员给予很大帮助，与此相对照，关系较远的亲属，即我们所说的一般的亲属则显得比较疏离和冷漠。

当然，正如阎云翔所说，虽然亲属关系已经转变成个体关系网络的一部分，但并不意味着亲属关系不再是人们自我组织的一个重要方面，恰恰相反，人们仍然利用亲属关系纽带建立他们自己的关系网，形成经济、社会甚至政治活动联盟。不同的是，同祖同宗的观念只有在对人们追求经济或政治活动中的个体利益有实际功用时才被唤起。有些假释人员家庭经济状况很好，无论是在监狱里还是在出狱后，整个家族的亲属都对他非常关心。比如 HJK 就是一例。HJK 的父亲开了家工厂，家境殷实，HJK 在访谈中一直提到，他的家族比较团结，亲戚对他非常关心。在监狱里时，亲戚经常跟他家人一起去看他。出狱后，与亲戚之间走动得也很勤，在他没有找到合适的工作而处于苦闷忧心阶段时，他堂姐夫建议到他开的面馆上班。他一直认为家人和亲戚的帮助以及自己的决心（改邪归正）对于自己适应社会非常重要。也许正是由于与 HJK 家人的来往对于他们的个体利益有实际功效，所以 HJK 的亲戚并未因其犯罪入狱而对其表现出疏远冷落。

第二，实践性朋友关系——真真假假。

“朋友的话，有我主动联系的，也有主动联系我的，主动联系我的关系还是很好的，我在监狱里时也来看我的，但是大多数是我自己联系的。主动联系我的是真朋友，很可贵，而我主动联系的都是关系不怎么好的，有些人在言语上面就不是很好，有一种世态炎凉、人走茶凉的感觉。”（被访者 CY）

“朋友嘛，该交往的还是交往，不该交往的就不交往了，真正的朋友还是

① ［德］乌尔里希·贝克：《风险社会》，何博闻译，译林出版社 2004 年版，第 156 页。
② ［德］乌尔里希·贝克：《风险社会》，何博闻译，译林出版社 2004 年版，第 159 页。

在交往的。”(被访者 CMI)

“我出来后，至少有四个朋友第一时间叫我到他那里工作，我感到很欣慰，感到自己还有价值，朋友们没有抛弃自己。当然，也有朋友躲着我的，这正好可以检验一下谁是真朋友谁是假朋友。”(被访者 CJS)

“我现在交往的圈子很小，不愿意出去，朋友基本上就是以前的战友，不跟社会上乱七八糟的人交往的。我和战友的关系都很铁的，他们对我还是很理解的，也为我的事情感到惋惜。战友们都知道我的为人，我们的感情很深厚的。我刚回来的时候战友们都请我吃饭，给我接风。经过这个事后，我跟我战友们的感情更深了。”(被访者 YXM)

“我是 2001 年进去(监狱)的，朋友们那时候都还骑着摩托车，现在他们身家都有一千万，这些年关系还算可以，我回来请他们吃饭的时候，他们一人给我两千，后来他们有单独请我吃饭，又瞒着老婆一人给我两万，我过去也帮助他们不少，现在他们也可以了，条件也不错，就更没问题了。”(被访者 QXI)

“原来我帮过很多人的忙，当时也没收钱，人家看我出来了可能会想，‘他当时帮我忙，我也没到监狱看他，好像还欠他人情似的，现在回来就请他吃个饭吧，场面上过得去’。我也无所谓的，想开了，我出来也还要做事，说不定还要和人家合作。出来时他们请我吃饭，说明他们还看得起我。但也有朋友不联系的。进去(监狱)了一下，对认识人品也有一个很大的提高。有的人以前跟在你屁股后面，现在他做大做强了，有时候吃饭遇到都不睬你，不过我无所谓，我现在都看淡了。所以我让小孩出国读书，这也好，因为国内有些人会狗眼看人低的。”(被访者 WX)

“刚出来的时候，接触的老同事、老朋友都跟我说有什么事情去找他们，会帮助我，鼓励我，给我信心。但是后来发现，在我真正遇到困难的时候，帮助我的人还是很少，人的变化还是很大的。”(被访者 JZQ)

从以上假释人员的叙述中我们可以看出，出狱初期，在与朋友的互动方面，多数是朋友知道他们回来后主动联系他们，请他们吃饭，也有少数人表示自己也有主动联系朋友，比如CY和JZQ。从后面的访谈得知，CY和JZQ出狱初期迫切想尽快重建人脉，通过人脉获得一些资金或业务方面的支持，从而开启自己的事业，所以他们比较积极主动地联系朋友。多数人的目标没有那么明确，仍然处于迷茫及压抑情绪中，处于比较被动的状态，多数是朋友先联系他们的。无论是假释人员主动联系朋友，还是朋友主动联系假释人员，这种社会网络重新链接的结果有三种：第一种是链接失败，比如CY所反映的有些朋友歧视自己，感到世态炎凉、人走茶凉；第二种是虽然链接成功，彼此取得了联系，但属于表面应付的，就像WX和JZQ说的，有些人只是场面上过得去而已，嘴上虽说帮忙，但真正遇到困难时没有实质帮助；第三种结果是链接成功而且是真心交往的。这三种链接结果给假释人员社会适应带来的影响分别是：第一种链接失败的结果是给假释人员带来沉重的打击，使其陷入愤怒、无奈、迷茫中。第二种是给假释人员形成一种假象，朋友仍然对自己很好，所以对他们抱着很高的期望，而真正需要帮助时却因希望落空，深受打击。CY和JZQ在朋友没有像预料中那样热情回报自己时，就出现了愤怒、深受打击等感觉，这跟中国人的恩报观有关。中国历来有"有恩不报非君子""受恩思报，不忘所自"等谚语，这些谚语反映了中国人普遍的社会心理，那就是中国人相信行为的交互性和因果性关系，当中国人做出"施"的举动时，一般会预期对方会有所"反应"或"回报"。[①] 周晓虹在分析中国人的恩报行为时，认为往还性是其主要特征之一。认为恩报的核心特征是一种社会资源或社会行为的交换。如果说西方社会的社会交换着重交换双方的需求互补，其遵循的基本原则是"互惠"的话，那么，中国的"报"则强调交换双方的往还关系。[②] 由于一些朋友没有遵循恩报原则给CY等人以预期的回报，所以前两种结果都给假释人员融入社会的过程造成了一些曲折，以至于他们不得不重新思考自己的原初定位和计划，进而重新探索走

① 王小章：《中国社会心理学》，浙江大学出版社2008年版，第179页。
② 周晓虹：《现代社会心理学》，上海人民出版社1997年版，第237—238页。

什么样的道路。这正是第五章要讨论的内容。第三种链接成功且是真心交往促进了假释人员的社会适应。这些真心交往的朋友给他们提供了精神、物质、信息等多方面的支持。其中，提供最多的是精神方面的支持，即心理安慰，其次是物质帮助，再次是信息支持，即出主意，此外还有调节家庭关系等方面的帮助。

第三，彼此认同的狱友关系——平起平坐。在接受访谈的26位假释人员中，有2位被访者提到自己出狱后与原来的狱友相聚。

“我回来后跟以前一同坐牢的狱友老王聚了聚，我们有个共同的感受，就是出来后对一些人一些事应该重新看待。老王状态还不如我，他整天待在家里不出门，经常发牢骚，越不出门，越是不适应社会，越是这样看不惯，那样看不惯。”(被访者JZQ)

“现在对于我们这样的一个群体来说，有些人就喜欢和以前一起犯罪的人在一起，因为彼此之间不存在歧视，所以一些人会想还是和狱友一起，因为有认同感，所以很少看到我们这种人和正常人在一起，除非他对你很认同，是很好的朋友，或者是水平比较高的人。”(被访者CY)

多数假释人员回到社会后，或多或少受到来自社会的歧视和排斥，比如上文提到的某些亲属以及朋友的排斥，当受到这些排斥后，他们觉得自己的犯罪人身份不能为普通社会成员所接受，不能与他们平起平坐，而与有同样服刑经历的狱友在一起才能感觉到自己与对方是平等的。就像CY说的，彼此不存在歧视，而且还可以相互倾诉不被社会接纳的郁闷心情，相互理解，感到彼此是同类人，也就是说在内心彼此认同对方，同时也感受到被认同的舒畅。马斯洛(Maslow)的需要层次理论指出，被尊重、被接纳、有归属感是人的普遍需求，当假释人员遭到社会其他成员的排斥、歧视，也就是不被社会成员接纳、尊重，找不到归属感时，只有在同病相怜的狱友那里才能获得被接纳、被尊重等心理需求的满足，自然就乐意与狱友在一起。虽然接受笔者访谈的26位假释人员中没有一位与狱友共同重新违法犯罪，但在调研中听说T市下属的某个县几年前曾有一批刑释人员结成黑社会团伙，一起霸占滩涂，非法谋取利益。研究发现，许多人重新犯罪的主要原因之一是不被社会认可而重新加入不良团伙作案。这种现象亟须社区矫正及其他司法机关予以关注，正如JZQ所说，有关部门不能忽略对他们心理状况、精神状况的关心，应该通过多种途径关心他们的心理、生存、社会融入等多方面的问题，而不仅仅是做好管控工作。

第三节 有限接触中的角色认知与定位：准确抑或错位

认知(cognition)也称作认识，泛指人的全部认识过程。角色认知就是指对与某角色相关的权利、义务、行为模式的认识和了解。与某角色相关的权利、义务、行为模式实质上是社会或他人对该角色的期望。因此，角色认知实质上也就是对社会或他人对于某角色的期望的认识和了解。所谓角色定位，是指个体根据自身的条件和社会的需要而选择自己适合扮演的角色。[①] 角色认知与角色定位是角色扮演的第一个环节。假释人员出狱后，在重新进入社会，打算承担起一定的家庭责任、社会责任，扮演一定的社会角色之前，首先要做的就是角色认知与定位。有了一定的角色认知、具体的角色定位和角色目标后，他们才可能走向社会，去扮演特定的角色。当然，由于与社会脱节了一段时间，他们在出狱后与社会的有限接触中，对社会的了解不一定深入、全面，加之个体之前生命历程的影响等多种因素，并不是所有人都能给自己进行准确的角色定位。请看下面两则案例：

① 奚从清：《角色论——个人与社会的互动》，浙江大学出版社2010年版，第82页。

案例 4.1：定位准确型

HJK，男，29 岁，犯罪前为公司雇员，因盗窃公司财物被判处有期徒刑 10 年 6 个月。

“我（从监狱）刚出来时很迷茫，不知道该干什么，所以就两个星期没有出门，一直待在家里。一是在家里了解一下社会，通过上网、看电视、与亲人的谈话，了解现在的社会情况。同时也在家里静静思考一下自己以后的路怎么走。其实在监狱里六年来，我也经常反省的，思考出来之后怎么办啊。本来有几份工作可以选，比如到我爸爸开的厂里上班，但是我没有技术，首先要到外地去学习，社区矫正期间又不便外出，再说也不能光靠父母，最起码自己要尽一份责任，为自己负责。所以，最后决定就在本地工作，先稳一稳自己。后来我堂姐夫说，‘要不你到我店里来帮忙吧’，他开了家面店，开了有七八年了，生意也不错。我就选择到姐夫面店里上班了，主要负责采购。上班以后一直比较平稳，性格也变得开朗了，每天很充实，早上很早就起来买菜了。个把月以后就觉得基本都适应了。感觉出来之后没再走弯路，主要是没把自己的位置定得太高或太低，定位比较适中。确定好做什么后，我就没有犹豫。我也不可能老在外面玩了，对吧，就是为了父母家人，我也会认真工作。第一年是在姐夫店里打工，他给我开工资，干了一年后，在家里人帮助下，又投了点钱，跟姐夫合伙开了家分店。现在就想把我们这个店做大做强，做成百年老店，想给后代留下点什么。我现在基本没有休息时间，早上很早就起来了，店里招人也不好招，基本都要靠自己。像我们店是 24 小时营业的，要轮班的，比较累，但是很充实。”（被访者 HJK）

案例 4.2：定位错位型

CY，男，41 岁，会计专业，犯罪前为银行中层管理人员，因挪用公款罪被判处有期徒刑 10 年 6 个月，尚未归还的 949 765.9 元继续予以追缴。

“我出事前在银行上班，也做到了银行的中层了……在监狱待了六年多，刚出来时很想干一番事业，想借助以前的人脉做生意。一两个月之后发现情况不是自己想的那样，比如一些人不像以前那样全心全意帮你，还有些人，刚回来时说有什么困难找他啊，但是真去找他帮忙时，就没有实际行动了。当时感觉心理落差非常大，心情很复杂，愤怒、难过，同时也很无奈，自己犯了法，社会就这样排斥你，然后从无奈就变成无助了。这时候就看自己怎么调节了，调节得不好就很容易像以前一样了。我们也很想融入社会，希望得到别人的关心，我们现在靠自己比较困难，但是却又受到一些歧视，没有多少人帮助你。以前在银行上班，现在要说叫我去哪里打工，自己心里也不舒服，就想自己做（生意），但是没有别人的帮助，资金、人脉等各方面条件又不成熟，所以出来七八个月了，还在迷茫中，一直在想办法，还没想到好方法。”（被访者 CY）（笔者注：到第二年访谈的时候，CY 告诉笔者，“本来刚出来时想自己做生意，但由于那么多年脱离社会，很多人际关系都生疏了，再加上大的环境不太好，自己资金方面也不足，暂时自己做不起来，先给别人打打工，给私人老板开车送货，过渡过渡，慢慢来吧。这份工作比上不足比下有余。虽然跟自己原来的目标有差距，但还是先做起来，不能老是待在家里。另外，我们年龄也不小了，毕竟不是年轻人了，做事要尽可能稳妥，不想再冒太大的风险。对这份工作持过渡态度，将来条件成熟了，还是打算自己做”。）

上文已经提及，“角色定位是指个体根据自身的条件和社会的需要而选择自己适合扮演的角色”。根据此定义，角色定位首先涉及对自身条件的准确把握。而能否对自身条件准确把握，则与个体的自我概念有关，而自我概念既受当前与他人的互动状况的影响，又受之前生命历程的影响。此外，能否准确地进行角色定位，还取决于角色认知是否准确。下面结合上述两个案例从几方面对角色定位的影响因素详细分析。

首先，社会交往表面化对角色认知、定位的影响。CY 之所以定位不够准确，与其出狱后与朋友之间交往的表面化互动情境有关。由于监禁生活长达六年多时间的隔离，CY 与朋友之间没有深入的交往，而出狱初期，有些朋友见面时只是口头上承诺有困难会给予他帮助，对这种表面上应付式的承诺，CY却信以为真，导致他角色认知不准确。“角色认知就是对社会或他人对于某角色的期望的认识和了解。”角色认知是角色定位的前提。只有对社会或他人对一些角色的期待有了较准确的认识和了解，才能再结合自身的条件和社会的需要而选择自己适合扮演的角色。CY没有能够认清朋友对他要扮演的角色（做生意）的期望，他在给自己进行角色定位时，没有预想过朋友会因为自己犯罪而看不起自己、不愿意帮助自己，对朋友虚假的承诺抱有很大期望，以至于真正需要帮助时得不到帮助，希望落空，很受打击。此外，他刚出狱不久，对社会的了解也不是太深入，直到摸索了大半年后才意识到社会大环境也不太好，生意难做。总之，这些交往的表面化、对社会了解的片面性还是与假释人员脱离社会太久，而出狱初期又没有全面深入接触社会有关。当然，在没有进入工作岗位之前，他们也缺乏深入了解社会的平台。

其次，社会交往的片面性对角色认知、定位的影响。在出狱初期，假释人员由于只是与至亲甚至狱友交往较多，没有能够接触更多的其他社会成员，特别是没有接触到涉及切身利益的交往对象，比如用人单位。而在与至亲交往时，他们没有感受到被歧视，而是接纳、鼓励，甚至亲友们为了不打击他们的自信心，大多对假释人员传递正面积极的信息，对一些不乐观的不利于假释人员融入社会的情况进行善意的隐瞒，因而容易使假释人员获取的信息以及在此基础上所做的自我角色认知和定位出现偏差。

最后，除了交往的表面化、片面性等原因，假释人员能否准确地进行角色认知和定位也受假释人员个体犯罪前的生命历程及自我概念的影响。米德的角色理论认为，自我是社会的产物。自我的基本结构由主我和客我组成，其中的客我指自我关于他人对自我的形象的心理表象，或在原始水平上，指自我对他人对自我的期望的内在化。客我代表自我的社会性的一面。[①] 乔

① [美]乔治·赫伯特·米德：《心灵、自我与社会》，赵月瑟译，上海译文出版社1992年版，第4—5页。

纳森·H.特纳也说，“人们在与他人的互动中发展自我态度与情感”[①]。布尔迪厄的实践理论认为，行动者行为的形式、力量和影响都是由行动者在社会结构中的位置决定的。所谓位置，“指的就是行动者在场域中根据其握有的资本数量和结构的差别被分配的地位”。行动者过去的位置影响到他的位置感。所谓位置感即行动者形成的一种社会取向，它引导社会空间中特定位置的占有者走向适合其特性的社会地位，产生适合该地位之占有者的实践。[②] CY在过去的生命历程中，长期在银行上班，较高的社会地位已经成为一种印迹深深地印刻在脑海里，形成比较良好的自我概念，也形成了特定的位置感，使其不屑于去打工，而是一直想自己做生意。行动者是以一种能够强化自我观念的方式来表现自己的。因为他人总是在寻求判定个体的角色，所以个体就有必要通过暗示与姿态来告知他人自己自我认定角色的程度。这样，行动者就可以向他人表示自己的自我定位，以及角色与自我观念的一致性程度。扮演一个与自我观念不相符合的角色时，行动者就不免显得有些生疏和鄙视。[③] 所以，过去的生命历程及由此形成的较好的自我概念是CY角色定位不准确的重要原因之一。

以上所讨论的“社会交往的表面化”“社会交往的片面性”以及“犯罪前的生命历程”等几个因素共同对假释人员的角色认知和角色定位产生影响。其中，前两种因素属于外在因素，第三种因素属于假释人员个体的内在因素，外因常通过内因起作用。所以在角色定位方面，假释人员犯罪前的生命历程对其角色定位有很大的影响。尤其是犯罪前社会地位比较高、自我概念比较好的人，容易在前三种不太客观、全面、准确的信息的影响下做出较高的不切实际的角色定位，发生角色错位，CY就是一个典型的案例。而那些没有辉煌的过去或者犯罪前社会地位一般的人，尽管出狱初期获取的信

① [美]乔纳森·H.特纳：《社会学理论的结构》，邱泽奇、张茂元等译，华夏出版社2006年版，第365页。

② 宫留记：《布迪厄的社会实践理论》，河南大学出版社2009年版，第52页。

③ [美]乔纳森·H.特纳：《社会学理论的结构》，邱泽奇、张茂元等译，华夏出版社2006年版，第364—365页。

息不够准确，也不太容易做出过高的不切实际的自我定位，HJK 便属于这类情况。尽管 HJK 的父亲开工厂，但 HJK 认为自己不能总是靠父母，要尽自己的责任，要踏踏实实地去工作，要好好工作稳一稳自己，回报家人，因此他选择了在堂姐夫的面店打工，他也认为自己定位比较适中是出狱后适应得比较快的一个重要原因。

第五章　探索期：角色冲突、领悟与调整

假释人员经过半隔离期对社会的观察和思考后，形成了初步的角色定位。接下来，他们便根据自己定位的方向，有意识地采取行动，设法实施规划。在实施规划的过程中，有些人比较顺利，有些人则障碍重重。究其原因，主要在于自我定位的准确与否。那些自我定位较为准确的人，能够顺利进入所欲进入的场域，并在各自的场域中逐渐调整自身与环境的互动，从而逐渐适应社会。而那些自我定位不够准确者，则由于其行动的目标与环境的结构性因素之不相适应，在行动过程中遭遇了多种自身角色内冲突及自身与他人的角色间冲突。在角色冲突中，他们不断进行反思性监控，经过反思性监控实现进一步的角色领悟，并在角色领悟的基础上，采取一系列策略性行动调整角色，有效规避结构的制约性作用，充分发挥结构的使动性作用，做出适宜的选择。本章第一小节讨论假释人员在探索初期遭遇的角色冲突，其中前三点属于假释人员自身角色内冲突，第四点属于假释人员与他人（公众）的角色间冲突。第二小节讨论假释人员面对角色冲突时所进行的

反思性监控及对角色的进一步领悟。第三小节讨论假释人员在反思基础上采取了哪些策略性行动对角色做出了调整。

第一节　角色冲突：行动与主客观环境结构的失衡

吉登斯结构化理论中的结构指的是社会再生产过程里反复涉及的规则与资源。规则包括规范性要素（normative elements）和表意性符码（codes of signification）。而资源也具有两种类型：权威性资源（authoritative resources）和配置性资源（allocative resources ）。前者源于对人类行动者活动的协调，后者则出自对物质产品或物质世界各个方面的控制。[①] 另外，吉登斯在谈到人的行动的时间面向时，还强调行动者过去的经验对现在及将来的行动的延续性影响。由此，我们可以看出，吉登斯结构化理论中的结构不仅包括规范性要素等社会、文化环境，也包括资源等物质环境，还包括行动者过去经历过的各种经验。基于此，笔者将假释人员社会适应过程中的结构性环境从主观和客观两个层面进行划分，分为主观环境结构因素和客观环境结构因素。前者主要包括假释人员在假释之前所累积的经济资本、社会资本、职业惯习、价值观等因素，后者主要包括宏观的经济环境、支配性规则等制度环境，以及社会对犯罪人态度等文化环境。假释人员角色适应的过程正是个体的主观能动性与上述结构性因素互动的过程。上述主客观结构性环境因素对假释人员而言可能发挥制约性作用，也可能发挥使动性作用，这主要取决于作为能动的行动者的假释人员在行动之前及行动过程中确立的行动目标是否与这些结构性因素相适应。

帕森斯将行动界定为主体朝向目标的动作。帕森斯认为，任何行动单

① ［英］安东尼·吉登斯：《社会的构成》，李康、李猛译，生活·读书·新知三联书店 1998 年版，第 52—53 页。

元都可以分解为以下三个要素。第一个要素是行动的目标，即行动者希望达到的预期状态。第二个要素，帕森斯称之为状态，即行动者置身其中、影响其实现目标的那些环境因素。状态要素又可进一步区分为手段和条件。手段指环境状态中行动者可以控制和利用的那些促成其实现目标的工具性要素。条件指状态中行动者无法控制和改变的那些阻碍其实现目标的客观要素。条件不仅仅指自然物质条件，同时也包括社会条件。行动单元的第三个要素是规范取向。所谓规范取向是指行动者在确立目标、选择手段、克服障碍时所遵循的社会标准。合乎规范的范围就叫作规范取向。[①] 帕森斯认为，研究行动，必须对上述要素同时给予关注。从一般行动理论的立场来看，状态背景和规范取向是影响行动的两个同等重要的独立因素：在行动过程中，人们在确定目标和达到目标的手段时有一定的选择自由，但这种自由受到两方面的制约，社会文化中的价值规范因素对这种选择进行指导和调节，状态背景则为行动提供机会或障碍。[②] 也就是说，人们在确定目标时有一定的选择自由，但这种自由受到环境因素及价值规范的制约。结合上文中吉登斯对行动与结构关系的分析，这里的环境因素不仅包括客观环境因素，还包括行动者过往经历中累积的生活方式、价值观念等主观因素。在尝试融入社会的过程中，部分假释人员正是由于其所确立的目标、选择的手段与主客观环境因素不相适应，因而在融入社会的过程中，经历了激烈的角色冲突和较为艰难的调整过程。本节将详细讨论假释人员在尝试进入社会场域过程中所经历的角色冲突。前三点讨论的是假释人员自身的角色内冲突，第四点讨论的是假释人员与他人（公众）的角色间冲突。

一、角色期望与配置性资源条件冲突：经济资本匮乏或运作场域缺失

有些假释人员出狱后想自主创业，但由于社会经济大环境急剧变迁以及其自身经济资本的匮乏或运作场域的缺失，致使其个人角色期望与角色

---

① 贾春增：《外国社会学史》，中国人民大学出版社 2000 年版，第 220 页。
② 贾春增：《外国社会学史》，中国人民大学出版社 2000 年版，第 223 页。

实践条件发生激烈冲突。

1. 宏观配置性资源的断裂：经济环境的急剧变迁

吉登斯将配置性资源界定为“权力生成过程中所需要的物质资源，包括自然环境和人工物质产品；来源于人对自然的支配”①。吉登斯认为，配置性资源就是行动者改变既定事态或事件进程所需要的物质资源。对于假释人员而言，他们在经历了或长或短的与社会的隔离状态后，当想改变隔离状态、试图融入社会的时候，必然离不开一定的配置性资源。这种配置性资源，既包括社会宏观的经济环境，也包括假释人员自身及其家庭所拥有的物质资源。

此处讨论的宏观配置性资源即假释人员出狱后所面对的宏观经济环境。这里的宏观经济环境主要讨论假释人员感受到的物价上涨、经济放缓、就业形势的严峻以及快速的技术革新等因素给他们融入社会带来的困难。

近年来的物价上涨给那些想做生意的假释人员带来很大的障碍。在 26 名访谈对象中，有 6 名访谈对象出狱后打算自己做生意，但只有一位经济资本比较雄厚的 CJ，比较顺利地开了家房地产公司（由其儿子担任法人代表），没有经历太多的曲折，因而在访谈中也没有听到他对物价上涨的抱怨。其他 5 名访谈对象都感叹物价上涨，以及由此而带来的房租贵、做生意成本大等困难。

“我出来之前本来想着把超市再弄大一点，但出来发现，现在房租太贵了，400 平方一年房租就要 20 多万，弄不下来了。现在房租太贵，找店面房不好找。再开超市也不行，现在我们这边超市太多，利润空间很小。本来还想着浴室卖了给我多少钱，结果只是我以前投资的五分之一，以前我投资了 100 多万，现在只分给了我 20 多万，这跟我原来想象的差距太大，没办法，想好也没有用。”（被访者 CJG）

---

① ［英］安东尼·吉登斯：《社会的构成》，李康、李猛译，生活·读书·新知三联书店 1998 年版，第 521 页。

“本来刚出来时想自己做事，但由于服刑期间很多人际关系都生疏了（在里面六年），再加上大的环境不太好，生意难做，所以一直没能做起来。”（被访者 CY）

“现在竞争越来越大了，原来我们市建筑公司二级公司七八家，一级的没有，现在回来一看，二级的公司六七十家，一级的有几家，三级的多得不得了，大家都有投标资格，而且份额也少，这跟国家宏观调控有关。还有就是经济放缓，好多外资企业杀进来了，技术装备、人员配备各方面都很先进，我们竞争不过人家。我现在做工程也觉得蛮难的。”（被访者 WX）

上述几位被访者都提到了物价上涨、经济放缓、竞争激烈、生意难做等宏观经济结构环境对他们的约束。这些国内的宏观经济结构从更大范围来讲，又是在全球化背景下与 2008 年爆发的全球金融危机有密切的关联。受全球金融危机的影响，我国的出口贸易额大大下降，经济发展受到影响，经济放缓，国家为了刺激经济增长，投入了 4 万亿人民币救市，加之在美元本位制下的全球范围内以经济过热和资产价格暴涨为特征的信用泡沫，我国的通货膨胀严重，物价持续上涨。根据 T 市统计局统计，2010 年该市区居民消费价格总指数为 103.7，即物价总水平比上年增长 3.7%；2011 年该市居民消费价格总指数为 105.0，即物价总水平比上年增长 5.0%；2012 年该市区居民消费价格总指数为 102.5，即物价总水平比上年增长 2.5%；2013 年该市区居民消费价格总指数为 102.2，即物价总水平比上年增长 2.2%。可见，居民消费价格总数连年上涨，2011 年甚至比上年增长 5.0%。物价上涨，势必造成房租增长，劳动力成本提高，做生意成本增加，生意难做。此外，受国内外经济形势的影响，近几年该市的经济发展速度放缓。2010 年全市生产总值 3 417.88 亿元，按可比价计算，比上年增长 13.0%；2011 年全市生产总值 4 080.22 亿元，按可比价计算，比上年增长 12.1%；2012 年全市生产总值 4 558.7 亿元，按可比价计算，比上年增长 11.8%。经济放缓的后果之一便是就业形势严峻。访谈中，不少被访者表示，就业不如自己想象的那么容易。超过半数(51.7%)的被访者表示，回到社会以后，发现就业形势与在监狱里想象的有比较大甚至非常大的差距。尤其是那些犯罪前曾是专业技术人员的假释人员，他们因监禁期间很难接触到本行业最新的信息和技术，而信息和技术在现代社会的发展可谓日新月异，所以，他们出狱后与社会的脱节感更加强烈。他们与社会中的现有配置性资源(信息和技术等)处于明显的断裂状态。丹尼尔·贝尔(Daniel Bell)认为，后工业社会是以服务行业为基础的，因此，它是人与人之间的竞争。这里要考虑的不是纯粹的体力或者能源，而是信息。主要人物是专业人员，因为他们通过教育和培训把自己装备起来提供各种后工业社会日益需要的技能。① 我们这里所说的专业技术人员，也就是丹尼尔·贝尔所说的专业人员。以下是笔者与 2002 年入狱 2011 年出狱的 YXM 的对话。

访问者："您以前学的是什么专业?"

被访者："我学的是无线电，现在都被淘汰了。以前搞搞收音机，现在都是电脑、手机，这些东西我都不会。以前的技术派不上用场了。"

访问者："您以前做过公司法人，有贸易方面的经验吧?"

被访者："现在也落伍了，在里面待了近 10 年，现在刚出来，对市场行情一点不熟悉，无从下手。"(被访者 YXM)

一位建筑行业的工程师出狱后感叹技术革新特别快，自己必须抓紧"充电"：

"出来后发现有些标准都不一样了，旧的技术标准都被淘汰了，新的技术标准提高了。我们国家现在处于高速发展的阶段，都不一样了。像我们这个行业已经不算是发展最快的。现在我都在学习，学习也是个适应的过

① [美] 丹尼尔·贝尔：《后工业社会的来临：对社会预测的一项探索》，高铦等译，新华出版社 1997 年版，第 138 页。

程。7月份一家监理公司负责人对我说，你有高工证，可以报名考监理工程师嘛，没证不好考的。我想正好充充电，就报名上课准备考试了。”（被访者WX）

由于上述经济环境、科学技术等“权力生成所需的物质资源”的变化，假释人员在试图改变“既定事态或事件进程”，即尝试从隔离转向融入社会的过程中，首先遇到了宏观环境的结构性制约。

2. 经济资本的匮乏或运作场域的缺失

布尔迪厄的社会实践理论中将资本概念定义为行动者的社会实践工具，这种工具是行动者积累起来的劳动。[①] 布尔迪厄将资本划分为四种类型：经济资本、社会资本、文化资本及象征资本（符号资本）。经济资本可以立即并且直接转换成金钱，它是以财产权的形式被制度化的。社会资本是以社会联系组成的。各种类型的资本之间具有可传递性和可转换性。经济资本是其他类型资本的根源，但这些改变了的、经过伪装的资本类型是不能简单化为经济资本的，它们也具有独特的运作逻辑。[②] 经济资本的状况直接影响假释人员的职业规划及规划能否成功实施。

首先，经济资本的不足与创业计划的搁浅。一方面，有些假释人员在犯罪之前就是搞个体经营的，出于职业惯习，他们出狱后仍然希望自己创业，比如CJG、QXI等。另一方面，由于像上文所说的犯罪人身份的限制，假释人员在市场上找工作受到很大的身份歧视，为了避免遭受身份歧视，即便以前不是做生意的假释人员，也有不少人希望自己创业，比如CY、JZQ等。但在这些打算创业的人当中，除了JZQ经济资本较为充足（当然由于其定位方向不够准确，做生意也颇费了一番周折。见下文详述），其他几位都遇到了资金不足的障碍。其中，CJG发现最大的障碍是房租太贵，店面房不好找，而且其手头资金有限，经历了犯罪入狱、被罚款等重大变故后，用他自己的

① 宫留记：《布迪厄的社会实践理论》，河南大学出版社2009年版，第98—99页。
② 宫留记：《布迪厄的社会实践理论》，河南大学出版社2009年版，第111页。

话说，“胆子变小了，不敢轻易投资”。他本想开家超市，结果因成本大、本地区超市多利润低，结果就放弃了开超市的计划。在笔者对他进行访谈时，他已出狱七个多月，仍然处于苦苦摸索阶段，在否定开超市的计划后，一直在思考做什么其他合适的生意。而剩下的QXI和CY的主要问题则是自己资金非常有限，本来寄希望于一些很要好的而且经济实力比较雄厚的朋友的帮助开启创业之旅，但出来后发现，被寄予厚望的朋友已经不是原来的朋友了，所以他们非常失望。在失望、愤怒之余，只能重新思考自己未来的道路。

其次，权威性资源的丧失与经济资本运作场域的缺失。上文讨论的是部分假释人员经济资本不足给其创业计划造成的阻碍。其实，假释人员中有部分经济类犯罪人员出狱后仍有一定的积蓄可以供其创业。但创业并非一件很容易的事情，尤其对于那些没有创业经验的人而言。比如被访者JZQ，他曾是某电力公司经理，因受贿罪被判处有期徒刑五年，在监狱服刑三年，还剩两年刑期假释出狱，在社区接受矫正。由于在其担任公司经理期间，积攒了一定的经济资本，他出狱后便想自己创业。但他在寻找创业场域时，经过了漫长的摸索过程。他最初想做电力工程，但在试图接洽生意的时候，发现自己在人际关系方面已经没有了优势，一方面可能是自己已经没有任何官职，没有了权威性资源，另一方面，“没有让别人信得过的技术水平和过硬的工作团队”，所以，很长时间一直接不到工程。“人家嘴上答应他们单位的工程给我做，但迟迟没有行动。我一开始没有意识到人家是不想给我做，还经常打电话催他们，后来遇到几个人都这样拖延以后，我才领悟到他们迟迟都不落实行动，并不是一种巧合，而是他们根本就没打算将工程给我做。我这才意识到这条路是走不通的。”此后，JZQ又想过开饭店。“但由于之前的朋友圈子的人消费水平比较高，要开饭店必须开好一点的饭店，而好一点的饭店则投资比较大，至少要二三百万，投资大风险也大，比如说，我饭店开张了，以前那些朋友是否会来捧场，单位吃饭会不会放到我饭店来吃，我也拿不准，就像做工程一样，光嘴上答应但没有行动。”后来经过审慎考虑，又放弃了开饭店的计划。

JZQ经过了曲折的探索，从做工程到开饭店，这些计划都无法实施，主要原因在于，经过犯罪入狱，他已不在原来的位置上，已丧失了与那个位置相应的权威性资源。所以，即便有一定的经济资本，如何找到适合自身处境的投资场域，对于经历了犯罪入狱重获新生的假释人员来说，也并非一件容易的事情。

二、"罪犯角色"与"职业角色"冲突：规范性规则的刚性制约

吉登斯认为，结构可以概括为行动者在跨越"空间"和"时间"的"互动情境中"利用的规则和资源。其中的规则一方面与意义（meaning）的构成联系在一起，另一方面则牵涉到对各种类型社会行为的约束（sanctioning）。① 前者可称为表意性规则，后者可称为规范性规则。假释人员在出狱后融入社会的过程中，其社会适应性行动必然受到各种规范性规则和表意性规则的约束，当然他们也不是完全被动地接受约束，他们会利用特定的资源和策略进行策略性的行动。此处我们主要讨论假释人员在尝试融入社会的过程中，首先遇到了哪些规范性规则的制约。至于他们对这些规则的能动性应对，将在本章第三小节展开讨论。

1. 社区矫正制度的制约

假释人员因刑期尚未执行完毕，所以在出狱后即便回到社会，仍然处于假释考验期内，在诸多方面仍然要受到法律的严格制约。所以假释人员的社会适应是在其某些行动自由受到法律严格制约下进行的。《中华人民共和国刑法》第八十五条规定："对假释的犯罪分子，在假释考验期限内，依法实行社区矫正。"第八十四条规定，被宣告假释的犯罪分子，应当遵守下列规定：(1) 遵守法律、行政法规，服从监督；(2) 按照监督机关的规定报告自己的活动情况；(3) 遵守监督机关关于会客的规定；(4) 离开所居住的市、县或者迁居，应当报经监督机关批准。第八十六条规定，被假释的犯罪分子，在

① ［英］安东尼·吉登斯：《社会的构成》，李康、李猛译，生活·读书·新知三联书店1998年版，第81页。

假释考验期限内，有违反法律、行政法规或者国务院有关部门关于假释的监督管理规定的行为，尚未构成新的犯罪的，应当依照法定程序撤销假释，收监执行未执行完毕的刑罚。《社区矫正实施办法》对包括假释人员在内的社区服刑人员的行为做了严格的规定。第十一条规定，社区矫正人员应当定期向司法所报告遵纪守法、接受监督管理、参加教育学习、社区服务和社会活动的情况。发生居所变化、工作变动、家庭重大变故以及接触对其矫正产生不利影响人员的，社区矫正人员应当及时报告。第十五条规定，社区矫正人员应当参加公共道德、法律常识、时事政策等教育学习活动，增强法制观念、道德素质和悔罪自新意识。社区矫正人员每月参加教育学习时间不少于八小时。第十六条规定，有劳动能力的社区矫正人员应当参加社区服务，修复社会关系，培养社会责任感、集体观念和纪律意识。社区矫正人员每月参加社区服务时间不少于八小时。第十三条规定，社区矫正人员未经批准不得离开所居住的市、县（旗）。社区矫正人员因就医、家庭重大变故等原因，确需离开所居住的市、县（旗），在七日以内的，应当报经司法所批准；超过七日的，应当由司法所签署意见后报经县级司法行政机关批准。返回居住地时，应当立即向司法所报告。社区矫正人员离开所居住市、县（旗）不得超过一个月。第二十三条规定，社区矫正人员有下列情形之一的，县级司法行政机关应当给予警告，并出具书面决定：(1) 未按规定时间报到的；(2) 违反关于报告、会客、外出、居住地变更规定的；(3) 不按规定参加教育学习、社区服务等活动，经教育仍不改正的；(4) 保外就医的社区矫正人员无正当理由不按时提交病情复查情况，或者未经批准进行就医以外的社会活动且经教育仍不改正的；(5) 违反人民法院禁止令，情节轻微的；(6) 其他违反监督管理规定的。本研究调研的T市C区司法局根据《社区矫正实施办法》的上述原则规定，将一些制度进行了具体化。比如，规定该区社区服刑人员每周三上午上班时间向司法所电话汇报自己一周来的工作、生活、思想等情况，每月向司法所递交一次书面思想汇报，每月25日进行集中教育学习等。

上述规定从制定的出发点来看，是为了帮助社区服刑人员增强法制观念、道德素质、培养社会责任感，以便矫正其犯罪心理和行为恶习，促进其改过自新，成为守法公民。但是，这些规定同时对他们也形成了一定的制约，尤其是第十三条“社区矫正人员未经批准不得离开所居住的市、县(旗)”的规定，对社区服刑人员的就业造成了很大的制约。比如，有些假释人员缺乏专业技能，而只会开车，想找一份驾驶员的工作，但“未经批准不得离开所居住的市、县(旗)”的规定限制他只能在本市范围内开车，这样他所选择的驾驶员工作的就业机会就大大减少。上文提到的 CJG 出狱后想继续开超市，但发现房租太贵，做不起来。后来又在网上查了一些招工信息，打算找份开车的工作，但“打了几个电话，发现开车时间不固定，而且需要出市区，这个就不好弄了”。再如，有些搞工程的建筑行业人员往往需要到外地的工地上工作，但第十三条的规定也限制了他们的就业机会，遇到类似这种困惑的社区服刑人员非常多。社工 T 老师在提到假释人员 CS 时就说：“像他这种会电工技术的，工地啊、建筑业啊需求比较大，但是这种工作说要到哪里就必须去，这对他来说不现实，因为按照相关规定，社区服刑人员是不可以随便离开本市的。如果是就近的话，暂时也没这么合适的岗位。”当笔者在访谈最后，问他们对社区矫正有什么意见和建议时，多数被访者表示，一刀切地不允许所有社区服刑人员离开本市范围的规定不利于社区服刑人员适应社会，因为现在社会流动性很强，工作机会往往并不限于本地范围内，社区服刑人员本来找工作就比较难，好不容易外地有个工作机会，限于这条规定又不能出去工作。没有工作就非常不利于他们适应社会，无论在家庭中，还是在社会上，他们的地位、自尊心都会受到影响。访谈对象 XXN 在提到对社区矫正的建议时说了下面一段话：“社区矫正制度不完善，特别是限制社区服刑人员外出，这不利于那些需要外出打工的人。建议区别情况、分类管理。监狱还实行分级处遇管理，为什么社区矫正不能实行？现在是眉毛胡子一把抓，不管什么样的人都实行一样的管理制度。我要早知道这么不自由，就不会假释回来，宁愿减刑。再过半年回来我就完全自由了。有朋友邀请我去山东淄博工作，但限于社区矫正期间不可以外出，我婉言拒绝了。我现在不太愿意与太多人联系，还是因为现在是假释人员。很多时候不方便透露自己现在的身份。”

2. 其他法律政策的制约

除了社区矫正制度对假释人员的行为有严格的制约，其他一些法律法规也对包括假释人员在内的正在服刑的犯罪人以及刑释人员的从业范围有严格的限制。比如《教师法》第十四条规定：“受到剥夺政治权利或者故意犯罪受到有期徒刑以上刑事处罚的，不能取得教师资格；已经取得教师资格的，丧失教师资格。”本研究的访谈对象中有3位假释人员犯罪前从事教师职业，犯罪后丧失了教师资格，假释后也就不能再从事教师职业。被访者QJI说：“以前我是老师，现在虽然经监狱改造出来了，但是不能做老师了，不知道干什么，我这个年龄很尴尬，今年56岁，现在养老保险、社会保险都没有了，又没有工作，做生意吧又没有本钱，家里四十万的存款基本都被罚光了。再说，以前做老师的，也不擅长做生意，也不敢轻易投资，我们这个年龄亏不起了。所以现在很迷茫、很苦闷，一直在外面跑一跑、看一看，看看能找点什么事情做，但是到现在也没有个头绪。”另一位访谈对象CMI犯罪前也是从事教师职业，在监狱里做教员，假释后则不能再从事教师职业了。他告诉笔者，出狱后靠亲戚朋友介绍做过工程，也打过工，但都不太适应，因为自己缺乏其他专业技术，所以到访谈的时候，他已经回到家里伺候瘫痪在床的老岳父。《商业银行法》规定：“因犯有贪污、贿赂、侵占财产、挪用财产罪或破坏社会经济秩序罪，被判处刑罚的，不得担任商业银行的高级管理人员。”《会计法》第四十条规定：“因有提供虚假财务会计报告、做假账、隐匿或者故意销毁会计凭证、会计账簿、财务会计报告、贪污、挪用公款、职务侵占等与会计职务有关的违法行为被依法追究刑事责任的人员，不得取得或者重新取得会计从业资格证书。除前款规定的人员外，因违法违纪行为被吊销会计从业资格证书的人员，自被吊销会计从业资格证书之日起五年内，不得重新取得会计从业资格证书。”《公司法》第一百四十七条第二款规定，因贪污、贿赂、侵占财产、挪用财产或者破坏社会主义市场经济秩序，被判处刑罚，执行期满未逾五年，或者因犯罪被剥夺政治权利，执行期满未逾五年的，不得担任公司的董事、监事、高级管理人员。这些法律对有“前科”的人从事该职业做了禁止性规定，对于仍然处于服刑期的假释人员而言，当然也是同样禁止的。假释人员都是触犯了刑法的犯罪人，从上述相关法律的规定可以看出，对于因犯有与本行业相关的罪行而被追究过刑事责任的人，一般是严格限制其再从事该行业，甚至是终身禁止从事该行业。这些严厉的规定是对犯罪人的一种惩罚，旨在维护社会秩序，防止从业人员的相关越轨行为。本研究访谈的假释人员大多都有比较强烈的悔罪心理，觉得自己罪有应得的同时，也怀有深深的悔恨和自责情绪，同时又因不能再从事本行业工作而又缺乏其他技能，找不到工作深感迷茫。曾在银行工作犯了挪用公款罪的 CY 的下面一席话非常具有代表性：“出来后不可能从事以前的工作了，现在除非是很了解的，别人一般不会让你在某些岗位上工作的。我出来以后现在 7 个多月了，1 月份出来的，大半年的时间在社会上跑跑走走，想找点事做，也想做生意，但愿望一直不能付诸实施，看来还得重新计划人生目标，根据现实情况，从头再来。现在还在规划，找个合适的工作需要时间的。一切跟以前都没法比了，但也不怨别人，只怪自己当初没有把握好，错误是自己犯的，只能面对现实，慢慢调整心态，慢慢来吧。”

除了这些专门性的法律对部分假释人员的就业种类有所限制外，还有一个对所有假释人员都有限制的法律制度便是“前科报告制度”。《刑法》第一百条规定：“依法受过刑事处罚的人，在入伍、就业的时候，应当如实向有关单位报告自己曾受过刑事处罚，不得隐瞒。犯罪的时候不满十八周岁被判处五年有期徒刑以下刑罚的人，免除前款规定的报告义务。”法律规定如实报告前科，是为了使有关用人单位对相关人员的身份特征及经历等情况进行全面了解、综合把握，以保证用人单位的知情权，其本意并非要歧视受过刑事处罚者，而是出于防卫社会的考虑。但现实实践中，前科报告制度的规定却极易引起用人单位的歧视。基于我国重刑主义文化传统，用人单位一般对于有前科的应聘者会存有顾虑，在相同条件下，往往倾向于录用没有前科的应聘者。而对于尚在服刑期的假释人员而言，他们更是觉得心里没底。他们知道那些能够签订正式劳动合同的单位往往会对其过去经历进行比较严格的审查，一般都望而却步，这便在很大程度上限制了他们的就业机会。

三、个体内部新旧角色冲突：身份优越感的延迟效应

在尝试接触社会、融入社会的过程中，一些假释人员犯罪之前较高的社会身份所形成的身份优越感也影响其探索目标的方向和高度。比如 CY、JZQ 等曾在国有企业或国有企业下属三产企业做中层干部或经理，这种较高的职位以及与此职位相关的较高的收入、较好的社会声望都影响着他们的思维方式和行为选择。比如 CY 之所以经历了大半年的痛苦的摸索，就是因为其定位较高，而其较高的定位主要是受到其犯罪前的职业、收入和社会声望的影响（CY 犯罪前曾是某国有银行中层管理人员）。他说，一开始就想通过朋友的帮助做生意，没想过给人家打工，总觉得放不下架子，抹不开面子。当寻求朋友帮助遭到拒绝时，他非常愤怒，继而转向无奈、无助、迷茫，长久地沉浸在懊恼和悔恨中，后悔自己一失足成千古恨，如他自己所说，“一念之差做错了事，社会就这么残忍地将你抛弃”。这种悔恨从另一方面也反映了他对过去身份的怀念，而也正是这种怀念阻滞了他调整心态、面对现实。所以，在经历了大半年漫长的煎熬和反思后，他才决定出去打工，在本市范围内给私人老板开车送货。再如 CJG，他一直强调“自己之前也是个小老板，开超市啊、开浴室啊，如果叫我去给人家打工，心里总是不舒服的”。社会同一性（社会认同）理论认为，社会同一性是个体自我概念的一部分，它来源于个体对自己作为某个或某些社会群体成员身份的认同，以及附加在这种成员身份之上的价值和情感方面的意义。个体总是努力追求积极的自我形象，这可以通过他所隶属的群体来获得。① 正是这样的心理动机以及犯罪前长期处于优势群体的个体生命史，使得 CJG、CY 等人对出狱后的生活

① 金盛华：《社会心理学》，高等教育出版社 2010 年版，第 30 页。

有过高期望，使其定位的目标与现实的处境不相适应，经历了漫长的试探、反思、再定位、再探索的过程。

四、罪犯与公众角色间冲突：表意性规则的隐形制约

假释人员由于犯罪人身份首先遭遇了人际交往层面的排斥。假释人员与社会接触的第一步必然是接触原来认识的亲戚、朋友、同事等熟人，他们希望恢复原有的社会关系，通过原有人际网络的修复，建立人际交往圈子，同时通过这些交往圈子获取一些就业方面的信息或资金等方面的支持，进而能够正常地进入社会领域工作，融入社会。但当他们尝试联系之前的朋友、同事、亲戚等熟人的时候，却遭遇了冷眼甚至言语上的直言不讳的蔑视。

“出来以后同事给我带来很大的不适应，感觉多多少少有点被人歧视。以前很要好的朋友，出来之后明显态度就不太一样了，有个别的还是很好的。但是绝大部分抱有歧视态度，戴着有色眼镜。现在最主要是人际交往方面，我们也希望得到别人的关心，因为现在单靠自己比较困难，但是却又总是受到一些歧视。”(被访者 CY)

“我出来七八个月了，人际交往到现在还比较窄。现在你想真心跟人家相处，很想有一个朋友，但人家不这么想。从他们的眼神中，我能感觉到他们多少是对我有顾忌的。现在比如说我想去找一些以前的熟人聊天，能感觉到他们是不太愿意跟我讲话的。怎么说呢，我也不太强求，顺其自然吧。我希望以后工作后自然而然产生的朋友圈子能好好相处，坦诚交往。”(被访者 CS)

“出来后想借点钱做生意，但是借钱没有那么容易。只有几个战友还比较好的，其他很多朋友都不愿意见我的面。你愿意帮我就帮，你不愿意我也不会求你，你不愿意帮让我低三下四求你，这是不可能的。我们就通过一个人的眼光、一个人的谈话，心里还是比较明白的，我觉得你可以谈的那我们就好好谈，我觉得你不好谈的，我们就少谈，这个我们都心知肚明的。”(被访者 QXI)

从以上被访者的叙述中，我们能够看出，他们在尝试与社会接触的过程中，遇到了不同程度的歧视，之所以会遭受歧视，很大程度上是因为他们的犯罪人身份。犯罪人身份是一种有意义的社会文化性符号，这种符号作为一种表意性规则，影响着普通社会成员与犯罪人之间的互动。在古今中外，社会对犯罪人都有一些负面的刻板印象。所谓刻板印象，也称类属性思维，是指人们通过整合有关信息及个人经验而形成的一种针对特定对象的既定认知模式。社会文化理论认为，刻板印象是社会情境与文化传承的产物，强调刻板印象的形成和维系过程中社会（包括家庭、传媒、文化传统）的影响作用。人们通过社会学习获得社会环境中所流行的群集的观念与态度，反过来这些观念系统又会得到社会的强化，其焦点在于刻板印象与偏见是如何通过社会化经验、伙伴群体的影响以及媒介渲染获得与保持的。[①] 大量研究表明，媒体信息对受众的刻板印象的影响能力不可忽视。美国学者奥利弗（Olivier）等人发现，警察节目对非裔美国人的消极描写，对有关刻板印象有显著影响，受众看这些节目越多，对非裔美国人犯罪的刻板印象越严重。更细致的一系列研究表明，白人受众观看黑人暴力犯罪的新闻会导致对非裔美国人的消极刻板印象，并反对有益于黑人的政策。[②] 美国学者詹姆斯·克里斯（James Chriss）在《社会控制》一书中谈到大众传媒对公众的影响时指出："因为电视新闻追求扩大观众收视率，他们选择播放的犯罪故事倾向于比典型的犯罪更轰动、更奇怪、更暴力。这于是就歪曲了普通公民接收到的犯罪图画，由此也增加了全体公民对犯罪的恐惧。"[③]在人类漫长的机械团结的社会中，群体的凝聚力很大，几乎所有社会环境中群体都优先于个人，若个人违反规范秩序，则被解释为对集体良知的攻击，因此对违规者的惩罚往往是严酷的、公开的并且是针对肉体的。虽然随着工业化的来临，以社会分工为基础的有机团结的社会里，对违规者的惩罚逐渐从报复性向复原性转

① 金盛华：《社会心理学》，高等教育出版社 2010 年版，第 141 页。
② 金盛华：《社会心理学》，高等教育出版社 2010 年版，第 146—147 页。
③ ［美］詹姆斯·克里斯：《社会控制》，纳雪沙译，电子工业出版社 2012 年版，第 41 页。

化，但人们对犯罪人的刻板印象依然存在，尤其是在我国这样一个重刑主义思想较为浓厚的国家。我们对T市138名公众关于社区矫正的态度开展问卷调查，当被问及“如果您的邻居是一名社区服刑人员，您会有怎样的感觉?”时，43.5%的人感到不安，7.2%的人感到恐怖，二者相加合计50.7%，也就是说，超过半数的被调查者对于身边的社区服刑人员不放心，有戒备心理。这也证实了假释人员的一些被歧视的感受是客观存在的。

在对T市C区70位所有假释人员的问卷调查中，有44.6%的人表明出狱后发现现实中的人际关系与在监狱里想象的有比较大或非常大的差距，43.5%的人对自己的人际关系状况不是很满意或说不清。

由于假释人员仍然是犯罪人的特殊身份，在他们尝试修复因入狱而断裂了的人际关系的过程中，不少人遭受了很大的挫折，自尊心严重受挫。原先的朋友、熟人、亲戚之所以疏远他们，原因可能有多种。有的是担心与犯罪人来往会被其他人冠以与“坏人”为伍的恶名，有的人是担心这些假释人员会向其借钱或进行其他形式的求助，有的则是基于对假释人员过去历史的了解而对其存有恐惧、防备心理，尤其对那些犯了盗窃、抢劫、故意杀人等在公众印象中很不好的罪行的假释人员防备心理更强。[①] 无论出于何种原因，人际网络的排斥直接导致假释人员社交圈子狭窄，间接又导致他们获取就业信息、了解市场行情等方面的渠道被堵塞，进而延缓其进入职场的进程，即影响其就业。

此外，由于犯罪人身份，假释人员在劳动力市场也会直接遭受排斥，以至于有些假释人员迟迟找不到工作。尤其是那些暴力性犯罪及财产型犯罪[②]的

① 骆群：《弱势的镜像：社区矫正对象社会排斥研究》，中国法制出版社2012年版，第90—109页。

② 此处的暴力性犯罪及财产型犯罪采用骆群对犯罪类型的划分标准，即主要根据公众对犯罪形式的主观印象进行的划分，不具有严格的刑法理论上和实践上的意义。暴力性犯罪，主要强调的是犯罪手段具有暴力性，是指以暴力、胁迫等手段进行的犯罪行为。财产型犯罪，主要强调的是以非法手段占有财物为目的，但对犯罪人的身份没有做出要求的犯罪。财产型犯罪与经济类犯罪的区别标准主要以一般人观念中是否具备一定的身份或条件。经济类犯罪也主要强调以非法占有财物为目的，但经济类犯罪在一般人看来需具备一定的身份或条件才能构成。参见骆群：《弱势的镜像：社区矫正对象社会排斥研究》，中国法制出版社2012年版，第103—104页。

假释人员更容易受到用人单位的排斥。比如犯了盗窃、抢劫等罪行的假释人员即便司法所出面为其联络一些用人单位，用人单位往往也不太愿意接收这样的人。在访谈过程中，社工 WCH 说："我们工作过程中发现，犯盗窃罪的人找工作最难，一方面，犯这种罪的人往往文化程度不高，又缺乏一技之长，找工作也只能找那些技术要求不太高的工作，但有些工作虽然技术要求不高，但是对品德要求比较高，比如保安。相对来说，社区服刑人员有许多从事保安工作，但是犯盗窃罪的人却从事不了保安工作，因为保安工作对人的道德品质要求高，你想哪个单位放心让一个有盗窃历史的人做保安？有的单位甚至直接明确规定不招有盗窃历史的人员。"另外，还有像犯有故意伤害等罪行的人找工作也比较困难，用人单位总担心这样的人脾气暴躁，容易惹是生非。访谈中犯了故意伤害罪的 WZZ 说："我之前因为为别人打抱不平将一个人打成重伤，犯了故意伤害罪。假释后，到一个大型超市去应聘工作，这个超市部门领导在岗前培训时说，如果你之前有什么不良的记录要老实交代，不然他们会去查的，他们会派总部的人过来调你档案的，如果查出来的，就不会这么客气了。我当时很担心，还问过司法局的人，到底要不要和他们说，说吧也不好，不说也不好，暂时先稳着别说，后来我一想就说了。最后那个超市的领导说，因为你这个事情，不好意思，不能录用你。虽然司法所还帮我到那个超市说情，但还是没有用，所以我还是被拒绝了。"据负责管理帮教 WZZ 的社工说，其实 WZZ 是个非常懂事、做事非常踏实的小伙子，之前犯罪完全是因为一时冲动，他们想方设法替他到那个超市说情都没有用。

五、角色冲突的结果：个体能动性难以发挥效用

正如吉登斯所说，行动者的"行动的整个过程自然地关联到各种结构"，"任何实际的行为，都是在时间和空间以及看不见的潜在结构中进行的"。所以，行动的目标必然要与行动的结构性因素相适应，才能使行动正常开展。而部分假释人员由于受过去生活经验的影响，出狱后自我定位的目标

过高，目标与手段、条件、规范等结构性因素不相适应，因而在试图实现目标的过程中，经历了很多曲折，各种规划总不能如愿实施，行动受到极大限制，个体能动性也无法有效发挥。纵使有时间、有精力、有急于工作和融入社会的迫切心情，但较长一段时间内一直无法大显身手，陷入了深深的苦闷和焦虑中。

在访谈过程中，有不少被访者提到计划未能像预期的那样实施时的“着急”“郁闷”“无奈”“难过”等心情。其中，给笔者印象最深的是2011年8月份第一次对JZQ进行的访谈，当时他正处于比较严重的焦虑、抑郁状态。下面是笔者当天的访谈笔记。

“我这个人还是比较要强的，过去在公家做事，各方面都做得比较好。我出来之后，自己做事，能不能做好，人家都在看着我，我要做给人家看。开始时自己充满信心，想做点事，朋友也鼓励。但真正要做事时，却遇到了不少困难。我发现在我真正遇到困难时帮助我的人还是很少，发现人的变化还是很大。我过去在做公司经理的时候确实帮助了很多人，而且都是真心帮助的，但是现在我需要他们的时候，发现他们不是像我想象的一样帮助我。我在狱中的狱友老王也有同样的感受，他说出来后对一些人一些事应该重新看待。我的店最近才领了执照。为什么到现在迟迟开不起来，就是这当中遇到了很多困难。（哽咽）我最近心情很不好，心里很不好受，我正想找个心理医生倾诉倾诉，正好您来了，我就把你当作我的心理医生吧。”（被访者JZQ）

在访谈过程中，笔者能深切感受到JZQ从出狱前的信心满满、踌躇满志到出狱后现实与理想的巨大反差而带来的愤怒、无奈、苦闷、懊恼之间的巨大的心理落差。尤其当他谈到自己创业的艰难，特别是朋友不像自己期待的那么帮忙时眼圈泛红、几度哽咽时，我们的访谈曾一度中断，在中断的这段时间内，我们的内心都很不平静。被访者J先生的眼前肯定瞬间闪过了一幕幕被朋友冷眼相待的不愉快的镜头，他的内心一定充满了委屈和懊恼。笔者一度被他的情绪深深地感染，心中对他充满了同情，但又感到手足无措，不知如何帮助他，我们陷入了一阵沉默。这是笔者在访谈过程中第一次遇到访谈对象情绪反应如此激动，真是始料未及。在沉默的过程中，笔者一边静静地陪着J先生，一边努力地思考该如何帮助他处理情绪。大概过了近一分钟，J先生克制住自己的情绪，咳嗽了两声，清清嗓子说道："不好意思，我刚才情绪有点激动。"此刻作为社会工作专业教师，笔者出于专业本能对他表达了"同理"，安慰他说："您回来后，发现一些人和事不像自己想象的那么好、那么顺，您心里肯定很不好受。"听了这句话，J先生的情绪似乎平静了一些，然后继续向笔者叙说他的那种"很不好受"的心情。"我在外面想办法办事遇到困难，有些情况和心里话在外面又不能说，到家又不太敢跟老婆说，怕她担心，只能憋在心里，心里憋久了，难受得很。有几次喝酒喝多了出了洋相，就在家里又哭又闹的。其实自己心里有数，就是借着酒气发泄一通，反正喝多了，不管了。哈哈……"诉说了一通不好受的心情后，J先生感慨道："不怕你笑话，今天跟你说一说，心里好受多了……我感觉政府部门现在对我们这些社区服刑人员主要侧重于管控，要求我们思想汇报啊，参加公益劳动啊，集中学习啊，这个当然是必要的，尤其是那些经常盗窃抢劫的犯人确实要加强管控，但政府部门也要关心我们这些刚出来的人的心理上是否平稳，思想上是否稳定，这也非常重要。说实在的，我们这些职务犯罪的人一般出来后对社区矫正规范肯定是严格遵守，积极配合矫正机构工作的，管控方面不需要他们太操心的，我们思想上、情绪上的问题他们好像没有更多地给予关心和帮助。"J先生的这段话是发自肺腑的感慨，也代表了很大一部分融入社会阻力较大的假释人员的心理状态。对于他们因理想与现实的差距而带来的心理落差以及难以融入社会带来的苦闷、抑郁等情绪，监狱在出监教育时就应该对即将出狱者提前做一些辅导，做好心理预防工作。但从前一章其他被访者所反映的情况来看，这项工作显然做得不到位。由于出监教育没有涉及，那么在回到社会后，社区矫正机构应该密切关注他们的心理状况是否稳定，了解他们对自己的定位以及当前所遇到的困难，并采用科学的专业方法帮助他们调适心情、调整计划。但调研发现，他们并未得到社区矫正机构相应的介入和帮助，都是靠自己经历了漫长的煎熬、反思、调节才逐步走出困境的。下一节将详细讨论他们是如何进行反思性监控的。

第二节　角色领悟：对角色冲突的反思性监控

一、反思性监控的意涵

要了解反思性监控的意涵，首先要了解吉登斯有关行动的思想。吉登斯的行动思想是在他的结构化理论框架下讨论的。吉登斯批判功能主义和结构主义采取一种自然科学取向的认识方式，坚持客观主义取向，强调社会整体的优先地位，忽视行动者的能动性。结构功能主义早期代表人物迪尔克姆强调社会事实的客观实在性，认为社会事实并非个人意愿所能左右，社会对个人具有制约性。将结构功能主义发展到极致的帕森斯强调社会结构的均衡性，认为人的行动是在内化了社会的价值观之后按照规范性要求做出的共同行动。吉登斯不同意他们对结构外在性、制约性过于强调的观点。吉登斯对结构的理解广泛借鉴了现象学、解释学以及符号互动论的研究成果，从结构与行动的关系来定义结构。他说："结构既不是外在于行动或行动者的实存的东西，也不是互动的模式或系统，它只是作为记忆痕迹、作为人类认知能力的基础而存在，具体体现在行动的实践中。"[①]吉登斯在批判吸收结构主义、功能主义、解释学等理论的基础上，构建了他的结构化思想。在他的结构化思想中，结构既有制约性又有使动性，行动既受结构的制约，又具有自身的能动性。这里要讨论的反思性监控便是行动的能动性的表现之一。

① 刘少杰、胡晓红：《当代国外社会学理论》，中国人民大学出版社 2009 年版，第 223 页。

在《社会的构成——结构化理论大纲》一书中，吉登斯用大量的篇幅论述行动者的认知能力，认为行动者具有“反思性监控”（reflexive monitoring of action）的内在特性，即对自己行为的意图以及他人对此的反应具有清晰的认识，并根据情境对自己的行为做出适应的改变。“作为能动者或行动者——我交替使用这两个术语——的人在行事时有能力理解他们的所为之事，这正是他们所为之事的内在特性。社会活动的具体情境有一个特点，就是人类行动者的反思能力始终贯穿于日常行为流中。”[①]反思性的基础就表现在人们对这种行动流始终保持着监控。换言之，即具有资格能力的行动者在行动的过程中始终保持着“通晓”行为根据的能力，当被提问时能够不太困难地提供自身活动的理由。[②]

吉登斯将人的行动的反思性监控特性同人在行动中所保持的话语意识、实践意识和无意识三重心态结构密切地联结在一起。

绝大多数的反思性监控发生在实践意识的层面上。人的行动的实践意识主要是在日常生活的重复性和长远历史发展的超时空记忆中所形成的。吉登斯认为，作为日常生活和长远历史发展的中介和产物，实践意识可以在行动中造就和培养一种实践的技巧、风格和熟练性。吉登斯把这种在实践中造就的行为风格和熟练性称为“熟练的实施能力”。实践意识使丰富的社会生活经验得以积累和巩固下来，也通过代代相传而凝固在各种制度中，渗透到社会成员的意识结构中，成为它们适应和不断改造社会制度的某种才能和能力。[③]

多数社会行动是在实践意识的层面进行的，当反思性监控向话语意识“上升”的“瞬间”基本上是出自对外界挑战的回应，此称为紧要关头或紧要情境（critical moment/situation）。[④] 行动中的语言运用，把人的意识和行为

---

① [英]安东尼·吉登斯：《社会的构成》，李康、李猛译，生活·读书·新知三联书店1998年版，第42页。

② 杨善华：《当代西方社会学理论》，北京大学出版社1999年版，第224页。

③ 高宣扬：《当代社会理论》，中国人民大学出版社2005年版，第898页。

④ 杨善华：《当代西方社会学理论》，北京大学出版社1999年版，第228页。

以及行为所处的内外环境各因素相互联结成一个整体，并相互渗透和相互作用。因此，伴随着人的行动的话语意识，对于人的行动对其自身的意义、目的、取向、合理化及其各种实际程序都具有重要的意义。同时，话语意识也直接影响到行动同它的对象及其周围环境的关系。话语意识由于反复在行动者主体、行动过程及行动有关各因素之间循环穿透，其本身也随着行动的展开而不断提升其反思能力，为行动的意义及其走向不断地注入新的元素，有利于调整行动者及其行动所遭遇的各种因素的相互关系。话语意识的反思性尤其关联到贯穿于行动过程的各种意义的建构和再生产。由于人的行动的意义建构及其再生产对于行动的走向及其实际效果产生决定性的影响，所以话语意识的反思构成了人的行动中反思的自我调节机制的主要杠杆。① 当行动者遭遇紧要情境时，其日常生活的例行化被打破，本体性安全受到威胁，出于顽强的重建本体性安全的需要，行动者便上升到话语意识，对其行动的意义及走向注入新的元素并调整自身的行动以及行动所遭遇的各种因素的相互关系。

行动中的无意识层面往往被传统社会学家所忽视，尤其是被经验论和实证主义的社会学家所忽视。吉登斯却对无意识给予了足够重视，认为无意识的层面不只是单纯消极的和被动的因素，而是积极参与和渗透到行动中去的各种看不见的因素。这些因素包括历史和日常生活实践中沉淀下来的许多记忆和经验储存。由于它的隐蔽性和无意识性，它在行动中的作用更加不可忽视。无意识的因素参与到反思的自我调节机制中，有时表现为消极的干扰形式，有时也表现为积极的促进作用，其实际功能要看行动中各因素的关系，以及行动中自身进行反思性自我调节时，如何处理话语意识和实践意识同无意识的关系。②

本章讨论的行动主体是那些由于在隔离期定位不够准确，而在尝试接触社会、融入社会过程中遇到了重重障碍的假释人员。这部分假释人员在

① 高宣扬：《当代社会理论》，中国人民大学出版社 2005 年版，第 898 页。
② 高宣扬：《当代社会理论》，中国人民大学出版社 2005 年版，第 899—900 页。

融入社会的行动受阻时，也就是处于行动受到挑战的“紧要关头或紧要情境”时，他们的反思性监控向话语意识“上升”。需要说明的是，这些假释人员在尝试融入社会的行动过程中，他们的无意识和实践意识也是伴随在他们的行动流中的，他们经常提到凭感觉都能感受到别人对自己的歧视，或者会提到自己自然而然地就去做出行动，这些都是无意识和实践意识起作用的体现。但本节主要讨论他们的话语意识下的反思性监控，以凸显他们在尝试融入社会的行动受阻的紧要情境下的自我调节机制。

二、角色领悟：反思性监控与角色再定位

正如上文所述，人的行动的话语意识，对于人的行动对其自身的意义、目的、取向、合理化及其各种实际程序都具有重要的意义。在艰难苦闷的曲折探索中及探索受阻后，假释人员也在不断反思自己行动的目的、意义、取向以及自身与周围环境的关系。下文将以 JZQ、LYN、CJG、CY 等人为典型个案，对他们在上述几方面的反思内容进行阐述。

JZQ 等几位融入过程异常艰难曲折的主要原因是其自我定位过高。他们在反思过程中首先对探索行动本身进行了反思，反思的结果就是认识到自己当初定位过高，认识到自己的定位与现实环境不相适应。比如 CY 说：“刚出来信心满满，想大干一番事业，把以前坐牢的时间补回来，后来四处碰壁，愿望跟现实反差很大，迷茫、烦躁、不安，然后自己调节，重新定位，定位调低一点，退而求其次，先给人家打打工，工作先干起来，以后慢慢再说。”CJG 说：“以前想着回来把超市再弄大一点，现在发现房租太贵，弄不下来。慢慢来吧。”LYN 说：“我当时在里面想，以后出来还要大干一番，让别人知道我还是女强人。后来出来后，我发现这个社会不同了，家里也不支持我做，再熬过社区矫正两年三个月，我都 61 岁了，还能干什么呢，我也不想再干了，安安稳稳地做好自己的事情，过好自己的日子就可以了。”JZQ 说：“我当时出来时信心满满，心想自己有点经济基础，再靠以前积累的人脉，做点生意应该没问题。后来发现，别人不像我想象的那样帮助我，后来我也想通了，

光靠朋友也不可能做成事。现在在处理人际关系上也心有余而力不足了，我也不再想做比较大的生意，就打算纯粹地做做小的生意了。”从这几位被访者的叙述中，我们可以看出，他们都意识到了自己当初定位过高，曾经打算“大干一番事业”，“把超市弄大一点”，“做点生意应该没问题”。可是，经过观察和反思后发现，“愿望跟现实反差很大”，“房租太贵，弄不下来”，“这个社会不同了”，“别人不像我想象的那样帮助我”。这其实是对自身与周围环境关系的反思。周围环境一方面是指社会大环境，比如CJG说的房租贵，在访谈末尾当笔者问他感到最不适应的有哪些方面时，他说最不适应的是社会发展太快，自己跟不上。周围环境的另一方面是指与周围其他人的关系，这里主要指与原来寄予厚望希冀能够给予自己帮助的朋友的关系。CY、JZQ很失望，有些朋友不像他们想象的那样帮助他们。JZQ感慨，“看来有些人有些事要重新看待，重新评估”。不过这里需要补充说明的是，他们也承认个别很要好的朋友还是朋友，令其失望的主要是那些关系一般的朋友与自己疏远及不向其提供帮助。之所以普通的朋友让他们失望，让他们体会到世态炎凉、人走茶凉的感觉，这可以用中国人社会互动的“关系取向”来解释。在人文及社会科学中，有很多学者，如梁漱溟、费孝通、文崇一等强调在中国文化中或是在中国人的日常生活中人际关系的重要性与突出性。梁漱溟将中国人的这种凡事以关系为依归的文化特征叫作关系本位[①]，文崇一、金耀基、杨国枢等人则称之为“关系取向”。他们认为关系取向是中国人在人际网络中的一种主要运作方式。这种关系取向有关系形式化（角色化）、关系互依性（回报性）、关系和谐性、关系宿命观、关系决定论等五大特点。[②] 这里的关系互依性及关系决定论对CY、JZQ等遭遇的状况颇有解释力。CY、JZQ等人犯罪前的生活经历告诉他们，在中国做事，人脉很重要，于是他们在规划出狱后的生活时，仍然把恢复人脉作为首要目标。而且，他们觉得自己以前曾经帮助过一些人，相信对方现在也会给予自己相应的帮助。

① 梁漱溟：《中国文化要义》，上海人民出版社2011年版，第51页。
② 杨国枢：《中国人的心理与行为：本土化研究》，中国人民大学出版社2004年版，第95—105页。

因为中国人在人际交往中非常看重关系互依性(回报性)原则。所谓互依性(回报性)原则是指社会关系的界定特别强调角色的对偶性。在现实生活中,社会关系中的对偶角色是互惠的。比如,亲子以慈孝互惠,夫妻以和柔互惠,兄弟以友恭互惠,朋友以相信互惠,君臣以仁忠互惠。与对应角色的互惠性与互依性密切相关的是回报性。互惠性与互依性都是比较基本的社会逻辑,依据这些逻辑原则,同一关系中的对应角色之间在给与取两方面应该达到某种程度或方式的平衡状态,虽然平衡的程度与方式都会因关系类别的不同而有异。要达到这种平衡状态,必须建立彼此回报的法则。但是,现实让CY、JZQ等人非常失望,不少朋友都没有遵循回报法则。于是,他们的主观平衡状态遭到严重破坏,因此产生了怨恨与悲伤的人际苦痛。这里,CY、JZQ等人之所以产生了怨恨与悲伤的人际苦痛,是因为他们一味地强调人际关系的回报性,而忽略了这些令其失望的朋友大多是普通的朋友,而普通朋友是有别于亲人和知心朋友的,这就涉及中国人人际关系的"关系决定论"特点。这里所说的关系决定论类似于费孝通所说的差序格局,即在人际交往中特别强调关系的亲疏远近,根据亲疏远近的不同采取不同的交往原则。中国人的人际或社会关系,依其亲疏程度可以分为三大类,即家人关系、熟人关系及生人关系。在家人关系中,彼此讲责任原则,各对对方做其所当做之事,尽其所应尽之责,而不那么期望对方做对等的回报,因而易于形成一种无条件的互相依赖。所谓无条件的互相依赖,是指在心理和行为上彼此全无保留地依赖对方,而不附带明显的具体条件(如对方的回报能力、对方是否令人喜爱)。而在熟人关系中,相互要讲人情原则。因无血缘关系,人情的亏空或赊欠终有限度,易于形成一种有条件的互相依赖。所谓有条件的互相依赖,是指在心理和行为上彼此有限度地依赖对方,而且常是附带明显的具体条件(如对方的回报能力、双方互相喜爱的程度)。CY、JZQ之所以感受到世态炎凉,是因为那些普通朋友就是一种熟人关系,那些熟人在决定是否帮助他们时,是权衡了他们的回报能力的。上述几个案例中,尤其CY因挪用公款做生意亏了,经济状况非常糟糕,欠下近百万元的债务,根据上面的分析也就不难理解为什么朋友不像他想象的那样帮他了。

在认识到自己定位过高以及这种定位与周围的经济环境、人际环境等环境因素不相适应时，CY、JZQ、CJG、LYN 等人对行动的目的、意义、取向、路径等方面进行了调整。从目的、意义上来看，从“大干一番”“做给别人看”“证明自己”等社会取向的目的转向“先把生活维持起来”“过好自己的生活就可以了”“养得活自己就行”等自我取向的行动目的。他们在反思后，调低了自己的定位，行动取向和行动路径也更加务实了。行动取向上对人脉的依赖减少，从原来的希冀靠朋友帮助转变为靠自力更生。行动路径上，LYN 选择回归家庭，顺便给外甥女带孩子。CY、CJG 选择打工，JZQ 选择从小生意做起。不过，需要补充说明的是，这只是他们目前的定位，至于未来更长远的人生规划，则因各人的性格、年龄等方面的差异而有所不同。比如年近六十的 LYN 就定位在“过过普通的日子”，对于未来没有更多的想法，甚至说：“解除矫正后都六十多岁的人了，要是人家寿命短的人，这辈子都差不多了，糊糊拉倒了！”而四十岁刚出头的 CY 和五十岁刚出头的 JZQ 则一直强调，虽然定位调低了，但这只是作为暂时的过渡。CY 说等积累了一定的经济资本、一定的人脉，还想自己做生意，不想给人家打工，自己还要奋斗，争取超过那些现在看不起自己的人。而 JZQ 则说，自己还要干老本行，搞电力工程，甚至要创出自己的品牌。

第三节　角色调整：对结构的能动运作、顺应服从或另类抗争

经过对角色冲突的反思性监控，假释人员进行了不同的角色调整。一些人通过积极的策略性行动对结构进行了能动运作，一些人对结构性制约因素采取了顺应服从的态度，还有少数人则角色调整失败，重新走上了违法犯罪之路。本节前四点讨论那些积极能动的角色调整策略，第五点讨论顺

应服从的消极调整策略即“糊糊拉倒”型，以及通过重新犯罪对结构进行另类抗争的破坏性调整策略。

一、谨慎开拓经济资本运作场域

本章第一节已经提及，JZQ 由于权威性资源的丧失，用他自己的话说，就是“不在原来的位置上了”，致使原先规划好的做工程、开饭店等创业计划都未能如愿实施。尽管在这些计划遭受挫折的过程中，JZQ 非常痛苦，但他并未就此服输，而是在种种不安、焦虑和迷茫中继续寻找前进的方向。在 2011 年 8 月份的第一次访谈中，他告诉笔者，在访谈之前的那段时间正是他最迷茫的阶段，经常早醒、失眠，凌晨三四点还睡不着，翻来覆去地想以后的路怎么走。尽管夜里睡不好，白天他还是尽量打起精神，到处去跑跑看看，收集信息，考察市场行情。他说，为什么摸索的过程这么艰难，一方面是因为有些人脉断了，不起作用了，另一方面就是自己资金有限，不敢轻易冒险投资。“因为我们已经输不起了，今年已经 51 岁了，不像人家小青年输了还有翻身的时间和机会，我都这把年纪了，家里一共就那么点积蓄，万一亏了，整个就完了。”开饭店的路子走不通以后，又经过了一段时间的摸索，有个做海鲜的朋友建议他跟他学做海鲜生意。“我想了想，这个建议可行性比较大，一是它投资不多，风险比较小，二是不像做工程、开饭店那样特别依赖人脉。”经过周密思考和论证，JZQ 觉得开海鲜店的计划可行性比较大，于是开始着手装修房子，打算在中秋节之前将海鲜礼品店开起来。笔者在 2011 年 8 月对他进行访谈的时候，他的门面房正处于装修阶段。到第二年即 2012 年 8 月份对 JZQ 进行第二次访谈时，他告诉笔者：

“海鲜礼品店开张的第一个中秋节就做了二十几万的营业额，后来到春节又做了一两百万的营业额。平时生意也还可以。从这一年的运营状况来看，自己开海鲜礼品店的定位是比较准确的，这一步没走错。现在有些熟人见到我都说，你做得不错嘛。这说明社会认可我的能力了，我从中也慢慢地找回了以前的感觉，找回了自信。目前海鲜店还在开，雇了个人看店。海鲜店只是一个过渡，通过海鲜店，把原来的朋友资源用起来，重新积累人脉，融入社会。我现在主要精力放在工程上。我跟我原来的徒弟合伙做电力工程。我去年刚出来时间不长，他就叫我到他公司干，我当时没答应。后来我对他们这支队伍进行了考察，感觉他们做得不错，他们也强烈邀请我加入，因为我有人脉，这样我就加入了他们……我下面就想着怎么把我们的这个公司做大做强，做出品牌。"

JZQ在艰难的摸索和审慎的思考后，选择了成本比较少、风险比较小、对人脉依赖性不大的海鲜礼品店进行投资，终于使他有限的资本找到了合适的运作场域，而且通过海鲜礼品店的成功开设，他的经济资本进一步积累，向社会证明了自己的能力，自信心也得到了提升，这些都为后来跟朋友合伙做电力工程奠定了良好的基础。

类似JZQ这样经济资本谨慎运作的例子还有建筑行业的WX以及前文提到的CJG。WX说："我原来有点经济基础，自己也有技术，是高级工程师。现在就是有朋友把工程转包给我，我接了个小工程做做，暂时不敢投资大工程，风险比较大，我们也输不起了。"

从JZQ和WX的案例中，我们可以看出，即便有一定的经济资本，假释人员在进行投资时也是非常谨慎的。

二、人力资本的充分挖掘及职业惯习再生产

本章第一节详细论述了CJG、CY、JZQ等人出狱后，由于客观条件的制约无法再从事以前的工作，但是，其自身的人力资本和职业惯习又使他们不知不觉中仍把思路局限在以前所熟悉的领域，导致他们经历了较长一段时期的迷茫徘徊阶段。在痛苦的迷茫期，他们一边在探索人生的新道路，一边在反思自己的选择是否合理，是否有其他可能的选择，正如吉登斯所说，反思性监控始终伴随人的行动。经过不断的探索和反思，最后他们终于认识

到原来自己设计的路径是行不通的，需要调整思路，重新选择就业或创业方向。

选择什么样的就业或创业方向，必然首先要考虑自身具有哪些人力资本。CJG 由于生意做不起来，他之前的经商经验便无用武之地。于是想到自己有驾驶技术，便想到给人家开车打工，但限于社区服刑人员不能随便离开本市范围，这个计划被迫放弃了。后来他又到纺织厂工作了一段时间，但手脚太慢不适应，于是又回到自己的驾驶技术上做文章。因为想来想去，自己除了会做生意，会开车，好像也没有什么其他技能了。于是在朋友的帮助下，一边在驾校实习一边考驾校教练上岗证，打算将来做驾校教练。CY 由于犯了挪用公款罪，限于有关法规的制约及用人单位的不信任，其会计专业也派不上用场了。本打算在朋友的帮助下做生意，但朋友未能如他所期望的那样帮助他，所以做生意的计划落空。最后跟 CJG 一样，想到自己会开车，于是选择给某私人开的公司在本市范围内送货。而 JZQ 之所以能够做好海鲜生意，跟其之前做公司经理的经历也有一定关系。做公司经理在某种意义上跟个人做生意也有相同之处，比如遵循市场规律、考虑成本收益、追求经营利润的最大化，这些规律是一致的。另外一位被访者 WX 的事例更能说明他将自己的人力资本进行了最充分的运用。WX 出狱后，发现建筑领域的技术标准发生了很大变化，他便考虑要及时充电，给自己补课，以便跟上行业的发展步伐。于是他报名参加了监理工程师考试。同时，他还将自己的其他建筑方面的专业证书比如建造师证等证书挂到了一些建筑公司赚钱，做“挂证一族”。他说：“我就是不出去工作，只把我的这些证书挂靠在人家建筑公司，一个月也有几千块钱收入，也养得活自己。”这里的证书属于布尔迪厄所说的制度化的文化资本，它也是人力资本的体现。WX 除了将现有的证书挂靠在建筑公司赚钱，还在不停地考证，打算考取更多的证书挂靠在建筑公司赚钱。他能够考证是他文化能力的表现。“文化能力由三个部分组成：关于合法文化资本储备的知识，掌握与文化资本的消费和使用相关的知识技能和社会技能，以及有效地利用这些知识和技能以获取有利地位的能力。文化能力在身体化的文化资本的传递和积累中起到了重要的作用。身体化文化资本以文化资本或其他资本形式获取生产利润的潜在的能力，也是以这些资本形式进行自身再生产的潜在能力。”①WX在充分发挥制度化的文化资本作用的同时，也在发挥身体化文化资本的作用，从徒弟处接小工程做。

上述几位被访者在充分运用自身的人力资本进入新的工作场域后，其职业惯习也将随之改变，当然这种改变的过程是充满痛苦的。比如，CJG从原来的老板身份转变为打工者的身份，用他自己的话说，“总觉得不舒服，要按时上下班，受人家管束。但也没办法，生意暂时做不起来，只能这样给人家打工咯。”CY说：“虽然我在单位上班一年多了，表面上看，跟其他人没有太大的差距，但自己心里知道，反差太大了。别的不说，就现在的工作跟以前的工作相比，有天壤之别。无论是工作环境还是收入甚至是社会地位，跟原来的工作是没法比的。原来我在银行也算是个中层领导，现在在人家那里打工算最底层的员工了，处在这个位置就得慢慢去适应，适应这样的身份，人在屋檐下不得不低头啊。”WX在谈到角色转换之痛时，甚至一度哽咽。沉吟一会儿说：“主要还是角色转换比较困难，本来是我管人家，现在是人家管我了。以前人家请我吃饭、唱歌，我还是比较客气的，现在我请人家吃个饭，他们还要唱歌，我发现他们都比较热衷这个，比我们那时候热衷多了，这个我不大适应。我发现现在的人比我们那时候还要浮躁。我们那时候都是人家自愿请的，现在这些中专毕业的小监理都会强求你请他吃饭唱歌。我们那时权力比他们大多了，也没像他们这样。”无论是CJG所说的受到时间和纪律的约束而感到不自在，还是CY和WX所说的从领导者、管理者变成被管者的不适应，都说明他们原先的惯习仍然凝结在他们的身体中，仍然阻碍着他们适应新的工作环境。但同时，他们也表示，人在屋檐下不得不低头，要慢慢地去调整去适应，用学术语言来讲，也就是要进行惯习的再生产，

① 宫留记：《布迪厄的社会实践理论》，河南大学出版社2009年版，第126页。

只有有意识地进行惯习的再生产，才能更好地适应社会。正如布尔迪厄所说，“惯习是历史的产物，同时又是一种生成性结构，它塑造、组织实践，生产着历史”①。

三、特殊主义信任及弱者武器的运用

本章第一节我们详细论述了假释人员在融入社会过程中在正式社会制度方面所受到的规范性规则的刚性制约。为了规避社区矫正制度的限制以及前科汇报等制度间接地引起的排斥，多数假释人员要么自己创业，要么通过熟人介绍工作。在本研究访谈的26位被访者中，6位被访者（LYK、LYN、QJI、XXN、XLI、ZM）由于年龄较大或身体欠佳等原因，没有参加工作，4位被访者（CJ、GP、JZQ、WX）自己创业，剩余的16位被访者中，有2位（CY、GK）通过网络找的工作，2位（YXM、WZX）是司法所介绍的工作，其余12位都是通过亲戚朋友等熟人介绍的工作，其中有2位（LY、PY）是在亲戚家的厂里工作。

上文提到的CJG在创业计划因经济环境的限制而搁浅后，经过痛苦的反思，调整了思路，决定先打工。和多数打工的假释人员一样，为了规避社区矫正制度和前科汇报制度的限制和排斥，CJG先后所找的纺织厂的工作和驾校的工作，都是通过熟人介绍的。为什么像CJG等受过刑罚处罚的人通过熟人可以找到工作，而到陌生的比较正式的单位应聘会因既往的犯罪历史而遭到拒绝？这跟中国文化中的人际信任的特点有关。那就是特殊主义信任。有学者认为，西方人的信任更多地建立在契约基础上，并由法律来保证，是一种制度信任，具有一定的客观性和普遍主义色彩；而中国人的人际信任关系则不同，它带有很强的特殊主义和主观性色彩。② 其实，关于中国人的信任观，中西方社会学大家都曾有过深入的研究。韦伯在其著名的《儒教与道教》中曾指出，中国人的信任是建立在血缘共同体基础之上的，即

① 杨善华：《当代西方社会学理论》，北京大学出版社1999年版，第280页。

② 王小章：《中国社会心理学》，浙江大学出版社2008年版，第210页。

建立在家族亲戚或准亲戚关系上，是难以普遍化的特殊信任。福山(Francis Fukuyama)也认为："华人本身强烈地倾向于只信任与自己有血缘关系的人，而不信任家庭和亲属以外的人。"[①]费孝通用差序格局的概念解释中国人的信任模式。他认为，中国人信任的差序格局是以关系进行划分的，关系可以是情感性的，也可以是工具性的，血缘、地缘、业缘、趣缘等应该被综合考量，而不是仅仅以血缘为核心。我国台湾地区学者陈介玄和高承恕认为，中国人的信任是一种针对特定个人的亲近、熟悉所衍生的信任。这与西方基于契约所界定的权利与义务观念而生的信任是相当不同的。中国人的人际信任由"亲"而"信"。换句话说，其信任的建立是特定的、主观的，而不是基于客观的判断。不过中国人在这里所谓的"亲"并不狭窄地局限于"血亲"或"姻亲"。举凡好朋友、好同事、好部属，只要经过相当时间的亲近与互动，都可能由"疏"而"亲"、由"远"而"近"。这实际上是说，中国人的信任是通过亲近和熟悉来获得的。而亲近和熟悉又是怎么来的呢？在中国人看来，血缘关系和姻亲关系是最亲近的群体，所以诸如家庭、家族、姻亲关系就成为人们信任的基础；而熟悉主要是通过某一个过程来全面了解某一个人的人格品质、道德修养、诚信状况等，它关注的是人格，而不是西方人所说的角色。熟悉主要通过同学、同事、朋友等关系，具有选择结合的特性。[②]

无论是西方学者所归纳的特殊主义信任，还是费孝通所说的差序格局的信任，抑或是中国台湾地区学者总结的由亲近或熟悉所衍生的信任，都说明中国人际信任主要建立在熟人关系基础之上，而非西方的契约式信任。这也正是假释人员大多通过熟人介绍工作的原因。正如许多假释人员所说，只有知根知底的熟人，了解他们的具体情况，才愿意接纳他们，而社会上不熟悉的人或者单位一听说他们是罪犯，立刻会对他们产生歧视和偏见。除了那些盗窃、抢劫、故意杀人等在老百姓印象中非常不好的犯罪类型，对

---

① ［美］弗朗西斯·福山：《信任：社会美德与创造经济繁荣》，彭志华译，海南出版社2001年版，第74页。

② 王小章：《中国社会心理学》，浙江大学出版社2008年版，第212页。

于那些经济犯等犯罪人，熟人们在了解情况的基础上，一般能够接纳。也就是说，这种接纳是建立在熟悉的、对其过去的历史了解的基础上的。此处讨论的CJG所实施的犯罪类型属于妨碍社会管理秩序罪，所以在了解他品行的基础上，通过熟人介绍，是比较容易获得一份工作的。

像CJG那样，通过熟人找的工作，老板事先已知晓和接受他在社区服刑的事实，加之念及他生活之不易，会在他参加社区矫正活动请假时给予方便和通融。而CY是通过网络找的工作，老板并不知晓他的罪犯身份。为了保住这份来之不易的工作，CY尽量隐瞒这个身份，当需要参加社区矫正活动而又无法向工作单位请到假时，他会运用弱者的武器，向司法所社区矫正工作者诉说找到并保住这份工作是多么的不容易，竭力说服对方给他批假，并承诺事后一定抽空来补上集中教育学习的内容或社区服务。总之，在社区矫正制度以及其他法律制度的制约下，社区服刑人员也并非完全被动的，而是能够策略性地想方设法去应对这种约束，体现了很强的主体能动性。

四、隐忍自勉及重建圈子

CY等人说服自己放下身段去干当初瞧不起的工作的策略是隐忍自勉。他们通过对未来愿景的展望，激励自己对当下受到的歧视要隐忍，等自己卧薪尝胆，干出一番事业来，让歧视自己的人刮目相看。

“先干起来再说，以后谁也说不准会怎么样，说不定我比以前拿那点死工资还好呢。”(被访者WX)

“我发现我主动联系的朋友态度都不怎么好，有些人在言语上就能让你感觉到瞧不起你，有世态炎凉、人走茶凉的感觉，现在的社会就比较功利，遇到这样的事情只能自立自强，自己调整心态。谁也不能确保明天会怎么样，还是要靠自己努力，作为我们这样的人来说心态要好，要自强，自己瞧得起自己。当你情况好转了，地位跟他平等了，或者超过他了，他就会主动来找你了。”(2011年8月对CY第一次访谈)

“我给人的感觉还是很乐观坚强的，虽然遇到一些事情也会难受，比如出来后有些人好像对我有看法似的，但要调整心态，我认为我们这些人出来后虽然有些人看不起我们，但我们自己要看得起自己，没有必要整天不出门。跟我一起出狱的老王谈到人家对我们的态度时很生气，觉得有些人忘恩负义，人走茶凉。他整天待在家里，状态就很不好。我就劝他说，我们不能光坐在家里埋怨，要想改变这种情况，还得想办法。首先还是自己要拼搏、要奋斗，要主动联系朋友，也不是所有的朋友都不理我们，要走出去，不能长期自我封闭。我们以前在单位里做领导，干得也不错，现在个人自己干也能干得好，才说明你有能力。如果你个人做不出点事情来，人家会说，你以前是靠单位才干得好的，人家就真的瞧不起你了。”（2011 年 8 月对 JZQ 的第一次访谈）

“出来后，有些朋友还是不错的，至少有 4 个朋友第一时间叫我到他公司工作，但也有些朋友躲着我的，正好检验一下谁是真朋友谁是假朋友。我们这些人摔了个大跟头，但还是要振作精神，重新奋斗，不能颓废，不能让别人瞧不起。在监狱里朋友来看我我都是微笑的，虽然心里很难受，我说没事，过几年就出去了，时间过得很快的。回来后，一开始半个多月没有出去，朋友打电话也不想接，但是，后来调整好心态，逼自己出来后，跟朋友吃饭什么的，我都会吹吹头发，穿上新衣服，至少看上去很精神。虽然心里有些不适应，但表面上人家看不出来。首先要打起精神，然后去奋斗。等我成功了，说明我没有被打倒，我胜利了。”（被访者 CJS）

从以上几位被访者的叙述中，我们可以看出，他们并没有因为别人的歧视而一蹶不振。相反，对于这种歧视，他们却将其作为一种鞭策，作为一种压力和动力，以一种不服输的心态去与之抗争。正如吉登斯提出的控制的辩证关系所说的那样，在社会系统中存在的权力反映出行动者之间自主与依赖的辩证关系。所有的权力是双向分布的。在既有的权力关系中，权力的弱势方无论居于多么不利的地位，都可以借助某种操纵资源的方式，对权力的强势方实施一定程度上的控制。这里，朋友们的歧视成为假释人员的一种资源，他们借助操纵这种资源的方式竭力改变自己的不利处境。可见，作为具有能动性的个体，行动者并不是完全受结构性因素的控制和制约的，即使在最具压迫性的结构环境下，个体仍有改变的可能性，行动者与环境之间是相互作用、相互建构的关系。比如 JZQ 尽管一次次地遭遇别人的白眼，但他还是隐忍地继续前行，抱着一定要证明自己的决心，从不言弃。陈蓓丽在对外来女工的抗逆力研究中，发现"忍"是外来女工抗逆力的重要的文化之维之一。① 本研究从 JZQ 的身上也看到了中国文化中忍的力量。许多学者都曾将忍作为中国人的重要的人格特质，或是处理人际冲突的重要因应策略。梁漱溟在《中国文化要义》中将坚韧作为中国民族品性的十种特性之一。他说，所谓的坚韧是说自己能忍耐到很高的程度，克己、自勉、忍辱等都属于此。JZQ 曲折的创业之路就显示了他坚韧的品性。文崇一在《从价值取向谈中国国民性》一文中，认为中国人有三种主要的价值取向：传统与权威取向、重农与重功名的取向和仁义等道德取向。中国人的忍耐的性格与重功名的特殊价值取向有关。② 杨国枢等学者在对 269 条与忍有关的谚语研究中发现，其中有 63%提到忍的功能。这些功能可归纳为三大类：一是个人生存或生活的福祉，如避祸求福、平安保身、海阔天空；二是人际的和谐，如人际和谐或息事；三是社会成就，如富贵利益、出人头地、成事及增长见识。③ JZQ 为了将来出人头地、成事、博取功名，选择了忍一时之痛、一时之辱。其实，不仅是 JZQ，像上文提到的 CY 等人对社会歧视的韧性抗争，发誓自己一定要奋斗、要自强，也是在运用忍的心理策略因应遭遇到的挫折。

除了在思想上进行自我激励，在行动上，这些不愿服输的假释人员也在努力地重建社交圈子。当然这种社交圈子可能是全新的，也可能是旧有的社交圈子经过过滤后的重组。JZQ 和 CJS 对过去的社交圈子进行了重组，

① 陈蓓丽："结构、文化和能动性：上海外来女工抗逆力研究——基于生活史的一种解读"，华东理工大学 2013 年博士学位论文。

② 杨国枢、黄光国、杨中芳：《华人本土心理学》，重庆大学出版社 2008 年版，第 580 页。

③ 杨国枢、黄光国、杨中芳：《华人本土心理学》，重庆大学出版社 2008 年版，第 597 页。

正如 YXM 曾幽默地形容的那样，“出来后一些假朋友自然地被淘汰掉了”；而 CY 过去的朋友中继续保持来往的已不多，主要通过新的工作岗位慢慢地重建自己的社交圈子。像 CY 这种情况的也不在少数。那些因所犯罪行容易给一般公众带来心理阴影，出狱后尤其容易受到社会歧视的，比如犯盗窃罪、抢劫罪、故意杀人罪等罪行的假释人员，他们出狱后大多只能重建朋友圈子。当然其中也有一些人由于遭受社会歧视以及其他就业生活等方面的困难，而选择加入不良团伙中去。这种情况尤其应该引起社区矫正机构及全社会的重视和关注。

五、“糊糊拉倒”或重新犯罪

1. “糊糊拉倒”型的消极被动角色调整

上文用了较大篇幅阐述了那些主体性较强的假释人员是如何对主客观结构进行能动运作，以朝向他们的目标迈进的。之所以对上面的内容花费较多笔墨，一是因为在那些起初定位较高而遇到阻碍的被访者中，多数人发挥了较强的主体性能动地对主客观结构进行了运作以达到或者逐步达到其当初的目标，二是他们对主客观结构的能动运作过程确实是一个艰难而又复杂的过程，对这种复杂的过程进行详细的阐述，希望读者能够看到他们角色适应过程的曲折和艰难，同时也看到他们在种种困难面前积极能动地努力向好的一面，从而能够对他们多一些包容甚至伸手相助，帮助他们更顺利地融入社会。

相比较而言，遇到障碍便放弃原先定位的目标，转而对制约性因素顺应服从的被访者比较少，而且顺应服从是一种被动应对方式，其过程比较简单，没有太多的故事可讲，所以本部分“对结构的顺应服从”花费的笔墨较少，仅以两个典型案例为例，讨论他们采取顺应服从态度的主要影响因素。

案例 5.1：

LYN，女，1954 年生，大专文化，因受贿罪被判处有期徒刑 5 年，在监狱服刑2年7个月，社区矫正期2年3个月。

“我是农村出生，通过上学，当上了护士，做了23年护士，后来当了10年护士长，再后来改行，被调到民政系统做干部，在民政系统不同的单位做过领导，最后在临退休前出事了，主要是单位搞工程出事的。如果不出事，我是副处级干部退休。我当时在监狱里面想，以后出来还要大干一番，让别人知道我某某人还是女强人。后来出来后，我发现这个社会不同了。我当时刚出来不久，有个老板在无锡做工程，想叫我去替他把把关，但是社区矫正期间不方便外出，家里也不支持我去。后来有人介绍我到三森公司做销售，但做销售要接触人，接触人总觉得自己现在说话不像以前硬气了，见到熟人，我总是想躲，不想跟他们说话。过去有权有势的，大家都是认识你的，你现在变成这样子，好像怕人家讥笑。后来想想再熬过社区矫正两年三个月，我都61岁了，还能干什么呢，我也不想再干了，安安稳稳地过过平淡日子，在家里帮他们（老公、儿子）把把关，等儿子结婚有小孩了带带小孩算了。所以，现在我就是个家庭主妇，在家里打扫打扫卫生，做做饭，洗洗衣服，看看电视，养养花，就这样一天一天也就过去了。反正我老公退休工资也有三千来块钱，我们两个人节约一点也够用了，钱嘛，多就多用，少就少用。”

案例5.2：

CMI，男，大专文化，1963年生，曾在中学执教多年，后到教育管理部门从政，因受贿罪被判处有期徒刑10年，在监狱服刑8年，社区矫正期2年。

下面是笔者对CMI的一段有关工作情况的访谈记录。

访问者：“那您工作方面怎么样？”

被访者：“我现在就服侍家人，老丈人生病了，瘫痪在床，需要人照顾。”

访问者：“在您服侍老丈人之前做过什么工作？”

被访者：“做过工程，打过工。”

访问者："朋友介绍的？"

被访者："是的。就是感觉有些不适应，就不做了。"

访问者："是哪些方面不适应？"

被访者："七八年过来，观念有点不一样了，现在比较实际，过去不好意思开口，现在不好说，都是市场化了。像我们没有专业技能的打工工资是比较有限的，人家不可能给你开多高的工资的。以前想着出来后还要好好干一番事业，但是出来以后发现没那么容易，特别像做工程这些事情并不像我想象的那么简单，我以前在教育系统，也没有做过工程，没有经验。现在我也想得开了，只要生活能维持就行了，不用那么辛苦。"

上述两位被访者起初都想过干一番事业，但最终都放弃了原来的想法，退回到家庭。之所以做出这样的调整，主要在于在多种阻碍性因素的制约下，个体没有很强的与这些阻碍因素抗争的主体意识，相反，他们对这些阻碍性因素选择了顺应服从。比如，LYN 之所以最终没有外出工作，一是社区矫正制度对外出的限制，二是觉得自己从原来的有权有势，沦落到这个地步，怕被人讥笑，从而采取躲避方式，退回家庭做家庭主妇。而 CMI 原来做过教师和教育管理，出狱后做工程没经验，打工又对当前的市场化观念不适应。做工程、打工都不顺利、不适应，刚好家里老丈人生病需要人照顾，他便退回家庭照顾老丈人。虽然 LYN 有年龄因素、性别因素的影响，CMI 有家庭因素（老丈人需要照顾）、技术因素的影响，但这些因素起作用的前提还是当事人主体性的强弱，尤其像 CMI，48 岁对于一位男性而言，应该是正当壮年，像上文提到的 JZQ 比 CMI 还大 3 岁，但仍然想方设法要干出一番事业。

2. 重新犯罪：对结构另类抗争的破坏性角色调整

案例 5.3：

ZP，男，53 岁，早年在某国有企业上班，正值严打期间，ZP 因盗窃国有资产被判处无期徒刑。ZP入狱后不久，其妻便起诉离婚，带着年幼的女儿改嫁。ZP在狱中积极表现获得减刑，并于2011年假释。回归社会后，ZP发现社会发生了巨大的变化，而他却因为年龄、缺乏技能、服刑经历等因素无法寻得稳定工作安身立命，只能依靠低保度日。ZP不久便又走上偷盗老路，被收监。

案例5.4：

ZZ，男，46岁，20世纪90年代曾从事钢材生意，生活比较富裕。ZZ为人义气、出手大方，很快结交了一群酒肉朋友，在与朋友交往中沾染上赌博的恶习，多次受到公安机关处理。因为赌博，ZZ的生意开始走下坡路，生活条件每况愈下，其性格也日益暴躁，在一次纠纷中，ZZ将他人打成重伤，被法院以故意伤害罪判处5年徒刑。获得假释后的ZZ没了生意，生活窘困，巨大的落差使其性情大变，经常酗酒。在一次酒后ZZ认为酒店服务态度不好，便打砸店内物品，并袭击出警的执法人员，最终因寻衅滋事和妨碍公务被判处有期徒刑1年10个月，并撤销假释，重新押回监狱。

上述案例中，ZP出狱后，受“年龄、缺乏技能、服刑经历等因素”的制约无法寻得稳定工作，于是重新踏上偷盗之路。ZZ虽然不是由于赌博而重新犯罪，但是他在假释后面对困窘的生活，意志消沉，经常酗酒，最终因酒后寻衅滋事而重新入狱。这些重新犯罪的人员大多是因为没有能够突破出狱后结构性障碍的限制，反而通过消极的、破坏性的、危害他人和社会的方式宣泄不满或获取利益，此处称之为对结构的另类抗争。默顿在《社会结构与失范》一文中，曾对结构与越轨行为的关系做了经典说明。他认为在社会和文化结构的诸要素中，有两个方面是最重要的：一是文化上明确规定的目标；二是社会结构所限定的达到这些目标的合法方式。为达到这些目标，每个社会群体都把自己所期望的目标与道德容许的或传统的标准相联系。只有这两者之间的平衡使遵循它的人感到满意，这种平衡才能保持下去。而有些假释人员却由于自身的技能、年龄、犯罪经历等种种因素的制约，缺乏达到文化目标的手段，于是采用非制度化的手段去追求文化上的目标，从而重蹈覆辙，重新走上违法犯罪之路。

第六章　重整期：角色实践与整合

在经历过角色认知与定位后，假释人员进入角色探索阶段。那些初始定位比较准确者探索过程一般比较顺利，能较快进入角色整合阶段。而那些定位错误者则经历了角色冲突以及对冲突的反思性监控后进行了角色调整，方实现较准确的角色定位，然后才进入角色实践与整合阶段。本章主要从工作、人际交往、心理三个主要维度探讨假释人员角色整合的过程和特点。

第一节　工作整合：平稳型整合或发展型整合

“人类社会行为是由其周围（物质的和社会的）环境方方面面的象征性标定所组织起来的。其中最为重要的标定是人们在社会结构中所占位置的象征符号和其所联系的意义。与他们所占的位置紧密相连的是关于他们如何充当角色，以及一般而言如何处理好自己与他人关系的预期。”①在人们所充当的角色中，职业角色是一种非常重要的角色，因为职业角色涉及个体的收入、社会地位等诸多方面。假释人员在出狱后，若能够获得适合自己的工作并适应此工作，其总体的社会适应状态会得到很大的改善。所以本节首先讨论假释人员的工作整合问题。

工作整合指个体进入某个职业或某个劳动岗位，并基本适应了此职业或劳动岗位的环境，包括对该职业业务内容的适应、劳动手段的适应、劳动方式的适应、作息时间的适应、作业环境的适应、管理制度的适应、人际关系的适应、组织文化的适应、团体心理的适应等。② 这里的工作整合也可以理解为假释人员在再社会化的过程中作为劳动者的再社会化过程。所谓劳动者社会化，指的是社会将一个普通社会人转变成一个能适应一定的社会和时代文化，掌握社会所需要的劳动技能和必要的劳动规范，适应工作环境的文化，从而履行合格的劳动义务的过程。③ 根据此定义，假释人员作为劳动者的再社会化指假释人员经历一段时期的监禁生活，回归社会后重新适应社会和时代文化，掌握社会所需要的劳动技能和必要的劳动规范，适应工作环境的文化，从而履行合格的劳动义务的过程。假释人员作为劳动者的再社会化包括三个方面的内容。其一，掌握一个职业角色所必需的知识和技能。其二，了解工作环境的文化。假释人员在一定的社会分工体系下进行劳动，会受到一整套习俗、惯例、公约、制度等的制约，对于脱离了一段时间重新加入的劳动者来说，往往对这些工作环境的文化有一个了解、抵触、遵守到同化的过程。只有顺利地完成这个过程，才能成为一个合格的劳动者。其三，尝试身份的转变，使职业角色内化为个人的价值。即假释人员对工作

---

① ［美］乔纳森·H. 特纳：《社会学理论的结构》，邱泽奇、张茂元等译，华夏出版社 2006 年版，第 39 页。

② 谢俊贵：“职业转换过程的职业社会学论析——基于失地农民职业转换的观察与思考”，载《广州大学学报》（社会科学版）2013 年第 5 期。

③ 袁方、姚裕群：《劳动社会学》，中国劳动社会保障出版社 2004 年版，第 69 页。

环境文化的适应不仅包括社会性的内容，也包括心理性的内容。[①]

本书的26位被访者最后一次接受访谈时，有4位由于年龄、性别、家庭阶段性功能的需要（ZM、LYN、XLI、CMI）主动放弃就业，有2位（XXN、QXI）仍然没有实现就业，尚处于摸索阶段，有5位（HJK、JZQ、WX、CS、CJ）自主创业或承包工程，其余的15位在私营企业打工。除了2位尚处于就业摸索阶段的被访者，其余的5位自主创业或承包工程的被访者以及15位打工者都基本实现了工作整合。

此处需要专门讨论一下主动放弃就业，选择在家里扮演家庭照顾者角色的4位被访者的工作整合问题。虽然他们从事的并非社会性职业，没有经济报酬，但他们对自己所从事的工作——家务劳动能够较好地认同，认识到这种劳动对家庭的意义，从中感受到自我的价值，所以我们也称之为工作整合。4位主动放弃就业的被访者中有1位男性、3位女性。男性被访者CMI是在私人企业打工感觉不适应后，回归家庭照顾瘫痪在床的岳父的。他对自己选择家庭照顾者的角色是这样解释的："（从监狱）出来后靠亲戚朋友照顾做点事情，但是靠别人照顾做事情我也做不来，所以还是不做了。在（监狱）里面待了七八年，七八年过来观念有点不一样了，现在越来越市场化了，越来越实际了，像我这样没有专业技能的，在亲戚朋友家厂里干活人家也不会开多高工资给你，后来刚好老丈人生病，需要人照顾，请个保姆也要花很多钱，我就索性自己在家里照顾老人家了。之前对他们亏欠得太多了，现在照顾照顾，也算是弥补弥补。"CMI是在参与社会就业不适应、对自身的人力资本客观评估后，选择回归家庭照顾老人的。对于自己的选择，CMI说："现在也想得开了，生活过得去就行，不用那么辛苦。"而且，从心理上，他觉得照顾老丈人也是对之前因坐牢而未能尽孝的一种弥补。可见，经过一番调整和适应，他已经能够接纳自己当下的处境。3位女性中，ZM和XLI分别由于身体欠佳、照顾小孩的需要及躲避债主等原因选择待在家里做做家务，她

① 袁方、姚裕群：《劳动社会学》，中国劳动社会保障出版社2004年版，第69—70页。

们二位对于家庭主妇的角色在出狱前就有思想准备，因此从一开始就能较好地适应。ZM说："我在监狱里第三个月开始感觉手疼，回来后医生检查说是腱鞘炎、风湿，可能我本来身体里就有湿气，再加上监狱里阴暗潮湿就发作了。我出来后就没打算找工作，一是在家里养养身体，二是照顾儿子。儿子下半年上初三，是关键时期，我要好好地照顾他。我出事后，儿子的学习成绩明显下降，现在我回来了，他很开心，我也要好好照顾他，让他争取把成绩提上去。"XLI是由于非法放高利贷而犯罪的，她从监狱假释回来，担心债主们知道她回来了要上门讨债，所以她一般不出门，就在家里做做家务，照顾一下家里的老人。而另一位女性被访者LYN犯罪之前曾是事业型女强人，出狱后对于家庭主妇的角色经历了一个较长时间的整合过程。

下面重点讨论LYN从事业型女强人到家庭主妇角色的调整和适应过程。

一、无工资性收入的劳动者：从苦闷到释然

LYN曾是某事业单位领导。她自认为是女强人，在监狱服刑期间甚至刚出狱时，还打算轰轰烈烈干一番事业，以证明自己的能力。但经过一段时间的思考和观察后，最终选择回归家庭做家庭主妇。她说："（从监狱）出来后，我发现这个社会不同了，家里人也不支持我出去做事，儿子和老公都说，你苦还没吃够啊。再熬过社区矫正两年三个月，我都61岁了，还能干什么呢？我也不想再干了，安安稳稳地在家里待着，等儿子将来结婚了，生个孩子给我带带，我这辈子也就心满意足了。"LYN迫于"这个社会不同了"这样的现实境况并综合家人的意见，选择待在家里，不再出去工作。即便是综合权衡的结果，但是从事业型的女强人到家庭主妇的转变也需要一个适应的过程。在此过程中，LYN主要在作息时间、人际关系以及经济状况等方面经历了一个从不适应到调整再到适应的过程。比如在作息时间和人际关系方面，LYN起初待在家里感到最大的问题是时间太多，没事干，又不愿意与其他人交往，所以感到孤独、苦闷。当笔者第一次对LYN进行访谈时，她已假

释出狱半年，但对家庭主妇的生活仍然不太适应。她说："我现在一点收入也没有，老公为了多挣点钱，退休了又到朋友开的旅游公司帮忙，儿子在外地上班，所以白天我就一个人待在家里，感觉闷得慌，但是我一般也不愿意出去的，怕见到以前的下属。"当笔者时隔一年，第二次对LYN进行访谈时，她已基本适应了家庭主妇的生活。她说："我去年跟你说在家里无聊，后来我就种种花，搞了些盆景，每天做做家务，浇浇花，看看电视，时间也就过去了。儿子说，家里被我搞得老漂亮的。以前在单位做领导，工作忙，哪有工夫在家里养花，家务都做得很少，家务主要是找钟点工做的，现在在家里做做家务，养养花，美化美化环境，家里弄得整洁漂亮了，全家人住着也舒服，儿子夸我把家里打理得好，我心里也挺高兴的，感觉自己即便做家务也是有价值的。现在没有退休工资了嘛，就节约一点，不找钟点工了，自己做做。其实自己做做家务，打理打理家里挺好的，总归比钟点工做得好，而且做做家务还能锻炼身体。出来以后，早晨晨练也不去了，晚上广场舞也不跳了，不好意思出去锻炼嘛，就在家里做做家务，锻炼锻炼，活动活动。现在是无官一身轻，全心全意为家庭服务，也不错。今年嘛，我妹妹家的外孙女没人带，放我这儿让我带，我想想反正我也没事干，刚好带带小孩打发打发时间，这个小女孩21个月，很乖，很可爱，每天跟她在一起也挺愉快的，现在感觉时间过得很快，一天天很快就过去了。"在经济方面，LYN起初非常不适应自己没有收入的现实，觉得自己花老公和儿子挣的钱不硬气。特别是当公务员和事业单位上调工资的时候，她就感到心理不平衡。她说："我在家里也会乱想，就拿上次加工资来说，像我们这个级别的退休工资，坐在家里就涨1 000元，我就想啊，恨啊，恨自己当初没有把握好，头脑里的弦没有绷紧，临退休了出事了，现在退休金一分钱也没有，更别谈涨工资了。儿子劝我别想太多，他说，我需要用钱他给我。我说这不同的，儿子，无论你一年给我多少钱，我的心里总是不舒服的，我要是自己有几千块退休工资，在儿子面前老公面前，我口气才能硬。人家好多父母都能给儿子钱，我现在不但没给他钱还要问他要，将来儿子结婚了，再好的媳妇也是其他人，我不能老靠儿子，我要为他想想，所以有时候我也心里发慌。”后来在家人和朋友的开导下，LYN逐渐调整了心态，接纳自己没有退休工资的现实。笔者时隔一年再次对她进行访谈时，看出她的心态已经好了很多。她说：“我儿子说，妈妈你不要把钱看得太重，你只要有得吃有得穿，你走出去不比人家穿得差，生活不比人家过得苦就行了。别的亲戚朋友也劝我说，你有这么好的儿子，真的不错，你不要想太多，不要担心太多，人家儿子想不开的话，老妈犯罪了可能根本就不理不睬，更不谈什么孝顺了，你儿子对你这么好，你该高兴才是。我想想也是啊，看在我儿子的面上我什么想法都没有了，反正过一天算一天，我都 60 岁了还能过多少年啊。再说，我老公退休工资也有 3 000 多，我们两个人吃穿也够用了，年纪大了也用不了多少钱，钱多多用，钱少少用。我现在也想通了，反正过去也过去了，想这么多干吗，看得太重也太累了，你老是把这件事情放在心上放不下来太累了。所以我一般不会像刚出来时想那么多，只有偶尔遇到具体事情的时候还会有点想法，但想想老公和儿子都对我这么好，从来没有嫌弃我没有收入，他们对我几乎是百依百顺，我还有什么可说的，应该知足了。我现在就当自己退休了，过过平淡日子，挺好的，比上不足，比下有余。”LYN 经过一年左右的时间，逐渐适应了家庭主妇的角色，她通过养花、美化家居环境、给亲戚带孩子等做法充实自己的生活，并从中体会到自己的价值，感受到生活的快乐。对于没有退休金的问题，她通过调整心态，转变观念，认为“做家务不仅可以省去请钟点工的钱而且可以锻炼身体”，“老公 3 000 多元退休金两人够花了，钱多多花，钱少少花”，从而说服自己接纳现实，享受平淡的生活。

二、打工者：从“生存”到“生活”

根据上文工作整合即劳动再社会化的含义，这里着重从打工者所具备的知识技能、对工作情境中文化的适应以及对工作的认同三个方面讨论他们的工作整合（适应）过程。

从所具备的知识和文化程度来看，15 位打工者中，3 位大学文化，2 位高中或中专文化，其余均为初中及以下文化水平。从技能来看，有1位是监理工程师（CJS），在朋友的监理公司做副总，他说技术上问题不大，在没出来工作之前把近几年的新知识新标准看看就可以了，主要是心理上有些不适应（这将在下面心理认同方面详细讨论）；1位犯罪前是银行会计兼管理人员，并且会小轿车驾驶技术，拥有C1型驾驶照（CY），由于曾经犯了挪用公款罪，一直未能找到会计工作，最后无奈之下找了份给私人老板开车的工作；另外还有3位（GK、SG、CJG）也利用小轿车驾驶技术给别人在市区内开车送货或从事驾校教练工作；其余人员都没有一技之长。从知识和技能对所从事工作的适应性来看，有一技之长的人更易于适应所从事的工作，但没有一技之长的人对其劳动内容和劳动方式也能较快地适应，因为他们大多从事技术含量较低的体力劳动，如搬运工、洗车工。虽然是比较重的体力活，但迫于生存压力，他们一般都很珍惜亲朋好友帮忙介绍的这份工作。比如在装潢材料公司做搬运工的TGK告诉笔者，他出狱后第一份工作就是朋友介绍的这份搬运工工作，直到笔者再次访问他时他还在做，他说老板很喜欢他，因为他做事很认真、很勤快。他出狱后妻子跟他离了婚，一无所有，能有这份工作提供收入来源自己非常珍惜，而且他每个月还要提供正在上中专的女儿的生活费，为了自己疼爱的女儿过得好一些，他愿意吃苦，他说自己跟犯罪前判若两人；犯罪前吊儿郎当，根本不愿意干这种重体力活，但现在心态变了，主要是为了女儿，不愿意重新走上违法犯罪的道路。再如，出狱后起初在姐姐家的汽车美容店做洗车工，后来因该店经营不善关闭而又到一家卖打印设备的公司做搬运工的LY说，只要肯吃苦，这些活对于一个成年人来说，都是可以胜任的，比如做洗车工的时候，客户就喜欢让他洗车，夸他车洗得干净，“把门把手、驾驶座附近等车主容易看到的地方擦得干干净净的，他们肯定没话说”。当然在调研过程中，社工也反映，有些假释人员既没有一技之长又不能吃苦耐劳，他们拈轻怕重，经常处于失业或半失业状态。这些人很容易重新走上违法犯罪之路。所以，对于那些服刑人员，应该自入狱之日起，就从有利于他们再社会化的角度出发，加强对他们的职业技能培训以及劳动观念的矫正。

从工作情境中文化的适应来看，笔者主要关注与此工作有关的一整套习俗、惯例、公约、制度等，比如作息时间、管理制度、人际关系、组织文化等方面。多数被访者，尤其是那些在监狱服刑时间较长的人表示，刚出狱时，对于社会中越来越功利化和拜金的现象不太适应，但过了一段时间后也就习惯了，到走上工作岗位时，对私人企业看重利润、看重效益、管理严格、作息时间长等情况早有思想准备，自己能够自觉地履行自己的职责，勤奋工作，获得老板的认可。另外，值得一提的是，调研中有被访者反映，由于监狱里劳动是积分的重要来源之一，想要获得减刑或假释的人，一般都会拼命地干活，久而久之，就养成了勤勉劳动的习惯，刚到社会上的企业打工时，自己兢兢业业，不知偷懒地干活还曾遭到同事的嘲笑。这从一个侧面反映了监狱对于犯人良好的劳动习惯的养成是有帮助的。不少被访者都提到，在社会上上班还是比监狱里自由多了，所以对于作息时间、劳动强度、管理制度等方面都能够较好地适应。但是，在人际关系方面，假释人员由于犯罪人身份的自我污名效应，不少人总是对别人存有戒心，与同事相处时总是小心翼翼，害怕别人拿他的犯罪人身份说事。比如，在一家监理公司做副总的 CJS 说："感觉跟同事们交往还是与以前不同，自己总是小心翼翼的，害怕万一得罪了别人，别人说你不就是个劳改犯嘛，要是遇到这种情况，恐怕要三天睡不着觉。"有的人是通过网络找的工作，单位所有人包括老板都不知道他们的假释人员身份，他们会非常谨慎地守住这个秘密，尽量不暴露自己的身份，因而在人际交往方面也是非常谨慎的。当然，也有一些心态好的人比较看得开，比如 LY 就说："其实别人知道我的过去也没有什么，犯罪主要是那时候年轻不懂事，我会用现在的表现来证明我是个怎样的人，用行动获得别人的认可。你现实中做得好的话，人家也不会老盯着你的过去，他们一般也不会刻意去提及你的这段历史。所以我工作一段时间后，跟同事关系蛮好的，经常在一起吹吹牛，有时候还聚一聚，吃吃饭。所以我感觉挺好的，通过工作渐渐有了自己新的交往圈子。"

从心理认同方面来看，那些没有一技之长的打工者大多能够从心理上认同自己的工作。他们大多数都说："我们这些人文化水平不高，又没有什么技能，只能打打工，干些比较苦的活了。现在觉得只要平平淡淡，能养家糊口，家人平平安安就好，老老实实做人，踏踏实实做事。"倒是那些文化程度较高，犯罪前有稳定职业，尤其是体制内的人，假释后因种种原因不能从事原来的工作，在心理上对自己的打工身份较难建立认同感。比如，上文提到的犯罪前在某国有银行做会计兼管理人员的CY说："现在这份工作只是过渡，先做起来，生活先维持起来，等到将来有条件、有机会了，我肯定想办法自己做(生意)，虽然这份给别人开车的工作一直在做，只是我目前还没有更好的选择。如果有更好的选择，我肯定要换掉这份工作。说实话，这份工作跟我以前的工作是没法比的，无论从工作待遇还是工作环境上来讲。"

总体而言，15位打工者对打工生活还是比较适应的。无论是有一技之长还是没有一技之长的人对于工作内容都能较快地适应。虽然有些人在工作中的人际关系方面仍有一定程度上的不适应，但这没有影响到他们的工作，只是他们自己内心有所顾虑，但随着时间的推移，这种顾虑应该会淡化。至于对工作的心理认同方面，只有少数犯罪前工作状态及收入显著高于目前状况的人在短时间内不太认同当前的工作。但几乎所有的被访者，包括心理上仍不太认同目前工作的人都反映，工作以后很快就适应了，觉得自己像个正常人了，心里也不再那么迷茫了，有事做就好，跟别人一样该上班就上班，该下班就下班。虽然他们一开始可能是出于生存需要而出来打工，但一旦找到了工作、适应了工作，打工生活就成为一种生活方式。即便其中不少人工作并非那么稳定，甚至经常换工作，但这种打零工的生活方式也已成为常态。所以说，对打工者而言，他们的工作整合过程就是一个从生存所需到正常生活方式的转向过程。对于假释人员的社会适应来说，工作是一个非常重要的转折点，因为工作使他们建立起了正常的生活方式，且提供了一个融入社会的平台。

三、先打工后创业者：从生存到发展

第四章曾提到 HJK 的案例。HJK 出狱初期只是出于“不能总是靠父母，至少得自己养活自己”的考虑而到堂姐夫开的面馆里打工，也就是说，他最初打工的目的是为了生存，为了养活自己。当笔者问他今后有何打算时，他只是说先把手头的事情做好，还不敢奢望自己有怎样的更大的事业发展。但随着他在打工过程中技术能力的提升和经验的积累以及责任感的进一步加强，加之家人在经济上的支持，他第二年就投资跟堂姐夫合伙开了分店，而且坚定地说，要把这个面馆当事业来做，做成百年老店，给后代留下点什么。HJK 从开始时只是为了生存，不敢对未来有更多设想，到后来的要把面馆做成百年老店，有了明确的职业追求和规划，实现了从生存向发展的转变。“一个个体寻求新的身份时，责任担当就会沿着反映新价值观念身份的方向变化。这样，当个体发展新身份的责任担当时，当他们的自尊有赖于这些身份责任担当的有效执行时，文化价值就迫使新身份的建构向增加文化定义与角色履行之间的调适一致性的方向运动。”[①]正如斯特赖克（Sheldon Stryker）所说，随着人们对身份的担当和这些身份在显要序列中的提升，他们会通过更大的文化定义和规范期望来估价自己的角色履行，而估价的做出，又更有利于他们对身份的担当。HJK 从开始时只想承担起一个成年人应该承担的责任——要养活自己，不能总依靠父母，到后来要把开面馆当事业来做，有了更大的责任担当，此过程中，他实现了从打工者向老板的身份转变。随着新身份的建构以及该身份责任担当的有效执行，他的自尊心也越来越强，逐步实现了从不敢奢望有何追求到有明确职业目标和人生追求的跨越，从而实现了自我整合。当然这里必须强调的是，HJK 比较顺利地从打工到创业的工作整合，是其自身“要重新做人，不能再做纨绔子弟”的决心、亲友对他的就业以及经济上的支持综合作用的结果。

---

① ［美］乔纳森·H. 特纳：《社会学理论的结构》，邱泽奇、张茂元等译，华夏出版社 2006 年版，第 350 页。

四、创业者：从"谨慎起步"到"做大做强"

上一章提到的JZQ走的是一条谨慎迂回的创业之路。他首先从投资风险较小的海鲜礼品店做起，通过开海鲜礼品店，他重建了人脉，赚取了利润，增强了自信，从而为他做更大的生意——开工程公司打下了良好的基础。当他重新做回自己擅长的老本行时，他更加自信，踌躇满志：立志要将公司做大做强，创出品牌。可见，他已真正实现了工作整合。

JZQ的做法对于其他假释人员或刑满释放人员非常具有借鉴意义。作为一个有过服刑经历、容易遭受社会歧视的群体，他们的创业之路注定会充满挑战，比如在资金的筹措或人脉的建立方面，他们往往会遇到挫折。不少学者在调研中发现，假释人员、刑释人员或者社区服刑人员往往由于犯罪而社会地位下降，从而导致别人——包括原来的亲戚朋友——的不信任，所以他们筹措资金会非常困难，很多人不愿意借钱给他们。JZQ的聪明之处在于，他量力而行，根据自己的积蓄情况，开了海鲜礼品店，不需要向亲友借钱，但海鲜礼品店开张时邀请了亲朋好友，亲朋好友到他店里买东西就可以成全他、帮助他，而不需要冒什么风险。所以，JZQ创业之路的可借鉴之处在于：第一，作为一个抗风险能力极其脆弱的群体，假释人员或刑满释放人员在创业时一定要从风险较小的、自己能够承受的生意做起；第二，若想得到亲友的帮助，自己应设法搭建一个平台，让亲友能够借此平台对你进行帮助而他们又不需要冒太大的风险，这样才能易于得到亲友的帮助。

此处，笔者想到了中央电视台《今日说法》栏目曾播放的一个非常令人遗憾也非常令人震惊的案例：四川刑满释放人员张某决心干一番事业，其父将所有的积蓄拿出来帮助他开办了养鸡场，养鸡场生意兴隆，一时间引起媒体广泛关注和报道。张某此时也信心百倍，状态很好，还结交了女朋友。但遗憾的是，一场瘟疫使得张某的养鸡场惨遭灭顶之灾，张某投入养鸡场的钱本利无归。此时，女朋友在家人的劝说下也向张某提出分手。张某在遭遇创业失败、爱情受挫的情况下自暴自弃，最后将女友杀害，重新走上了犯罪之路。该案例血淋淋的教训告诉我们，假释人员或刑满释放人员是一个非常脆弱的群体，他们的创业之路通常充满挑战和艰辛，他们一旦创业失败，很容易破罐子破摔，做出极端不理智的举动。所以我们建议政府和社会一方面给予假释或刑满释放人员的创业一定的帮助，同时还要建立风险防范机制，防止他们因创业受挫而做出极端举动。

第二节　人际整合：退缩型整合或拓展型整合

荀子说："人生不能无群。"马克思亦指出："人不是抽象的蛰居于世界之外的存在物。人就是人的世界，就是国家、社会。人的实质也就是人的真正的共同体。"[①]群体性乃人的本性。人际交往便是人的群体性的表征之一，是人类生存的基本需要。"人际交往是指人与他人之间在心理与行为上的互动，它反映了人与人之间在内心、情感方面的全部交往。"正是通过与他人的互动，个体才能满足其心理及社会方面的各种需求。"由于他们的需要即他们的本性，以及他们求得满足的方式，把他们联系起来（两性关系、交换、分工），所以他们必然要发生相互关系。"[②]布劳说："人类大部分的愉悦都根源于社会生活。无论我们是在考虑爱情还是社会权力、职业上的赞誉还是社交上的友谊、家庭生活的舒坦还是竞争性运动的挑战，个体所体验到的满足感都取决于其他人的行动。"[③]在社会和文化领域内，人际交往更被看作人们进行意义建构、趣味区分、文化分类和社会关系再生产的过程。[④] 假释人员在出狱初期，或多或少都感受到了人际的疏离及交往的不适，但随着时间的推移，他们都在逐步地重整自己的人际网络。无论这种人际网络较犯罪前

---

① 马克思、恩格斯：《马克思恩格斯选集》第一卷，人民出版社 1995 年版，第 501 页。
② 马克思、恩格斯：《马克思恩格斯全集》第三卷，人民出版社 1995 年版，第 514 页。
③ ［美］彼得·M. 布劳：《社会生活中的交换与权力》，李国武译，商务印书馆 2012 年版，第 52 页。
④ 李运庆："区隔与认同：农民工子弟的人际交往现状研究——以南京市一所民工子弟学校为例"，载《青年研究》2006 年第 5 期。

有怎样的变化，他们都在以自己的方式尽力重新达成与周围环境系统的和谐与平衡以及自己内心的宁静。这就是此处要讨论的假释人员社会整合的第二个重要层面——人际整合。概括来讲，假释人员的人际整合主要呈现为退缩型人际整合和拓展型人际整合两种类型。

一、退缩型人际整合

1. 退缩型人际整合的含义

退缩型人际整合是指假释人员出狱后人际交往范围较犯罪前缩小，而且本人主观上缺乏恢复原有人际网络及拓展新的人际网络的动机，随着时间的推移，逐渐适应了这种较为狭窄的人际交往范围的状况。本研究中的26名被访者中，共有5名被访者属于退缩型人际整合，这5名退缩型人际整合者有3名（LYN、XLI、CMI）在家里从事家务劳动，他们的人际网络明显比犯罪前缩小，而且本人基本适应了缩小了的较为狭小的人际圈子。当然，并不是说，在家里从事家务劳动，未外出工作的人都属于退缩型人际整合。比如ZM出狱后，由于儿子即将参加中考，加之其自身身体原因，选择在家里照顾家庭，但她认为自己的人际交往状况较犯罪前没有太大变化，因为犯罪前虽然上班，但与同事都没有深交，自己也没有要好的朋友，交往圈子主要是家人及很近的亲戚，现在主要的交往对象仍然是这些人。这些很近的亲戚主要是她的舅舅、阿姨之类的至亲，这些亲戚并未因为她犯罪而疏远她（当然亲戚没有疏远她，可能与她的犯罪类型也有关系，她是因宣传“法轮功”而犯了“利用邪教组织破坏法律实施罪”），所以她的人际交往圈子几乎没有受到犯罪的影响。在5名退缩型人际整合者中，另有2名被访者（PY、TGK）属于参加社会劳动者，他们虽然正常参加工作，但他们上班时几乎不与同事来往，下班后也几乎没有社交活动，他们的人际网络比犯罪前大大缩小。

2. 退缩型人际整合模式的主要影响因素

这里结合以下几个案例讨论退缩型人际整合模式的主要影响因素。

案例 6.1：

XLI，女，1955 年生，高中文化，犯了“非法吸收公众存款罪”，被判处有期徒刑 3 年 6 个月，提前 1 年 5 个月假释出狱。XLI 曾是工厂工人，后因工作环境导致职业病——贫血，便办理了提前退休手续，并获得了 16 万元的伤残补贴。XLI 用这 16 万元的伤残补贴于 1994 年开了个房产中介公司，边做房产中介边炒房。用 XLI 自己的话说，她抓住了中国房地产发展的黄金时期，赚了不少钱，随着财富的增多，欲望也不断膨胀，想赚大钱，最终走上了非法集资的不法道路。

“出事后跟朋友就疏远了，我借了他们的钱，又借给一个大老板，但是那个大老板跑了，我被骗了，这个钱又不在我这儿，我又还不起钱给我的那些亲戚和朋友，所以现在我的人际交往范围很小的，主要就在家里伺候伺候老人，老人也都八十多岁了。至于欠他们的钱，到时候法院判下来多少，有多少就给他们多少，反正我自己不可能拿一分钱的，都给他们，我只能这样说。我现在都 58 岁了，还能做什么呢？只有等法院宣判，看上家能赔多少就给他们多少，其余的我也没能力还了。我等假释期满，可以恢复领取养老金，但两三千块钱的养老金也只够维持生活的，到时候哪怕我自己省吃俭用，省下来的钱给他们一两千元，那是我的心意，其他我也没办法了。”（被访者 XLI）

案例 6.2：

PY，男，1957 年生，大学文化，因在领导岗位上利用单位名义搞建设开展寻租活动，收受他人贿赂，犯了“受贿罪”，被判处有期徒刑 10 年，提前 2 年 11 个月假释出狱。

被访者：“反正基本上就是说，和以前的朋友都不来往了。现在我的这种身份觉得没什么必要了，不知道他们怎么想的，反正是不来往了。”

访问者：“是您不想和他们来往还是什么？”

被访者：“对的。”

访问者：“那回来的时候，以前的朋友有联系您吗？”

被访者："不怎么联系，以前的联系方式也变了，就是想联系他们也联系不上。我也不想和他们联系。"

访问者："那您主要是跟家里人交往？"

被访者："跟亲戚还是联系的，主要是很近的亲戚，主要是兄弟姐妹，其他亲戚也不怎么来往。现在就是早晨上班晚上回来，看看电视，也没有什么娱乐活动，偶尔跟老婆到超市买买东西。"

访问者："那和厂里的同事相处得怎么样？"

被访者："我主要是做我的事情，他们做他们的，各干各的，就算认识，也没有什么交往。"

访问者："那以前很要好的朋友现在也不来往吗？"

被访者："我现在就打打工，能干一天是一天，直到干不动为止，能养活自己就够了，也不要干什么大事，不需要去建什么人脉。再说，他们发展得好，我这个身份和他们联系的话，不是自取其辱吗？"

案例 6.3：

TGK，男，1964 年生，高中文化，犯了"容留卖淫罪"，被判处有期徒刑 7 年，在监狱服刑 5 年，提前 2 年假释出狱。出狱后妻子提出离婚，自己的小家庭解体。原生家庭原本就支离破碎。TGK 6 岁时父母离异，母亲改嫁，父亲再婚，TGK 回乡下跟随爷爷奶奶生活，小他两岁的弟弟被送给姨妈。TGK 出狱时，爷爷、奶奶及父亲都已去世，与亲妈关系一般，与后妈本来关系就不好，加之在 TGK 服刑期间，其后妈将其拆迁的房屋擅自卖掉，转化为货币占为己有，导致他们的关系进一步恶化。在家庭成员中，唯有一个未成年的尚在上学的女儿是 TGK 的精神支柱，与其他家庭成员的关系，要么感情淡漠，要么有切齿之恨。

访问者："你现在人际交往情况怎么样？"

被访者："我现在不怎么跟别人交往，就是上班，下班以后就一个人喝喝酒，看看电视，写写东西，我也不喜欢跟别人在一起，因为我脾气本来就不好，喝点酒要是说话说不好吵起来，又打架什么的就不好了。”

访问者：“那你在单位跟同事的交往情况怎么样？”

被访者：“我基本上不跟同事交流，觉得跟他们谈不来，上班就各干各的活。下班后与同事也没有来往，我喜欢自己喝喝酒，写写东西，对着纸和笔说话，他们不能理解我的心境和痛苦。”

访问者：“你说的痛苦主要还是与后妈为房屋拆迁的官司问题吗？”

被访者：“除了与后妈的官司，还有我老婆跟我离婚，我很伤心。我太重感情了。”

访问者：“那你现在跟以前的朋友交往情况怎么样？”

被访者：“基本上比较好的朋友一年见个三四次，有的时候朋友家里有什么事啊，逢年过节啊，就见一见。平时也不怎么见面，他们有他们的生活。我现在就一个人打打工，等女儿中专毕业成家立业了，我就自己攒点钱将来住养老院。”

从上述案例我们可以看出，一些假释人员出狱后之所以呈现出退缩型人际整合模式，主要受下列因素的影响：

第一，犯罪行为破坏了原有的人际关系。上述案例中，XLJ 以高额回报为诱饵向亲戚、朋友非法集资，又以更高的利息将吸收来的存款借贷给所谓的大老板，自己从中渔利，而大老板逃跑，导致她亏欠亲戚朋友大量债务。她的这种行为造成了亲戚朋友的财产损失，严重破坏了与他们之间的关系，因此她对于原有的社交网络唯恐避之而不及。骆群对上海市的社区服刑人员的研究发现，不同的犯罪类型对于犯罪人的人际交往状况有不同的影响。盗窃、诈骗等财产性犯罪以及抢劫、故意杀人、故意伤害等暴力性犯罪的实施者遭受的社会网络排斥最大，因为大家都觉得这些犯罪人道德品质差，没头脑，甚至还可能有暴力倾向。① 这是从总体的客观的角度所进行的分析。

① 骆群：“社区矫正对象社会网络排斥的成因探析——以上海市为例”，载《内蒙古社会科学》（汉文版）2010 年第 2 期。

此处的退缩型整合和拓展型整合主要是从犯罪人员主观角度所做的划分，划分依据是犯罪人自己主观上是否愿意恢复原有人际网络和拓展新的人际网络。从犯罪人主观角度来看，有些犯罪人虽然客观上遭受较大的社会网络排斥，但为了生存或发展的需要，他们会积极发挥自己的主观能动性，避开原有的人际交往圈子，重新开辟新的人际网络，实现人际交往的跨界整合（这将在下文“拓展型人际整合”中详细讨论）。而此案例中的被访者 XLI 由于其犯罪行为客观上导致了对她的社会网络排斥，加之自身年龄较大（58岁），主观上不再有事业追求，她也不想拓展新的人际网络，因此她选择退缩于家庭度过晚年生活。

第二，身份地位的下降、经济的限制及其带来的自我排斥。许多学者从社会排斥的视角讨论了犯罪人因其罪犯身份而遭受的社会排斥。确实，自古以来，犯罪人因其违反了社会法规，给社会或他人带来了危害，一直受到社会否定性的评价。这种否定性的评价本身就是对犯罪人的一种排斥，犯罪人自身也会因为这种否定性的评价而对自己产生自我排斥，认为自己低人一等，没脸见人。此处从更加微观的层面，基于假释人员自身的角度，剖析其犯罪前后身份地位的巨大落差以及与自己原有人际网络中交往对象身份地位、经济状况等方面的差距带给他们的失落感、耻辱感，以及由此导致的社交退缩。从合法的社会公民沦落为犯罪人员，一般都会伴随着荣誉、经济等方面不同程度的贬损。而这一点在那些犯罪前身份地位比较高的政府官员、国有企事业单位领导等人的身上体现得尤为明显。在我国历来重视人的社会地位、对权力非常崇拜的文化传统下，从人上人的领导沦落到阶下囚，对他们而言无疑是一个巨大的落差和打击。这里的 PY 以及前一章提到的 LYN 就深深体会到了这一点。PY 直接说，以他现在的这种身份，他觉得没什么必要联系以前的朋友了，他们发展得很好，而以自己这种境况，去联系他们就是自取其辱。LYN 说：“出去聚的话，他们经济条件好，我要出钱他们又不肯，所以我也不好意思跟他们聚。”交换主义理论的代表人物布劳认为：“个体和群体对在投入和产出之间维持某种平衡并且不要在他们的社会交易中欠债感兴趣；因此，存在趋向于相互性的张力。”[①]亚里士多德也说，“平等是友谊的一个基本要素”，“在这些不平等的友谊中，一方所得到的以及有权从另一方要求得到的利益在每一方看来都不相同……例如，双方中较好的一方，或者更为有用的一方，或者更为高级的一方——这都是可能的情况——应该收到比他付出的更多的爱；因为当给予的爱与应得的爱相称时，在某种意义上，这就在双方之间产生了平等”[②]。对于 YLM、PY 等犯罪人员而言，与他们之前人际网络中的成员相比，无论在经济收入还是社会地位上，他们已与之相差甚远。为了维护自己的尊严，他们主动疏离了原来的朋友，加之自身年龄较大的原因，“也不要干什么大事，不需要去建什么人脉”“过一天是一天”的心理，他们便退缩到以家庭和最亲近的亲戚为主的核心网络中。

第三，糟糕的处境及孤独的心境。有些犯罪人员出狱后，家庭破裂，遭受巨大的精神创伤，加之就业困难等因素，往往导致他们心情非常压抑，甚至悲观绝望，对未来没有信心，退缩封闭。上述案例中 TGK 出狱后便面临这样的处境。像 TGK 这样出狱后孑然一身，居无定所的出狱人仍然占有一定比例。比如，本书样本中的另一位被访者 WZX 也是如此（WZX 的情况在前文已有所论述）。其他学者的实证调查也表明，刑释人员中，有 31.7%承认已经和家人疏远很多，还有极少一部分（3.3%）表示很难被家人接纳，在无工作或打零工的刑释人员中，有 4.9%报告说“很难被家人接纳”[③]。他们回归社会后一无所有，又缺乏家庭中亲人的支持和关怀，他们精神上非常孤独苦闷。虽然前文已提到司法所在物质上给予了 TGK 大力支持，比如帮助他申请低保及临时困难补助等，但是在情感和精神层面，遭受最亲密关系的排斥（比如夫妻离婚），导致严重的精神创伤，司法所的工作人员无论从能力和技术层面，还是从主观意识和精力方面，都难以满足他们的需求。TGK

① ［美］彼得·M. 布劳：《社会生活中的交换与权力》，李国武译，商务印书馆 2012 年版，第 68 页。
② ［美］彼得·M. 布劳：《社会生活中的交换与权力》，李国武译，商务印书馆 2012 年版，第 67 页。
③ 吴鹏森、石发勇：“社会资本和社会排斥：刑释人员回归社会的影响因素分析”，载《安徽师范大学学报》（人文社会科学版）2014 年第 5 期。

长期借酒消愁，他说自己一天喝一瓶白酒。也许是出于自尊，也许是确实认为别人不能理解自己，所以他们一般不愿向朋友吐露心声。在调研过程中，不少服刑时间较长的假释人员都说不愿将自己的烦恼跟朋友倾诉，因为“我们长期在（监狱）里面，他们在外面，不一定能理解我们的心情”（被访者 LY 的原话）。长期的独来独往和自我封闭，导致他们对未来生活没有积极的预期和打算，形成一种对现有处境的消极适应模式。

第四，没有自我发展的要求及个性因素。人是社会人，“个人只有在同社会、他人的交往中，才能使自身的力量转化为社会或他人的力量；同时，个人也从社会和他人那里获得新的力量。同样，个人也只有不断地进行交往活动，才能把自己置于更深更广的社会关系中，打上社会的烙印，增强自身的本质力量”①。那些具有强烈的事业心、还想“做点事”的人，出狱后会积极重建自己的人际网络。而在人际交往方面比较退缩的人，大多对未来没有太多的规划和发展要求。当然，并非所有没有自我发展要求的人在人际交往方面都比较退缩，比如有些性格开朗的人，即便他们没有事业追求和长远规划，而只是一般的打打工，他们也会积极地跟别人交往，比如在打工单位融入同事圈子，通过同事再结识其他朋友，从而使人际网络不断拓展。所以，除了没有自我发展要求外，退缩型人际整合者还与其他一些因素相关，主要有年龄和个性两个方面。年龄方面，那些年龄比较大、已经接近或超过退休年龄的人，觉得自己来日无多，也做不了什么大事情了，无须再去构建人脉，“糊糊拉倒”，LYN、PY、XLI 就属于此种情况。另一个影响因素是个性。那些性格比较内向又没有自我发展要求的人，他们往往比较封闭，对于因监禁生活而中断的人际网络不愿采取积极主动的态度，更不愿意去开拓新的人际网络。

当然，上述几大影响因素并非孤立存在，它们往往互相关联、相互影响，共同作用于假释人员的人际交往态度和行为。也就是说，部分假释人员往

---

① 骆群：“社区矫正对象社会网络排斥的成因探析——以上海市为例”，载《内蒙古社会科学》（汉文版）2010 年第 2 期。

往是在多种因素的共同影响下，最终形成一种退缩型的人际交往模式。

3. 退缩型人际整合模式的局限

退缩型人际整合模式的假释人员主观上缺乏积极拓展人际网络的意愿，他们的人际交往对象主要是关系亲密的家人和为数不多的朋友，甚至有少数假释人员家庭破裂、无家可归，几乎处于零交往、零支持状况。这种较为封闭的交往模式不利于假释人员获取更多的社会支持，导致其支持系统比较脆弱，当遭遇生病、失业等困难时，他们更容易感到悲观绝望，甚至重新走上违法犯罪之路。此外，这种交往模式主要依赖于家庭和少数亲密的朋友，一旦这些家庭及朋友成员由于种种原因减少甚至中断对假释人员的支持，将会给假释人员带来沉重打击。再者，如果交往圈子过于狭小，过于依赖于少数交往对象提供精神、情感等方面的支持，也会给这少数交往对象造成较大压力。比如LYN在多次接受访谈时都大力夸赞其儿子对她很孝顺，但有一次LYN提到，她儿子在工作单位遇到了一些不开心的事情，回家后，LYN又唠叨催促儿子尽快恋爱结婚，她对儿子说："你迟迟不结婚，人家不会笑话我们家吗？说这小伙子长得这么神气，工作又好，这么大没找到对象，肯定是由于他妈妈犯罪导致的。"听了这番话，在心情本来就不好的情况下，她儿子冲她发火道："照这样说，没找到对象是我的错咯？"听了儿子这句话，LYN说她当时又伤心，又愧疚，觉得自己对不起儿子，就号啕大哭。"事后儿子虽然心情不好，但还是打起精神向我道歉，说不该向我发火，还安慰我不要太在意那事情（指犯罪）。现在想想，我给儿子太大压力了。"确实，正如LYN所说，由于交往圈子太小，退缩型人际整合模式的假释人员把所有的情感都寄托在有限的交往对象身上，给这些亲密交往的对象造成了较大的压力。

二、拓展型人际整合

1. 拓展型人际整合的含义

在人际整合方面，除了少部分人由于上述种种原因采取退缩型整合模式，以及一些过失犯罪等容易得到社会大众谅解，对人际关系负面影响较小的犯罪人出狱后人际交往状况很快恢复原状的，大多数人采取的是拓展型人际整合模式。这里所说的“拓展”，强调假释人员出狱后，在原有的人际网络发生某种程度断裂的情况下，其主观上有意识地积极采取措施修复或重建人际网络，即强调主观上的积极性。

2. 人际网络拓展的方式

网络拓展方式主要包括旧网络的修复和延展以及新网络的构建。

首先，原有人际网络的修复和延展——关系认同法则的运用。假释人员出狱后，一般都会从旧网络的修复开始，逐渐拓展自己的人际网络。正如被访者 CY 所言：“我们（从监狱）回来，首先接触的是家人，然后就是以前的熟人，比如亲戚、同事、朋友啊。我们不可能到大街上拉一个人说我想跟你交朋友。我们想要重新开始，必须要跟人打交道。跟人打交道，首先就想到以前的熟人。”在与以前的熟人进行接触的过程中，大多数人感受到了“患难见真情”，“一般的朋友都淘汰了，现在仍然交往的都是真正的朋友和至亲”（被访者 YXM 的原话）。所以，多数人出狱初期修复的关系网络都是首属群体的关系网络。这些首属群体的成员主要包括关系好的战友、朋友、同学、发小、徒弟、亲近的亲戚等。比如 JZQ、YXM 提到了战友，类似他们这样曾经有过当兵经历的人大多会提到战友对自己的不离不弃。再如，CJG、LY 都提到了以前要好的朋友对自己的帮助。周建国在对东北农村礼物交换的研究中发现，理性计算、道德义务和情感联系对人际关系的建构有着重要的影响。[1] 同样地，这三种因素在假释人员人际网络的修复中也具有重要的作用。一般的假释人员因犯罪入刑，财富、权力等方面都大受影响，甚至荡然无存（当然，并非所有的假释人员都处于落寞境地，有少数一些人出狱后财力依然雄厚，比如曾在银行担任主要领导职务的 CJ 和 XXN 就是如此。他们出狱后人际网络受到的影响不是很大）。在此情况下，出于理性计算的人

---

① 周建国：“关系强度、关系信任还是关系认同——关于中国人人际交往的一种解释”，载《社会科学研究》2010 年第 1 期。

都对他们避而远之，仍然与之来往甚至提供帮助的大多是出于道德义务和情感联系。

假释人员还通过那些出于道德义务和情感联系而继续保持来往的亲友结识了更多的人，进而使自己的人际网络不断延展。比如，上述案例中的CJG、LY就是通过家人和朋友走上工作岗位，然后又结识一些新的同事，不断扩大其人际网络的，LY甚至还通过朋友介绍，找到了女朋友并且即将结婚。周建国认为，中国人的人际交往普遍遵循的是人际认同法则。这种认同法则与中国传统社会重家庭、家族、宗族以及地缘性共同体有着内在的契合性。家庭、家族、宗族以及地缘性共同体这些文化基因一代代地遗传到中国人的意识深层，深深地影响着人们的人际交往。根植于中国传统社会文化结构的关系认同主要有九同——同学、同事、同乡、同姓、同好、同行、同年、同袍以及同宗。除了“九同”之外，还有一个最重要的“十同”，就是共同的朋友。通过朋友的朋友可以化解人际交往中的困境。“多个朋友多条路”就成了人际交往中尤其受到重视的规则。笔者在调研过程中，也深深感受到了假释人员对于这条人际交往规则的重视。比如，上面案例中的JZQ、CY在接受访谈期间，不止一次地提到“多个朋友多条路”“朋友多了路好走”等话语。在我国当前对犯罪人员普遍存在歧视、排斥的大环境下，通过朋友、熟人的引荐、介绍而结识更多的人，成为假释人员人际网络拓展的高效渠道。因为在对假释人员知根知底的朋友、熟人的引荐下，陌生人可以知道这些假释人员的“根”和“底”，甚至万一将来遇到麻烦，还可以通过假释人员的朋友、熟人找到他们。正是在这种关系认同机制的作用下，假释人员的人际网络才得以不断拓展。尤其像介绍女朋友这样的终身大事，更是必须借助于知根知底的熟人，女方才能了解假释人员犯罪的具体情况，只有相信对方本质上并非是个坏人，才敢于托付终身。本项研究中，有4位假释人员找到了女朋友，而且结识女朋友的方式都是通过熟人的介绍。

其次，新人际网络的建构——正式社会支持的介入及自身的跨界交往。拓展型人际整合模式的假释人员除了积极修复原有的人际网络并借此扩大人际交往范围外，还通过其他方式构建新的人际网络。构建新人际网络的途径主要有两种，一是社区矫正机构这一正式支持部门的介入，二是通过互联网自我拓展社交网络。

社区矫正机构具有复合性功能，除了刑罚执行功能外，它还兼具社会福利的功能。当社区服刑人员人际交往等方面遇到困难和障碍时，社区矫正机构的工作人员主动与其谈心，开导他们，成为其值得信赖的新的人际资源。比如，有的被访者说："我们刚(从监狱)出来时，不好意思见人，不太愿意出门，不愿意跟别人接触，但是到司法所这边，心里就比较舒服，因为这里的所长、社工对我们都非常好，都很关心我们，对我们没有歧视，还经常开导我们。"社区矫正机构的工作人员除了直接与他们沟通，做他们的贴心人外，还积极帮助他们实现与其他人的联结，帮助其拓展社交网络。比如 YXM 在监狱服刑 9 年多，出狱后面临身患癌症的妻子和正在上学的孩子等巨大生存压力时，社工将他介绍到一位社区服刑人员家属开办的机械厂里打工。通过社工的介绍，YXM 不但认识了机械厂的老板，还通过工作结识了新的同事，人际网络从而不断得到扩大。

有些假释人员由于种种原因(影响因素下文详细讨论)，原有人际网络断裂得比较严重，而其自身又很想拓展人脉，于是他们选择了跨界交往。比如 CY 出狱后发现自己跟原有的人际圈子差距太大，已经不在一个平台上，没有了共同语言，所以基本跟原有圈子里的人不再来往。而他自己自尊心特别强，不想让别人由于自己的犯罪历史而戴着有色眼镜看他，最后他利用网络的匿名化特点，通过互联网找了一份驾驶员的工作，实现了跨界拓展。正如吉登斯所言，"前现代条件下地点的首要意义在很大程度上被脱域机制与时空伸延给消解掉了"[①]，互联网的发展也给假释人员的人际交往带来了新的便利。CY 说，在新的单位、新的工作岗位，别人不知道自己的历史，自己才能够跟别人平起平坐。自己通过勤奋工作、真诚待人取得别人的认可，

① [英]安东尼·吉登斯：《现代性的后果》，田禾译，译林出版社 2000 年版，第 95 页。

即使将来人家知道了他的犯罪历史，应该也不会太介意了。

另有一位被访者 ZX 曾经对他的同学谎称自己认识拆迁办的人，能为同学家的拆迁多增加一些拆迁面积，骗取同学的好处费，结果因诈骗罪被判处有期徒刑三年。出狱后，ZX 知道自己在同学圈子里已经恶名远扬，与原来的同学基本上不再来往，于是也只能选择跨界交往，通过新的工作单位重建新的朋友圈子。

总之，多数假释人员仍然通过原有人际网络的修复和延展或者新网络的构建等多种方式积极拓展自己的人际交往范围，因为“人际交往既是一种行动模式，又是一种文化符号。人们在进行人际交往的同时，也在消费和构建着‘意义’和‘认同’。人们在借人际交往塑造某种认同的同时，也在借人际交往来表现和传播这种认同，包括与自己的认同相适应的个人形象。因此，人们交往的对象和范围，不仅反映了其对社会资本的可支配情况，同时也反映了人们对某种价值目标的认同行动”[①]。正如 JZQ 所说，他出狱后经过两年时间的努力，人际网络已经重新构建起来，现在每周有一半时间在与朋友聚餐、喝茶、聊天，基本已找回了以前的感觉，自己也已得到了别人的认可。

3. 拓展型人际整合模式的主要影响因素

第一，个性因素。本研究中的 26 名被访者中，除了上文提到的 5 名被访者由于种种原因在人际交往方面表现为退缩型整合，其他的 21 位被访者都能在不断拓展的人际交往中逐渐实现整合和适应。在这 21 名被访者中，大多数人性格比较开朗，或者说不是很内向。他们有较强烈的与人交往的倾向。特别是有些在监狱里服刑时间较长的被访者（如 CS、LY、YXM 等），虽然在监狱服刑都接近或超过 10 年，但并未由于与社会隔离时间久而自暴自弃、自我封闭，他们对生活持一种积极乐观的态度。LY 在接受访谈时多次感慨“外面总比里面好”“只要肯学习，肯吃苦，一切都会越来越好的”。CS 也

① 王宁：“消费与认同——对消费社会学的一个分析框架的探索”，载《社会学研究》2001 年第 1 期。

说："我们很想跟别人交往，融入这个社会，我父母只有我一个儿子，我将来还要娶妻生子呢。"WX 总是劝自己"要往好的方面想，说不定摔一跤后我后面就顺利了呢，坐牢反而成为一件好事了呢"。除了比较开朗乐观外，多数拓展型人际整合模式的假释人员都比较好强，不愿服输。JZQ、CJS、CY、WX 等人在接受访谈过程中，经常提到自己要奋斗，要向别人证明自己是有能力的。比如 WX 说，从监狱出来发现做工程难度变大，竞争更激烈了，但是"不好做也得做，我也要争口气，从里面出来了也要做给人家看看，人家说这家伙摔了一跤还站起来了，也就是要个面子吧"。CJS 说，"我现在在朋友公司做副总，年薪几十万，仍然开几十万的汽车，说明我没有被这个事情击垮，我振作起来了，我胜利了"。此外，他们大多有较强的责任感，对家庭的责任意识是他们积极与人交往以便获取更多工作机会的一大动力。比如 HJK 说，"从跨出监狱大门的那一刻起，就觉得自己身上有一份责任，就想着要回报家人"。WX 说，"我们上有老下有小，老人都七十多岁了。家里兄弟姐妹原来都靠我，我出事后一下子大树倒下了。现在出来了，还比较年轻，还有技术，必须重新开始，只有自己强大了，才能照顾到兄弟姐妹，帮得上他们的忙"。

第二，关系主义文化结构及犯罪人身份双重制约下"想做点事"的理性选择。翟学伟认为，中国社会最重要、也最值得关注的议题就是"关系"和"权力"，这两个概念既是中国人的理论问题，也是中国人的实践问题，更是中国人将其理论应用于实践的问题。"整个真切的中国历史、文化、社会、政治、市场及其实践大都是围绕着这两个概念展开和运转的。"[①]那些犯罪前在官场、商场甚至在黑道上混的人，他们深知关系在中国社会的重要性。由于假释人员的特殊身份，通过正式渠道就业或创业会受到一些政策的限制，因此他们会有意识地借助关系实现"打通""变通""融通"，从而获得就业、创业的信息或机会。"跨越各式各样的制度是中国人生存和发展的基础"，关系

① 翟学伟：《中国人的关系原理：时空秩序、生活欲念及其流变》，北京大学出版社 2011 年版，自序第 2 页。

和权力是跨越制度的两大重要方式。对于假释人员而言，即便是曾经当官的都已权力不再，所以对于他们而言，所能运作的就是关系。当然，他们可以通过关系与有权者接近，从而跨越制度的障碍，获得便利。即使不是为了跨越制度障碍，对于"想做点事"的假释人员而言，多与社会交往，广结朋友还是很有必要的，毕竟"多认识一个人多一条路"(被访者 CY 的原话)。多数拓展型人际整合模式的被访者有较强的拓展人脉的意识，他们意识到，要想做点事情，没有人脉是不行的。所以他们会有意识地利用各种机会拓展自己的人脉。比如，当笔者问 WX 回来后跟朋友接触的情况时，他说了下面一番话："原来的朋友有联系的，也有不联系的。原来我帮过很多人的忙，当时也没收钱，人家看我出来了就想，他当时帮我忙，我也没到监狱看他，好像还欠他人情似的，现在回来就请他吃个饭吧，场面上过得去。我也想开了，请我吃饭我就去，我出来也还要做事，说不定还要和人家有合作。"再如，CY 也说，"多认识一个人多一条路子吧，总比待在家里闭塞着要好"。QXI、JZQ 等人都强调只有多接触人才能了解更多的信息，了解各种市场行情。

关于人际整合的退缩型模式和拓展型模式，是本书主要从被访者主观上是否愿意积极地与人交往的角度所做的划分。当然也有少数被访者从个性上而言本身就不善于人际交往，或者说他们犯罪前人际交往圈子就很小，主要局限于家人和近亲，而且犯罪行为并未对其人际交往产生明显的负面影响，即犯罪前后他们的人际交往模式基本没有发生变化，这种类型既不属于退缩型人际整合模式也不属于拓展型人际整合模式。这样的案例在 26 位被访者中有两位。一位是 ZM，她因宣传"法轮功"犯了"利用邪教组织破坏法律实施罪"而被判处有期徒刑 3 年，其原来的人际交往主要局限于家人及近亲，出狱后家人和近亲对她的态度并未发生任何变化，所以她的人际交往不存在适应性问题。另一位是 WZS，他是开车时疏于观察出了车祸，犯了交通肇事罪，被判处有期徒刑 3 年。他出狱后很快投入工作，到自己犯罪前就参股的一家液化气公司上班，由于所犯罪行不存在主观恶性，他出狱后没有感觉到被歧视，工作也很顺利，因此他只向研究者报告自己在语言交流方面有些不适应，但在人际交往的关系方面并未受到太大影响，因此他也不存在人际整合问题。

第三节 心理整合：自我认同的重塑

上文讨论了假释人员的工作适应和人际适应。其中工作适应是立足社会的基础，它首先解决了假释人员的生存问题（当然对于那些少数家庭经济状况较好的假释人员而言，工作更多的是满足其被尊重及自我实现等更高层次的需求）。在生存问题得到解决后，与更多的人进行交往，有一定的人际交往圈子，是他们正常社会生活的进一步要求。人际适应反映了假释人员社会适应的广度。在工作、人际交往等层面较长时期的适应过程中，假释人员在心理层面也在不断地进行调适，在心态和观念等方面也在顺应现实情况的变化，不断地做出调整，逐步接纳和认同自己当下的处境和身份，最终在精神层面达到深层次的整合，即实现自我认同的重塑。达成新的自我认同反映出假释人员角色适应的深度，是其真正适应社会的标志。当然，工作适应、人际适应、心理适应三者是相辅相成、相互影响、不可分割的。

关于自我认同的含义，不同学科的定义各有侧重，但自我认同的核心含义是指个体在与社会互动的过程中，在社会分类的基础上，通过探寻与回答“我曾经是谁”“我现在是谁”“我应该成为谁”“我能成为谁”等关于“我是谁”的问题，完成自我主体身份建构，构建“我之为我”的信心、价值和尊严的过程。自我认同是多元的、动态的、共识协商性的和能动的过程。[①] 经历了犯罪入狱，大多数假释人员原先的职业身份、社会地位发生了很大变化，出狱后必然面临着对“我是谁”问题的重新回答，对自己重新认识、重新定位，重新找回自己的社会位置，重新进行自我主体身份的建构，构建自我的信心、

① 方文：《学科制度和社会认同》，中国人民大学出版社 2008 年版，第 148—149 页。

价值和尊严，也就是要经历自我认同的重塑过程。

出狱后面对社会及自我身份的巨大变化，假释人员往往陷入深深的焦虑之中，这种焦虑对他们的自我同一性构成极大的威胁。但是，随着时间的推移，多数人能够借助早期与看护者之间的信任形成的保护壳以及出狱后的行动和反思性的理解，对生活中的变换进行心理重组，重新发现自己，获得新的认同感。正如吉登斯所说："实践意识，以及由它再生产出来的日常惯例，不仅（甚至是最主要地）因为它们蕴含着社会稳定性，而且因为它们在组织与存在问题有关的'宛若'环境中扮演建构性的角色，因此有助于涵括这些焦虑。它们提供定向模式，以在实践层面上'回答'有关存在框架的诸多问题……通过对存在问题提供符号解释，不同的文化情境使人们有可能获得体现在日常生活一致性中的'信念'……如果没有相应水平的潜在情感承诺，意义的认知框架就不会创造出那种信念。而信任、希望和勇气都与这种承诺相关联。"①

国外学者的多项研究表明，当遭遇经济困难、婚姻问题、癌症等严重身体疾病等威胁性事件时，人们的自我认同会受到严重威胁甚至崩溃，为重建自我认同，调整被威胁打乱的心理秩序，人们通常会经历意义探究、控制感重塑及自尊重建三个阶段。② 本研究中假释人员出狱后的心理适应也经历了类似的过程。他们对犯罪事实给予了各自的意义诠释，通过认知的调整及具体的行动策略重新获得对生活的控制感，通过自身努力及相应成果的取得或者繁衍感的树立等方式重新发现自己的价值和生命意义，进而重建了自尊。其实，通过这三个主题的探索，他们也就完成了自我认同的主要任务，即解决了关于自己来自何处、现处何地、将要去何处的问题。因为自我认同是个体对"过去我""现在我""将来我"产生内在的连续性，也是个体"现

---

① ［英］安东尼・吉登斯：《现代性与自我认同》，赵旭东、方文译，生活・读书・新知三联书店 1998 年版，第 41—42 页。

② 转引自 Shelley E. Taylor, "Adjustment to Threatening Events — A Theory of Cognitive Adaptation," *American Psychologist*, Vol. 38. No. 11, November 1983: 1161 - 1173.

实自我”“真实自我”和“理想自我”之间一致性关系的体现。[①] 具体而言，他们主要是对自己犯罪前的人生历程、犯罪及牢狱经历以及出狱后的生活进行了梳理、重整，在特定的叙事进程中重新构建出了一个能够被自己接纳和认同的自我。正如吉登斯所说，“自我认同并不是个体所拥有的特质，或一种特质的组合。它是个体依据其个人经历所形成的，作为反思性理解的自我。认同在这里仍设定了超越时空的连续性：自我认同就是这种作为行动者的反思解释的连续性……如果一个人要在日常世界中与他人保持有规则的互动，那么其个人经历就不能全然是虚构的。它表现为持续地吸纳发生在外部世界中的事件，把它们纳入关涉自我的、正在进行着的‘故事’之中”[②]。

假释人员的自我认同依次经历了意义探究、控制感重塑和自尊重建三个阶段。

一、意义探究

归因理论认为，当威胁性的或者戏剧性的事件发生后，当事人往往会通过寻求归因以便理解、预测及掌控环境。[③] 假释人员出狱后面对就业、人际交往、日常生活等多方面的不适应，也就是其自我的连续感遭到了破坏，他们自然要寻求自我整合。自我整合往往从反思过去开始。对其现今生活状态造成直接影响的事件便是其犯罪入狱经历，他们自然会反思自己为什么会犯罪，犯罪带来了怎样的影响，对自己而言，犯罪入狱及回归社会意味着什么，今后应该如何面对新的生活。在对这些问题进行追问的过程中，假释人员对自己过去的人生历程及生活态度进行重新评估，以便在此基础上形成一种自认为更为合理的生活态度来面对未来的生活，从而获得对未来生

① 姚上海、罗高峰：“结构化理论视角下的自我认同研究”，载《理论月刊》2011 年第 3 期。

② ［英］安东尼·吉登斯：《现代性与自我认同》，赵旭东、方文译，生活·读书·新知三联书店 1998 年版，第 58—60 页。

③ P. T. Wong & B. Weiner, “When People Ask ‘Why’ Questions, and the Heuristics of Attributional Search,” *Journal of Personality and Social Psychology*, Vol. 40, No. 4, 1981: 650 - 663.

活的掌控感。伏尔泰在他的《哲学词典》中关于身份一词写道："只有记忆才能建立起身份，即你个人的相同性。""我今天的身份很明显是来自我昨天的经历，以及它在我身体和意识中留下的痕迹。大大小小的'我想起'都是'我'的建构成分。"①

假释人员的意义探究主要包括两个方面的内容：一是对犯罪原因的探究；二是对犯罪后果的探究，以及在此基础上对自己人生态度及价值观的反思。

首先，犯罪原因的自我诠释。只有对犯罪原因做出一个能使自己心安的解释，才能接受犯罪事实及其给自己带来的各种影响，从而勇敢地面对出狱后的生活。对于犯罪原因的解释，主要有宿命论、自我决定论、个体情境互动论以及宿命论与自我决定论二元组合或者宿命论与个体情境互动论二元组合等几种诠释类型。

本研究中，有 3 位被访者完全用"命中注定"诠释自己的犯罪（分别是犯受贿罪的 PY、犯协助组织卖淫罪的 CJG 以及犯交通肇事罪的 WZS），有 2 位被访者（LYN、JZQ）认为自己的犯罪（受贿罪）既跟社会大环境有关，也怪自己没有把握好尺度，同时还认为也许是命运使然。

"事情发生都发生了，过去也过去了，后悔也没有用，我从来没有后悔过，这是命中注定的。"（被访者 PY）

"我原来在医院做护士，做到了护士长，后来跳出卫生系统，到民政系统，本来我那个时候应该退居二线了，但局领导叫我留在岗位上做工程，然后就出事了。我要是当时按时退居二线也不会走到这一步。但人家没让你退居二线，是让你当领导，没叫你犯错误啊，这个不怪别人，怪自己没把握好，也许是命运吧。"（被访者 LYN）

"我是无意中犯了这个罪，不是故意想拿人家多少钱，社会大环境如

① ［法］阿尔弗雷德·格罗塞：《身份认同的困境》，王鲲译，社会科学文献出版社 2010 年版，第 33 页。

此，有时自己推不过，当然也是自己没有把握好，要是让我回头来过，我肯定不会选择那样做。可能也是命中注定，命中有一劫，逃不过。”(被访者JZQ)

从常识来看，上述几位被访者中，只有因意外交通事故犯交通肇事罪的WZS用命运观来解释其犯罪原因比较合理，而另外几位犯了受贿罪和协助组织卖淫罪的被访者用命运观来诠释自己的犯罪原因似乎不合常理。但从自我认同的角度来说，命运观是当事人在自我认同遭遇危机时的一种自我安慰、调节心理的方式。正如吉登斯所言，关于“命运”的观念，可以减轻个人在现存环境中所负载的重担，要不然这种重担总是无休止地纠缠着我们。命运的核心意义是对焦虑的压抑。[①] 林语堂认为，命运、面子和恩惠是统治中国的三位女神。命运观念广泛存在于中国人的观念中。因为，“中国没有固定的阶级之分，没有贵族政治。这一点恰使吾人接近‘命运观念’，因使社会上的不平等成为可忍受。命运的特征为无人永久地被践踏在下面……吾们中国人深信凡人皆有得意之一日，而‘天理循环’，倘一个人有才干，意志坚决，抱负不凡，总能攀高升腾”。“命运主义不单是中国人的智力的习惯，也是孔教传习意识的一部分……命运主义的原理为人们精力和知足精神的源泉，亦所以产生温和平静的中国精神。因为没有人常能交好运，而好运又不能临到每个人头上，人遂很愿意容忍这种不平等，认为是一种合乎天然的法则。”[②]部分假释人员用命运观诠释自己的犯罪原因，不仅有减轻心理焦虑的功能，而且还具有灌注希望的功能及说服自己容忍不平等的功能。用命运观来诠释自己的犯罪，一方面可以为自己开脱，使自己原谅自己，减轻心理负担。另一方面，认为这次犯罪只是运气不好，当时来运转的时候，自己还会有更好的未来，“无人永久地被践踏在下面”。再者，用命运观来诠释自己犯罪被判刑也有助于缓解心理上的不平衡。访谈中，许多被访者认为自

① [英]安东尼·吉登斯：《现代性的后果》，田禾译，译林出版社2000年版，第117页。
② 林语堂：《中国人》，黄嘉德译，群言出版社2009年版，第168—169页。

己只是运气不好被抓住了，被判刑了，现实中还有很多跟自己犯同样罪的人甚至比自己犯罪情节更严重的人没被抓捕。命运观可以缓解自己的不平衡心理，潜意识中希望其他的犯罪人员总有一天轮到被抓捕的命运。总之，犯罪原因的命运观诠释有助于假释人员缓解心理焦虑、接纳当下并对未来寄予希望，从而为自我认同打下初步的基础。当然有的人完全将犯罪原因归于命运，而不从主观上寻找原因，这不利于对他们的犯罪思想的矫正。这已然涉及另外一个话题，当另文详细讨论，此处主要讨论他们的心理适应过程，主要表明宿命论也是犯罪人员心理适应的策略之一。

也有一些假释人员在犯罪归因方面秉持自我决定论。他们主要从自身主观上探究原因。比如，开监理公司的 CJS 因监理不到位、麻痹大意而造成工程施工中出现人员伤亡，犯了重大责任事故罪。CJS 很客观地从自身寻找原因，认为出事跟自己的性格有关。有一些人认为自己犯罪主要是当时年轻不懂事（CS、LY）。有的人认识到自己犯罪确实是价值观有问题，比如对金钱看得太重。还有不少人认为自己犯罪的主要原因是法制意识淡薄，想铤而走险赚大钱。

“出事可能跟我的性格有关，当时没有把它当一回事，出事可能也是必然的，是早晚的事，这对以后非常有借鉴作用，以后在监理工程时会非常谨慎，这也是我人生的一个转折点。”（被访者 CJS）

“那时候年轻，不懂事，瞎玩。有一天朋友的妹妹被别人欺负，我们一群人跟欺负朋友妹妹的那些人打群架，打死了一个人。就这样进去（监狱）了。”（被访者 LY）

“当时也是一念之差（挪用公款），但就是这一念之差闯了大祸，还是法律意识淡薄。错误是自己犯的，只能自己去面对、去承受。”（被访者 CY）

上述几位被访者主要从自身寻找原因，诚实地面对自己，客观地分析自己在犯罪行为中的主观原因，以便今后引以为戒。比如 CJS 认识到是自己主观上的麻痹大意造成了严重后果，这次出事也许是必然，对以后有很好的借鉴作用。LY认识到当初是年轻不懂事打群架出事的，现在年龄大了，不会那么冲动了，也不会再瞎玩了，会好好过日子的。CY认识到自己是法律意识淡薄才造成所谓的一念之差的悲剧，但错误既然犯了，就得自己去面对去承受。总之，通过对自己犯罪原因的分析，他们进一步认识自己，了解自己，尤其是了解自己的弱点，以便在未来的生活中引以为戒，这有助于更好地走好未来的路。

除了宿命论和自我决定论，更多被访者从个体情境互动论角度诠释自己犯罪的原因。个体情境互动论者有个共同的特点，即承认自身在犯罪事件中负有不可推卸的责任，但同时也认为除了自身原因，还受到了他人或社会大环境等外部因素的影响。

“我当兵后被分到YC公司工作，公司里的同事都是喜欢玩的，没什么事，都喜欢出去乱玩。自己没有主见，被他们带的，就做了不好的事情。出来以后跟那些同案犯从来没有联系过，都不再联系了，要重新开始嘛。”(被访者HJK)

“我父亲当时要我娶我后妈的女儿，我不同意，然后就赌气，心想一定要找一个比后妈女儿漂亮的女朋友。后来就找了现在的老婆(笔者注：其实是前妻，接受访谈时，他们已离婚)，她人很漂亮，但是是农村户口，读书也不多，没有什么技能，她人又懒，还想过有钱人的生活，后来我们就做了那个事情(犯了容留卖淫罪)，当然不能全怪她，我自己是个有主见的人，我思想上也有问题。”(被访者TGK)

“我以前是区里(建设工程专业技术资格)评委会主任，市里高级评委会委员，这个也是我进去(坐牢)的比较大的原因。我在建设局工作，也是业主代表，这个业主就是政府，我们代表政府去管理政府工程，比如道路啊，桥梁啊。我虽然不是什么行政上的干部，但是权力比较大，主要监督施工单位施工、进行协调等。建筑领域是高危行业。一开始是随大流，领导说，一人一个红包，大家都拿，你为什么不拿。后来人家就单独找你了，你有权力，人家盯上你了，逢年过节送礼，你跑也跑不掉。后来就麻木了。我们这里搞过几次了，交通局、建设局，有点权力人家就来找你了，一拨一拨都是这么进去的。”(被访者 WX)

上述这些被访者将犯罪归结为自己与外部环境因素共同作用的结果。有的认为是自己年轻，没主见，法制意识淡薄，加之受“不好的朋友”的影响；有的认为自己思想上有问题，加之老婆想要过有钱人的生活，因而铤而走险通过非法途径赚钱，从而走上了犯罪之路；有的认为自己所处的行业是“高危行业”，在特定环境下，自己逐渐麻木，丧失了底线。

通过对犯罪原因的分析，假释人员对自己的犯罪行为给出一个自己认可的解释，从而接纳犯过罪的自己，接纳自己是自我认同的第一步。此外，通过对犯罪原因的分析，假释人员还对自己的思想做了一个清理，对之前的环境有了一个根本的认识，避免以后再犯这样的错，从而对未来具有掌控感。接纳过去，对未来抱有希望，使自己的过去、现在和未来具有连续性，是达成自我整合、实现自我认同必经的环节。

其次，犯罪意义的自我诠释。当谈到犯罪对自己意味着什么的时候，多数被访者既看到了犯罪获刑给其精神、肉体及事业发展等诸多层面带来的打击和损伤，也看到了自己在这些惩罚和磨难中获得的收获和成长。为了摆脱失落感和焦虑的折磨，假释人员逐渐在意识层面对犯罪入狱及其相关经验进行重组，在犯罪意义方面重构一种能够被自己接受的认知图式。比如 WX 就说：“坐牢也不完全是坏事，要想得开，要变被动为主动。你总想你失去了那么多有什么用，事情已经发生了，失去了就失去了，你又无法挽回了，只能想想你从这件事情中得到了什么，有没有收获，这样心理就平衡了，否则还没法活了呢。”具体而言，假释人员主要从法律意识、意志品质、为人处世、生活风格、价值观念等层面对犯罪给自己带来的积极意义进行了诠释。

“有失必有得，(坐牢使我)失去了很多，但也在思想层面上认识了很多东西，对家庭的责任感增强了，觉得自己要对家人尽到应尽的责任，以前我没怎么重视，现在对亲情的理解、体会比较深入。比如对我父母，以前可能就是给了他们物质上的满足，没什么时间陪他们，也不和他们聊聊天，带他们出去玩什么的，现在对精神方面比较注意了。因为坐牢的经历，使自己在识人方面也有了一个大的提高，以前滥交朋友，现在交友很谨慎了。另外，坐牢也是对意志的一种考验，那种日子真不是人过的，一点自由都没有，稍微违反规定就要被惩罚，监狱囚犯真是社会的最底层，是底层的底层，我说连乞丐都不如。所以，经历这个事情，我也不再浮躁了。原来配的诺基亚手机一万多元，现在就用一般的就好了，那些都是浮云。我现在觉得，首先要快乐地生活，健康长寿，这样就把我坐牢的时间补回来。至于其他的名啊，权啊，都不重要了……通过我这个事情，我儿子整个都变得成熟了，感觉到了肩负的责任。我从小都是比较顺利的，所以现在可能有这么一个挫折，也是比较好的，对我儿子的教育也蛮大的。”(被访者 WX)

“坐牢回来以后，我的思想净化了很多，法律意识也增强了，有些黑道上的朋友叫我加入他们，我没去。为了女儿，为了不辜负司法所领导还有社工对我的关心和帮助，我必须老老实实做人，不能再做违法犯罪的事情了。另外，我现在工作很认真，以前我是很散漫的。”(被访者 TGK)

“坐牢对我而言也算一个转折点吧。在里面六年，我反思了很多，一直想出来后我要以什么样的面貌面对社会和家人。作为家里的独子，我在监狱里这些年，父母为我操了那么多心，还有我女朋友一直在等我，我一直很感激他们，就觉得一定要努力奋斗，好好报答他们。所以，通过这件事情，我的责任感比以前强了很多，出大门的那一天就感觉自己肩负着责任。我出来以后，再也没跟以前那些不学好的朋友来往，我就觉得自己应该对家人负责，要负起一份责任，不能再在外面瞎玩，不能再依靠父母。所以既然选择了现在的路(开面店)就要奋斗下去，争取将它做成百年老店，给后代留下点什么。”(被访者 HJK)

"这个事情打乱了我整个的人生规划，比如我原来的监理公司泡汤了，市里面如果建立监理专家库，我自己也不好去了。但庆幸的是，目前国家管理得还不是太严，只吊销了我的监理公司执照，但我的监理师资格还没有被撤销，我还能做监理，不过只能给人家打工。虽然是给人家打工，做副总，但我仍然年薪几十万，仍然开几十万的车，说明我没有被击垮，我振作起来了，我胜利了。再说，自己不开公司，不需要找米下锅，这样也好，少操心。而且这个血的教训对以后也有借鉴作用，以后无论在监理工程方面，还是在其他方面我都会非常谨慎，所以，也不能完全把这件事看成是坏事……经过这件事情，我对事情看得更透，看得更淡了，事情变数太大，一切看淡些，不要太较真。另外，我的承受能力、忍耐力也更强了，比如开车路上堵车也不会像以前那么着急了。"(被访者 CJS)

"我思想方面绝对进步了，不进步不行，这个必须进步。具体就是不能干违法犯罪的事情，与之搭边的事也不做。我也学到一些法律知识。那时候也不懂，也上过当。现在懂了。当时就是年轻，不提了，心里不舒服、憋屈，不知不觉中就摔了跟头。好好做人，好好改造。现在就是什么事都谨小慎微。我现在没什么想法，没想法就什么(坏事)都不会做。有想法以前都做过了。我马上就要做爸爸了，我要为孩子做个好的榜样，不能让小孩觉得自己有个混蛋爸爸。我以前确实混蛋过，很多人年轻时候都有混蛋的时候，就当是一个教训吧。我现在也不羡慕有钱人，我觉得自己骑自行车也很好的，就是好好过日子就好，因为大家都是这样，发财的比例还是很小的，我也没必要去羡慕人家，没能力还要羡慕人家，肯定要做什么(坏)事情才能达到目的是吧。平平淡淡过日子就好了，我觉得挺好的。以后有了小孩我也会有更大的责任。"(被访者 SG)

"通过这几年的改造，我现在对金钱不再那么重视了，钱不是个好东西，你不能把它带进坟墓，但它能把你送进牢狱里。所以我对我儿子说，你一定要把好金钱这道关，不能越线，要吸取你老妈的血的教训。我们犯罪虽然损失了很多，也给孩子家人脸上抹黑，但对他们也是一个很好的反面教材。我现在对钱啊、权啊都看得很淡了，感觉无官一身轻，平平淡淡地过日子也很好。我就催我儿子赶快找个女朋友结婚，生个孩子给我带带，再晚我就带不动了。”(被访者 LYN)

上述材料显示，被访者从多个角度反思了犯罪给自己带来的成长。第一，几乎所有的被访者都认识到经过犯罪入狱这样的经历，自己的法律意识增强了。他们认为以前可能是不懂法律，或者是虽然知道某种行为是违法的，但主观上仍抱有侥幸心理，现在觉得在监狱中以及社区矫正过程中学到了不少法律知识，增强了法制意识，对以后的工作和生活具有很好的指导作用，甚至 WX 等人提到自己犯罪的事例对小孩的成长具有很强的教育意义。第二，在个人意志品质方面，不少人认为通过牢狱生活，自己的忍耐力、意志力更强了。比如 WX 认为，“坐牢也是对意志的一种考验”；CJS 认为，自己的“承受能力、忍耐力也更强了，比如开车路上堵车也不会像以前那么着急了”。第三，正是基于意志品质方面的历练，大多数被访者感到自己在生活风格方面比以前更踏实了。比如，SG、HJK、TGK 都认为在生活风格方面，坐牢是自己的一个转折点，犯罪前后自己几乎判若两人，SG 说自己“以前是混蛋，现在要好好做人了”，TGK 认为自己“以前很散漫，现在工作很认真”，HJK 觉得“自己要奋斗，不能再依靠父母”。第四，在为人处世方面，几乎所有的被访者都提到出狱后交友更加谨慎，不会再滥交朋友，也认识到，自己犯罪前后身份的差异也可以检验朋友的真伪，对自己识人方面是一个提高。第五，在人生观和价值观方面，几乎所有的被访者都觉得经历了犯罪事件，自己对名、利等看淡了很多，而对亲情、健康等更加重视和珍惜。那些因贩卖毒品、盗窃公私财物、贪污受贿等以非法占有为目的的犯罪者基本都认识到自己犯罪很大程度上是由于对金钱看得太重，经历了惨痛的血的教训，他们对金钱明显看淡了很多。即使像 CJS 这种(重大责任事故罪)非经济犯，经历了痛苦的监狱生活，也都感到自己对名利等东西看淡了很多。根据马斯洛的需要层次理论，可能在那种没有安全感的牢狱生活中，与名利等高等需求相比，安全感等基本需求显得更加迫切。之所以出狱人对亲情看得更重，一方面是因为亲人们对犯罪入狱陷入人生低谷的他们不离不弃深深地感动了他们，他们对此怀有深切的感恩之情；另一方面，亲情给予他们更多的归属感和安全感，让他们觉得心里踏实。

所以，通过多角度地反思自己为什么犯罪，犯罪给自己带来了什么，特别是带来了怎样的成长和收获，假释人员在心理上完成了对自己的犯罪事实及其后果的自我诠释，从而说服自己理解自己的犯罪经历，接受既成事实，从而接纳过去那个不完善的自我。只有接纳过去的自我，才能有信心把握现在的自我，重塑未来的自我。

二、控制感重塑

威胁性的事件很容易破坏人们对自己生活的控制感。[①] 假释人员出狱后，多数人在经历短暂的重获自由的欣快期后，就会因就业、人际交往等现实问题而陷入迷茫，不知所措。此时他们的控制感遭到破坏，感觉无法掌控自己的生活，甚至部分人担心把控不住自己而重新走上违法犯罪之路。但经过一段时期（最短的一个月，最长大半年）的思考、定位、摸索，到有了明确可行的生活目标时，假释人员基本上都实现了控制感重塑。他们的控制感主要涉及两个方面：一是对社区矫正的适应并相信自己不会重走违法犯罪的老路，即对犯罪事件的控制感；二是具有比较明确的方向感和目标感，知道自己要向何处去，从而产生对自己生活的控制感。

“从监狱出来之后是各方面的拘束和压力，反正我是不敢走之前的路了，怕了，是真怕了。那里面（指监狱）不是人过的日子。我出来后就觉得要好好做人，好好改造，违法的事坚决不做，什么事都谨小慎微，这个不能做，

① Shelley E. Taylor, "Adjustment to Threatening Events — A Theory of Cognitive Adaptation," *American Psychologist*, Vol. 38. No. 11, November 1983: 1161 – 1173.

那个不能做，我就只能待在家里了，我就算打架也会被抓进去的。所以，我出来很长一段时间几乎没什么人际交往，怕万一遇到坏人就不好了，怕走老路。以前的朋友想约我，我就推三阻四，不去。万一去了一不小心把持不住，就完了。老是约老是不去，人家后来也就不找我了。我现在就是按时矫正，每个月要做什么，我就老老实实地按照社区矫正的要求做。到目前社区矫正也没几个月了，我也已经适应这种生活了，社区矫正对于我们这些想改好的人是有好处的，经常提醒我们什么能做，什么不能做，对我们适应社会起一种缓冲作用。现在我就没什么迷茫了，就是想老老实实过日子。现在这份工作是家里帮助找的，给私人老板开车。我现在就干干活，打打工，吃吃饭，很简单。现在觉得能吃饱穿暖，我就很满足了。在马路上走，警察来了我也不害怕，就好。”(被访者 SG)

“以前的那些不好的朋友都不再联系了，要重新开始嘛。在家里待了两个月，很迷茫，想了很多，最后权衡各种情况，定位好自己后，通过各种关系，走自己该走的路，不能说光靠父母，最起码自己要尽一份责任，为自己负责，也要回报家人……确定做什么后，我就没有犹豫。我在姐夫的面店打工，在里面做采购，每天很忙的，也很充实，就不再迷茫了。上班没多久就开始适应了，一个月不到的样子，就跟社会接轨了，自然而然就适应了。”(被访者 HJK)

“刚出来的时候六神无主，心情很沉重，后来司法所啊、(社工)谢大姐啊、朋友啊都给予了帮助，在他们的帮助下就慢慢稳定下来。有些黑道上的朋友叫我加入他们，我没去，那么多好心人关心我，不能因为打架斗殴再犯罪，否则对不起他们。我现在在朋友的介绍下，在一家装潢材料店里打工，工作很认真，各方面比较稳定，基本上能坚持，相信以后会越来越好……女儿明年毕业之后，我帮她找个好工作，等她成家后就有了个交代。我现在(的目标)就是努力赚钱，然后攒够钱到养老院养老。”(被访者 TGK)

“我(2012 年)4 月 25 日回来，半个月左右，不想讲话，不愿见人，半个月后，心想生活总得继续，朋友老是打电话想见见聊聊，不去也不好。后来就出来跟朋友吃饭聊天，在他们的开导下，渐渐地走出来。至少有 4 个朋友叫我到他那里工作，一个月之后，觉得自己还有价值，朋友还没有抛弃自己。6 月 13 日开始上班，在朋友公司打工，做副总。上班以后就比较平稳了。”（被访者 CJS）

“说实话，像我们这些经济犯，假释后重新犯罪的很少。一是我们这些人已经不具备重犯原来罪行的环境了，二是我们这些人一般有较好的家庭，有一定的经济基础，三是本身素质也不一样，像那些盗窃犯什么的，他们自身没有技能，又好逸恶劳，如果再没有一个好的家庭，他们很容易重操旧业。我们这些人肯定各方面非常配合社区矫正工作。但我觉得司法行政部门主要重视各种社区矫正活动的开展，对我们这些人思想上的困惑、波动关心较少。我们这些人其实回来后心理上是有很大波动的，很苦闷、迷茫，甚至失眠、早醒。我春节前回来的，一开始想靠之前的人脉，做工程，但不像自己想象的那么简单，人家嘴上答应工程给我做，却迟迟没有行动。我后来也想过开饭店，但是开好一点的饭店投资比较大，至少要二三百万，因为我的朋友圈消费比较高，投资大风险也大，万一到时候生意不好咋办，我们现在输不起了，所以想想又放弃了。后来转变了思路，不能主要靠别人，而应主要靠自己，就像在菜市场卖菜，要靠自己产品的品质参与市场竞争。后来有个朋友做海鲜生意，我就跟着他学，开了个海鲜礼品店。中秋节前开业的，生意不错。到这时候我的整个状态才有所好转。当然开海鲜店肯定不是长久之计，只是暂时的过渡。将来通过实力、人脉等积累，还要做自己的老本行，做工程。”（被访者 JZQ）

第一，远离犯罪土壤与控制感重塑。个体的控制感通常是在一些威胁性或创伤性的事件的冲击下而受到削弱。所以，控制感重塑首先是重新获得对此类威胁性或创伤性事件的掌控感，自己有把握使此类事件不再发生，不再侵扰自己的生活。对于假释人员而言，犯罪入狱是一件不堪回首的创伤性事件，对其自尊心、自信心造成极大的损害。出狱后对社区矫正及社会环境的不适应对其控制感造成一定的威胁。所以，假释人员的控制感重塑首先起步于对自己不会再走上违法犯罪道路的信念。许多人觉得自己所犯的罪行跟当时所处的环境有较大关联，比如上述案例中的 JZQ 等贪污受贿等经济犯觉得自己“已经不具备重犯原来罪行的环境了”，当时处在特定的职位上，有时自己推不过，没有把握好就慢慢地滑向犯罪的深渊，现在没有那样的职位了，也就没有那样的犯罪环境或机会了，即便有机会主观上也不会再犯那样的错误了。而那些曾经因结交不良朋友走上违法犯罪之路的假释人员，比如上述案例中的 SG 和 HJK，则想方设法远离原来的朋友圈，“以前的那些不好的朋友都不再联系了，要重新开始”，“以前的朋友想约我，我就推三阻四，不去。万一去了一不小心把持不住，就完了”。在家人的监督及自己的坚持下，他们远离以前的朋友圈，远离犯罪土壤，觉得自己要重新做人，重新把控自己的命运。另外，关于社区矫正，他们大多一开始觉得压力很大，害怕自己稍不注意违反相关社区矫正制度就会被重新关进监狱，经过一段时期以后，他们也就适应了社区矫正，认为老老实实地按照要求参加社区矫正活动，遵守社区矫正的一些规定就可以了，而且多数人认识到，社区矫正对自己是有好处的。正如上述案例中 SG 所说，“社区矫正对于我们这些想改好的人是有好处的，经常提醒我们什么能做，什么不能做，对我们适应社会起一种缓冲作用”。所以，假释人员逐渐适应社区矫正并且确信自己不会再重新犯罪，也就是获得了对犯罪事件的掌控感，这是控制感重塑的第一步。

第二，生活目标的确立与控制感重塑。假释人员在获得了对犯罪事件的控制感后，会进一步从犯罪的阴影中走出来，思考并明确新的生活方向和生活目标，从而获得对自己生活的掌控感。

国外学者埃克兰-奥尔森（Eckland-Olson）等人曾从出狱人心理感受的角度将出狱人的社会适应过程划分为蜜月期、失望期和重新定位期。在他们所说的失望和重新定位期间，出狱人经历了或长或短的迷茫期。这段迷茫期也是属于个人控制感比较差的时期，他们像茫茫大海中迷失方向的一叶小舟不知驶向何方，作为掌舵人的自己也不知道如何控制手中的命运之舵。[①] 此时也是玛尔塔·尼尔森（Marta Nelson）等人所说的充满挑战的时期。在这一时期，若外界的帮扶工作做得及时到位，对出狱人而言，就是充满机会的时期；若帮扶工作不力，则可能步履维艰。[②] 幸运的是，本研究中的被访者大多在此充满挑战的阶段得到了社区矫正机构、家庭或亲友的帮助，找到了自己的方向和目标，从而获得了对生活的控制感。比如上述案例中的SG在家人的帮助下找到了一份给私人老板开车的工作，HJK在姐夫的店里打工，CJS在朋友的公司做副总，JZQ跟着朋友学做海鲜生意，TGK在朋友的朋友的装潢材料店里打工。他们在进入工作岗位之前，都经过了一番思索和定位，这种思索和定位都是结合当前自己的能力、经济基础等状况与家人、朋友综合权衡、共同商量的结果。因此他们的定位都比较准确，从而走上工作岗位以后"状态比较平稳""不再迷茫""很快就融入社会"。无论是像SG那样将打工生活作为未来的生活目标，还是像JZQ那样只是将当前工作（开海鲜店）作为积累人脉和资本的一种过渡，他们都有了明确的生活目标，从而对自己的生活有掌控感，生活得比较充实、快乐，有奔头。

第三，控制感重塑策略——从解释性控制到新生活哲学。以上两点主要讨论假释人员对犯罪事件的控制感（从行动到思想上确保自己不再犯罪）以及对生活的控制感（确立新的生活目标掌控自己的生活）。其实，在潜意识层面对犯罪事件及其后果的间接控制，从假释人员对犯罪进行意义探究的时候就已经开始。"对一个令人厌恶的经历探究意义（给出解释）实际上代表的是一种解释性的控制，即第二控制或间接控制，包括顺应变化而不是努力改变它。"[③]只有对犯罪事实的前因后果、来龙去脉做一个客观的、彻底

① S. Ekland-Olson, M. Supancic & J. Campbell, "Postrelease Depression and the Importance of Familial Support," *Criminology*, Vol. 21, No. 2, 1983: 253 - 275.

② 高梅书："国外出狱人社会适应研究及对当代中国的启示"，载《华东理工大学学报》（社会科学版）2013年第1期。

③ Shelley E. Taylor, "Adjustment to Threatening Events — A Theory of Cognitive Adaptation," *American Psychologist*, Vol. 38. No. 11, November 1983: 1161 - 1173.

的反思和清理，在心理上诚实面对，才能接受犯罪事实及其带来的后果，并做出适当的自我调整和改变，以顺应人生处境的变化。苏珊·维特伯恩认为，自我认同是由不断累积的对自我的知觉构成的。人们会接触来自亲密关系的新信息、来自工作情境的新信息、来自社区活动的新信息以及来自其他经验的新信息，在对这些信息做出反应的过程中，自我知觉一直不断地得以确认或进行修改。假释人员出狱后，面对人际交往、就业环境等各方面的新信息，自我知觉层面会不断地进行调整和修改，以适应新环境和新形势。维特伯恩提出自我认同的三种机制，即自我认同同化、自我认同顺应和自我认同平衡。自我认同同化指的是人们在面对与现有自我认同图式并不吻合的新经验时，试图保持一种一致的自我感。自我认同顺应指的是面对新的经验时，对自我认同图式进行调整。自我认同同化往往可以保持自我的连续性；而自我认同顺应往往会带来所需要的变化。无论是自我认同同化还是自我认同顺应，如果使用过度就是不健康的。而最健康的是自我认同平衡(identity balance)，这可以让一个人在调整自我图式来整合新信息时，保持一种稳定的自我感。使用自我认同平衡策略的人能够认识到正在发生的变化，并做出灵活性的反应，他们会试图控制自己能够控制的方面，而对无法控制的东西则欣然接受。[①] 调研中发现，那些自我认同重塑得较好的假释人员大多采用的是自我认同平衡策略。他们在对犯罪行为进行意义探究的基础上，顺应了假释后面临的新情况和新问题，发明了新的生活哲学。

“要往好的方面想，说不定摔一跤后，我后面还做大了呢，坐牢成为一件好事了呢。所以，也不能把坐牢绝对当作坏事。现在已经成了这个事实了，我就认了，要调整心态，由被动变主动，把坏事变好事。我对这个事情也想开了，也算是在人生中摔了一个小跤，也没有内伤就是擦破了点皮，我又站起来了。我如果工程做得好的话，一年就可以把以前多少年的工资都赚回

① 雷雳：《发展心理学》，中国人民大学出版社 2013 年版，第 253—254 页。

来了。”(被访者 WX)

“有可能命就是这样的，顺其自然吧，又不好改变。只要去努力肯定会越来越好。”(被访者 LY)

“现在不开公司了，在朋友公司里打工，做副总，不需要找米下锅也好，省得操心了。”(被访者 CJS)

“就是好好过日子就好，因为大家都是这样，发财的比例还是很小的，我也没必要去羡慕人家，没能力还要羡慕人家，肯定要做什么事情才达到目的是吧？能有口饭吃就好了，平平淡淡过日子就好。”(被访者 SG)

上述被访者都做到了“控制自己能够控制的方面，而对无法控制的东西则欣然接受”。他们不但找到了新的生活方向，比如 WX 从原来的享受公务员待遇的事业单位人员转变为承包工程的老板，CJS 从公司法人转变为打工者，SG 从自我定义的混蛋(小混混)转向甘愿过平平淡淡日子的普通人。同时，他们对新的生活方式和路径持一种接纳甚至欣赏的态度，比如 CJS 觉得“不需要找米下锅也好，省得操心了”；WX 觉得“说不定自己将来做工程能赚大钱，比原来在单位干得更好”；LY 认为“只要努力肯定会越来越好”。

从出狱后面对新形势新境遇的强烈冲击而本能地进行犯罪意义的探究和自我诠释，到逐渐接纳现实、发明新的生活哲学，假释人员在心理上实现了控制感重塑，为接下来的自尊重建打下了良好的基础。

三、自尊重建

学者们研究发现，当遭遇威胁性的事件，甚至这些事件是由超出个人控制范围的外部因素导致的，如孩子生了重病或陷入经济困境不得不依赖救济等情况，都会给当事人的自尊造成很大的打击。当然，在遭遇了自尊受损的经历后，当事人会调动认知策略重建自尊。[①] 犯罪入狱作为一种具有强烈

① Shelley E. Taylor, “Adjustment to Threatening Events — A Theory of Cognitive Adaptation,” *American Psychologist*, Vol. 38. No. 11, November 1983: 1161 - 1173.

污名化效应的负面事件给当事人的自尊也带来很大的打击。比如本书第三章在谈到出狱时的感受时，许多被访者觉得自己"有污点""低人一等""没脸见人"。这些感受可以概括为一个词——羞耻感。吉登斯借用路易斯的说法，将羞耻感区分为外显的羞耻感和迂回的羞耻感。外显的羞耻感指儿童在受到他人某种方式的羞辱时所体验到的感情，而迂回的羞耻感则是未公开承认的负罪感的相关物，它来自对不充分自我的无意识体验的焦虑。迂回的羞耻感直接与本体性不安全相联系，它包含受压抑的恐惧，即唯恐自我认同的叙事难以承受对其连贯性或社会接受的吞没式压力。羞耻感与信任紧密地相互联结，若非如此，羞耻感体验就会威胁或毁灭信任。当对经验中的世界的期望受到侵犯时，其结果是信任的丧失，也就是说，不仅失去了对他人的信任，而且也丧失了对客体世界的一贯性的信任。吉登斯引用林德的说法指出，一旦这种情形发生，我们就会成为我们曾当作自己家园的世界的陌生者。在意识到我们不能信任我们对"我是谁""我属于何处"等问题的解答时，我们体验到焦虑，伴随对信任的周期性的冲击，我们重新成为一个异己的世界中不能确定自身的儿童。① 出狱初期，强烈的羞耻感严重地冲击着假释人员的自尊，他们对自己的价值产生怀疑。但通过对过去经历尤其是犯罪事件的自我剖析、诠释和反思，并在此基础上进行的对未来生活目标的重新定位和审慎选择后，他们在目标实现的过程中，逐渐找回自我，恢复自尊和自信。截至笔者对他们进行的最后一次访谈，有的被访者已经在事业上取得了较大成就，通过成就感获得了自尊；有的虽然还没有取得明显的成就，但对未来充满希望，在接近"理想我"的过程中逐渐模塑自尊感；有的因年龄、技能等限制，自我提升的空间有限，便将自己的价值寄托在为后代的奉献中，通过繁衍感获得自尊。除了这些较为积极的自尊重建策略，还有一种防御性的自尊重建策略在被访者中也较为常见，即通过向下社会比较获得自尊。

---

① ［英］安东尼·吉登斯：《现代性与自我认同》，赵旭东、方文译，生活·读书·新知三联书店 1998 年版，第 72—73 页。

第一，成就感与自尊重建。到最后一次接受笔者访谈时，有四位被访者（CJ、CJS、HJK、JZQ）已经在事业上有所发展，取得了一定的成就，产生了一定的成就感和自豪感。

“我现在搞房地产，儿子做法人代表。我没觉得比别人差，或者被别人瞧不起什么的。”（被访者 CK）

“我现在是公司副总，仍然开几十万的汽车，奔驰车，年薪几十万。我振作起来了，说明我没有被击垮，我胜利了。”（被访者 CJS）

“海鲜店开起来后，生意做得不错，别人见面了会说‘老J啊，听说你现在搞得不错嘛！’这说明我的能力得到了社会的认可。现在感觉自己自信了许多，逐渐找回了以前的感觉。”（被访者 JZQ）

吉登斯认为，自豪感或自尊感是动机系统的积极面，它能使人对自我认同的叙事完整性和价值充满信心。“当一个人能成功地培育自豪感时，他能在心理上感到其自我经历是合理而完整的。”[①]JZQ 等人通过事业的成功，“对自我认同的叙事完整性和价值充满信心”，“在心理上感到其自我经历是合理而完整的”。此时他们不再像出狱初期那样怀疑自己的能力，也不再对自己的犯罪行为充满自责，而是能够连贯地看待自己的经历，将犯罪入狱这段经历只是作为人生的一个挫折或者一段命运的安排，度过了这一段经历，自己还是原来的自己，甚至是一个更加强大的自己。特别需要强调的是，自豪感（或自尊感）根植于社会联结[②]，通过在社会中奋斗、打拼、取得成就并得到别人的认可，个体从他人对自己的态度这面镜子中形成了良好的自我意识，重建了自尊。

第二，希望感（理想自我）与自尊重建。有些被访者虽然尚未取得令他们满意的成就，但对未来充满了希望和信心，认为自己现在所做的工作正是

①② ［英］安东尼·吉登斯：《现代性与自我认同》，赵旭东、方文译，生活·读书·新知三联书店 1998 年版，第 73 页。

为未来实现理想的目标做准备，所以对当前的自我也比较满意，认为自己在朝向“理想自我”迈进的路上。“理想自我”是自我认同的核心部分，因为它塑造了使自我认同的叙事得以展开的理想抱负的表达渠道。在许多情形下，通过接受对自我的不完备和局限性，早期的全能模塑成可信的自尊感。正如科胡特所说，“巨大幻想的领域和威力的逐渐减少，往往是人格的自恋部分中心理健康的先决条件”[①]。最能体现理想我带来自尊的案例是CY。CY刚出狱时幻想借助亲友的帮助做生意，但亲友们并未像他想象的那样给予帮助，希望落空后，CY陷入了愤怒、无奈、迷茫、无助中，后来经过几个月的心态调整，降低了自我定位，先从给别人开车打工做起，通过打工逐渐融入社会，感觉自己不再另类，“能像别人一样，该上班就上班，该下班就下班，收入也是比上不足比下有余”，逐渐找回了原来的感觉，心理上也不再迷茫，而且认为自己目前的打工生涯是在为未来积累资本和人脉，一旦有了一定的积累，他会按照最初的目标自己做生意。所以，我们可以认为，CY通过理想自我的树立及为之奋斗，逐渐恢复了自尊。因为CY放弃了原初的巨大幻想，并将原初的巨大幻想置于未来，作为理想我去模塑，从而使得心理上具有希望感、宁静感和自我认同感。正如吉登斯所说，“‘理想自我’塑造了使自我认同的叙事得以展开的理想抱负的表达渠道”。

第三，繁衍感与自尊重建。

“我催我儿子赶紧找个对象，他成家以后我也放心了，我也60岁的人了，他找了对象后再生个小孩，我帮他带带，我也活过了一辈子。”（被访者LYN）

“我真是太喜欢我女儿了，我现在就为了我女儿也要好好工作，要供她上学。女儿明年毕业之后，我帮她找个好工作，等她成家。我自己嘛，攒点钱到养老院养老。”（被访者TGK）

“随着年龄的增大，我也想求安稳，能够把家里的生活维持下去就行了。

① ［英］安东尼·吉登斯：《现代性与自我认同》，赵旭东、方文译，生活·读书·新知三联书店1998年版，第75页。

女儿原来在公司打工，我回来后通过战友的关系，把女儿调到了电信局，现在的工作比较稳定，她也已经成家了。儿子学的程序设计专业，在南京上学，还有一年毕业，准备让他考研，能把儿子培养出来，研究生毕业，找个好工作，我这一辈子任务也就完成了。至于别的，到我们这个年纪了，也没有更多的想法了。”（被访者 YXM）

有些被访者由于受年龄、技能等条件限制，觉得自己在事业上不可能再取得多大的成就，因此将自己的生活目标寄予为后代做些什么，从而实现自己的价值，通过繁衍感重建自尊。比如上述材料中的 LYN、YXM 等年纪比较大的被访者以及 TGK 等既无技能又无资金的被访者就是如此。丹·麦克亚当斯(Dan McAdams)提出的自我认同生活故事模型认为，“繁衍感是由社会因素及内部因素复杂的交互作用导致的，它们会使人产生繁衍承诺，接着产生繁衍行动。个人通过生活故事的建构形成自我认同，也因此变得具有繁衍感，并从中衍生出个人生活的意义”。“所有的生活故事都需要一个结尾，通过它，自我能够留下遗产、开创未来。繁衍感标志着个人试图创作一个引人入胜的故事‘结尾’，它将为后代开创一个新的起点。”[①] LYN、YXM、TGK 等人因种种原因导致自我发展的空间有限，于是他们通过发现自己对后代的意义，以便创作一个引人入胜的故事“结尾”，给自己的人生画个圆满的句号，从而获得内心的安宁和平静，形成自我认同。

第四，向下比较与自尊重建。除了上述几种比较积极的自尊重建策略外，不少被访者还运用了防御性色彩较浓的自尊重建策略，即向下社会比较。威尔斯(Wills)于 1981 年提出向下比较理论，认为人们在面临压力或威胁时，倾向于与比自己差的人进行比较以达到自我增强的目的。当负面生活事件威胁到自尊的时候，人们的主观幸福感通过追求向下的比较得到增强或恢复，从而使自我感觉比较良好。有多种向下比较的机制，假释人员运

① 雷雳：《发展心理学》，中国人民大学出版社 2013 年版，第 255 页。

用比较多的向下比较机制主要是“选择性的聚焦”。比如，LYN说：“人家市长、省长甚至国家级领导人坐牢回来也照样活，我们这些小官坐牢算什么?”还有不少被访者经常将自己的境况与那些出狱后无家可归者相比，他们觉得与那些人相比自己幸福了很多。还有人通过与那些处在差不多压力下但是应对得比自己差的人进行比较，从而获得更好的自我感觉。比如JZQ多次提到，与他一同出狱的某狱友整天自我封闭、牢骚满腹，不适应社会，相比较而言，他自己积极地与社会接触，感觉比那位狱友适应得好。总之，他们通过这些向下比较的方式达到自我增强，获得更好的自我感觉，从而提升自尊感。

最后，自尊重建的机制——防御性重建抑或进取性重建。上述自尊重建的策略中，前三种属于比较积极的态度，他们通过设定目标并为之奋斗，无论是通过奋斗已取得成就还是仍然在奋斗中，他们看到了自己的力量和成长，我们称之为进取性自尊重建策略。第四种向下社会比较可以称为防御性自尊重建策略。某个人可能同时运用几种策略或者在不同的处境下运用不同的策略，比如LYN既通过繁衍感又通过向下比较的方法重建自尊。

多数假释人员通过对犯罪入狱事件的意义探究，通过对自我不再犯罪及未来生活目标的确立重获控制感，通过为目标奋斗及取得成就或向下比较等方式重建自尊，最终基本实现了自我认同的重塑，解决了“我是谁”“我要到哪里去”的问题。但需要说明的是，并不是所有的假释人员都实现了自我认同的重塑，或者说，有些人的自我认同比较脆弱，或者叫弱的认同。比如PY虽然知道自己该向何处去，即他所说的“打工养活自己直到做不动为止”，但他生活态度非常消极，就是上班和家庭两点一线，也不愿开展更多的人际交往，认为与那些条件比自己好的人交往就是自取其辱，总说自己“过一天算一天，糊糊拉倒”。这类假释人员尤其需要社区矫正机构等相关部门多加关心和引导，需要为他们建立预警系统，因为在这种脆弱的自我认同状态下，万一遇到工作和生活上的挫折或打击时，他们容易陷入绝望，走向悲剧。

第七章　社区矫正假释犯角色适应的模式

前面几章论述了假释人员角色适应的过程，发现他们从监狱回到社会后，经历了从“角色认知与定位”到“角色冲突、领悟、调整”，再到“角色实践与整合”的过程。这种适应过程是假释人员个体主体性与规则、资源等结构性因素相互作用、相互影响的过程。根据吉登斯的结构化理论，结构既有制约性又有使动性。那么不同的假释人员，因其所受到结构的制约程度或被结构所激发的能动程度不同，会呈现出怎样不同的适应模式？这是本章将讨论的内容。

第一节　建构型角色适应模式

根据前文对假释人员角色适应过程的研究，本章从个体主体性强弱与结构性环境因素的互动关系角度，将假释人员的角色适应模式归纳为建构型适应和顺应型适应两种模式。

“所谓人的主体性，在社会学中可以理解为人作为社会生活实践的主体，其行动过程体现出的自主性、能动性和创造性；人的主体性突出体现为自觉能动性；人的主体性意味着，人是对自己的实践过程具有主导能力的行动者。”①

人的主体性有强弱之分。“强主体性主要指实践的主体在获取资源方面有很高的信念和意愿，能够在现有的能力范围内获取为自己所用的资源，能将其转化为对自己有利的因素。弱主体性指实践的主体在获取资源方面有一定的信念和意愿，但未在能力范围内获取为自己所用的资源，未能将其转换为对自己有利的因素，或者实践的主体没有获取资源的信念和意愿。”②

主体性强的假释人员，有强烈的获取资源的意愿和信念，并在自己的能力范围内竭尽所能对资源和规则进行能动运作，以便帮助自身建构自己理想中的社会角色，本书称这类假释人员的角色适应为建构型角色适应。简而言之，建构型角色适应是指假释人员通过发挥个体强主体性对规则、资源进行建设性的能动运作，重新建构自己理想的社会角色的一种角色适应模式。

假释人员在或长或短的监禁生活中，基本与社会处于隔绝状态。原先在社会上拥有的职业、社会地位几乎全部丧失，原有的社会关系大多处于断裂状态。他们重新回到社会，一切需要重新开始，可以说是一种社会生命的重塑或再生。“再生”一词原是生物学用语，是指生物体对失去的结构重新自我修复和替代的过程，即机体的一部分在损坏、脱落或截除后重新生长。有些生物的再生能力非常强，比如壁虎，当遇到强敌或受到攻击时，能够断尾逃生，这在生物学上叫作“残体自卫”或“自截”。如今，再生有多种延伸意义。有“死而复活”的意思，还有“加工废旧物品，使恢复原有性能，成为新产

① 郑杭生、杨敏：“个人的当代形貌：社会化理论的世纪挑战——人的主体性的新发展与以人为本的时代源泉”，载《河北学刊》2006年第3期。

② 陈亚辉：“80后来沪务工青年社会适应模式研究——以上海市闵行区为例”，华东师范大学2011年硕士学位论文。

品”的意思。再生还是道教理想中的法术之一，意思是再造，重生。目前“再造”“重生”已成为再生的常用意思。

受生物学再生含义的启发，本书将假释人员的再生分为三种类型：一是“自截再生”，二是“跨界再生”，三是“死而复生”。“自截再生”受生物学中“机体的一部分截除后重新生长”的启发，特指那些出狱后彻底改变过去不良的生活态度和行为方式，重新建构一种符合主流社会价值观要求的生活态度和行为方式的再生模式，指那些浪子回头、发生脱胎换骨变化的假释人员的新社会角色的建构模式。“跨界再生”指的是出狱后受犯罪类型的影响无法再从事原来的职业或者受原有人际网络的排斥，只能在其他工作场域或新的人际场域中从头开始，建构一种全新的工作方式、人际网络的再生模式。“死而复生”指那些犯罪前事业比较成功，犯罪给其事业和心理带来严重打击，但出狱后不甘于现状，充分发挥主体能动性，努力克服多种结构性因素的制约，试图重新成就一番事业，再创辉煌的再生模式。罗森堡(Rosenberg)将运动员的退役比作社会死亡，社会死亡的主要特征是社会孤立和被以前所属团体抛弃。[①] 笔者受罗森堡的启发，在此处称部分假释人员为“死而复生”性建构，一是强调这部分假释人员被以前的所属团体抛弃，二是强调当事人心理感受上的巨大落差。不少犯罪前事业比较成功的人感觉犯罪给其带来致命的打击，“就像从天堂跌入地狱”(WX 原话)，“像死过一回似的”(CJS 原话)。但是，他们没有因此而一蹶不振，而是克服重重困难振作起来，重新开拓自己的事业，就像从死亡中又活过来似的，所以称为“死而复生”。无论是“自截再生”“跨界再生”还是“死而复生”，都需要当事人发挥很强的主体能动性，克服“再生”所面临的困难和障碍，所以这里称这三种类型的适应模式为建构性适应。需要说明的是，这三种模式之间可能会有一定的交叉，比如“跨界再生”的人有可能也属于“死而复生”型，但此处做这种划

① E. Rosenberg, “Athletic Retirement as Social Death: Concepts and Perspectives,” in N. Theberge & P. Donnelly (Des.), *Sport and the Sociological Imagination*, Fort Worth, TX: Texas Christian University Press, 1982: 63.

分主要基于三者侧重点不同。“自截再生”与“死而复生”相对应，前者强调建构一种与犯罪前角色完全不同的新角色，强调他们克服困难改过自新的决心；后者强调再创辉煌。而跨界再生侧重强调他们艰难地在新场域工作角色、人际角色等方面的全新建构。

每种不同的建构模式都基本包含：目标、动力和建构路径三个要素。不同建构型适应模式的假释人员在不同的目标引领和特有的动力激发下，通过一定的路径实现角色的再造或建构。下面分别从目标、动力、建构路径或方式三个方面阐述“自截再生”型、“跨界再生”型及“死而复生”型角色建构模式的建构规律。

一、“自截再生”型建构

1. “自截再生”型建构模式的目标

上文已指出，“自截再生”型建构特指那些出狱后彻底改变过去不良的生活态度和行为方式，重新建构一种符合主流社会价值要求的生活态度和行为方式的再生模式，指那些浪子回头、发生脱胎换骨变化的假释人员。根据此定义，“自截再生”型建构的目标就是彻底放弃过去不符合主流社会价值标准的生活方式、行为模式，重新建构符合主流社会价值标准的社会角色。

2. “自截再生”型模式的建构动力——感恩、责任感及其所激发的个人决心

美国艾默里大学犯罪学家罗伯特·艾格纽(Robert Agnew)于 2006 年在其所著的《压力与犯罪：一般压力理论概述》一书中系统地阐述了犯罪学的一般压力理论。该理论认为，人的违法行为实际上是一种应付机制，这种应付机制主要用来解决不良的社会人际关系造成的社会情感问题。换言之，即指人们所经历的不良社会人际关系和处遇会导致他们的愤怒或其他负面情绪，这些负面情绪驱使他们违法犯罪以排泄或缓解这些情绪。但是，即使面临同样的压力，很多人并未选择犯罪，这是为什么呢？艾格纽

认为，是否选择犯罪取决于多种因素，包括个人与传统社会的关系、与违法朋友的关系、个人心理因素（自尊和自我效能意识）和性情特征（自我约束和消极情感）。这些社会的和个体的心理因素为压力导致犯罪提供了先决条件。也就是说，某些因素的存在与否，可加强或削弱压力导致犯罪的效应。①

假释人员出狱后一般都会面临职业获得、人际交往排斥等多方面的压力，这些压力极易引发不良情绪从而导致他们重新违法犯罪。前文中多次提及的 TGK 出狱后就面临着极大的压力并引发了愤恨等极端不良情绪。最后他为什么没有做出极端行为，反而积极地融入社会呢？这主要归功于社区矫正工作者提供了及时必要的帮助和支持，减弱了压力导致犯罪的驱动力，抑制了犯罪倾向。另外两位假释人员 HJK 和 SG 也属于典型的自截再生型角色适应模式。HJK 和 SG 的遭遇虽然没有 TGK 那么凄惨，但他们也分别经历了两个月和半年的迷茫期，在此期间家人不仅提供了物质支持，还经常开导他们，给予他们精神上的支持。他们能够彻底改过自新，以全新的精神面貌迎接未来的生活，主要是艾格纽所说的与"传统社会的良好关系"起到了缓解压力、激发动力的作用。社区矫正工作者及家人的鼎力相助激发了他们强烈的感恩心态和责任感。

TGK 出狱后遭遇婚姻的破裂、房屋被拆迁并且拆迁款被后妈占为己有等一系列变故，在无家可归、无亲可投、无生活来源的艰难处境下，司法所领导及社工第一时间帮助他申请低保、申请临时困难补助、租房，并给予心理上的安慰和疏导，社工甚至从自己家里将丈夫的衣服拿给他穿。TGK 被司法所领导及社工的这份真情相助深深地感动，他说有几次想到后妈将自己的拆迁款占为己有，很想拿刀去砍死对方，但想想司法所领导及社工对他那么好，如果再犯罪就对不起他们，所以才控制住了冲动。TGK 的案例反映了社区矫正刑罚执行之外的另一个重要性质和功能，即帮困扶助的社会福

① 曹立群、任昕：《犯罪学》，中国人民大学出版社 2008 年版，第 110—111 页。

利性质。“我们必须把矫正对象当人看，必须认识到矫正对象也有作为人的基本权利，有基本的需求，有基本的利益，而且这种权利、需求、利益必须在社会中得到体现。”[①]TGK 在无家可归、无亲可投、无生活来源的情况下，吃饭穿衣住房等人的基本需求都不能得到满足，是极易走上重新违法犯罪之路的。但此时矫正工作者给予他的温暖和关爱就是雪中送炭，这会深深地触动他的灵魂，激发他人性中积极向上的一面，从而能够更好地配合矫正工作，逐步恢复社会功能，实现自我更生。正如“感化工作之父”，“世界上第一个伟大的观护人”奥古斯特所说，法律的目的不是为了复仇而进行恶意的惩罚，而是改造罪犯和预防犯罪。正是基于这样的思考，奥古斯特经常到监狱探望因酗酒被判刑的犯人，并向波士顿违警法院提出了对酗酒者暂缓处分、由他保释进行感化教育的请求，他的请求获得了法院的认可。最后发现，经奥古斯特感化教育延期受审的酗酒者一般都会由于行为的改善而获得宽大处分。这就是感化的力量。所以，“作为人，只要在法律许可的范围内，矫正对象也有其享受作为人的基本的权利，也有他们回归社会、成为社会中正常成员的权利。社区矫正不仅不能剥夺他们的这种权利，相反，还要帮助他们，和他们一起实现这种权利，这就是解决他们存在的问题，和他们一起恢复其丧失的社会功能，使他们成为社会正常人员的过程”[②]。正是在社区矫正工作人员的帮助感化下，他们从出狱时的“六神无主”（TGK 的原话）逐渐稳定下来，愤恨、绝望、复仇等不良情绪和心理逐渐消散，他们体会到了人间的温情，恢复了爱的能力，要感恩社会上帮助他们的所有好心人，要踏踏实实地工作，不能再危害社会，还要将儿女抚养成人，使他们成家立业，尽到父母的责任。

HJK 和 SG 能够有“自截再生”的勇气和决心，主要原因之一是感恩家人对自己的不离不弃。他们都有关心他们的父母以及恋人或妻子。尤其是 HJK 的女朋友从 24 岁一直等到 30 岁，承受了来自社会多方面的压力，没有

①② 张昱：《社区矫正社会工作案例评析》，华东理工大学出版社 2013 年版，第 7 页。

丝毫动摇，坚定地守候着他的回归，经常不顾手续的烦琐（2008 年以后非直系亲属一般不允许探监，若确实需要探监必须办理一系列手续）和 HJK 的父母一同前往监狱看望 HJK，鼓励他安心改造。这对 HJK 来说，是极大的精神动力。HJK 和 SG 在接受访谈时多次提到，不能再让父母及家人为自己担心了，为了家人能够平平安安地过舒心日子，他们也要好好做人，不再动歪脑筋。

除了感恩，上述三位自截再生型社会适应的被访者还有一个共同的特点是有着强烈的责任感。HJK 和 SG 都是在出狱后当上父亲的，TGK 出狱后，他的女儿在上中专。他们在接受访谈期间，曾不止一次地提到要尽到一个父亲的责任。国外的学者也研究发现，家庭责任感有利于增强出狱人改过自新的决心。比如费希尔（Fisher）和詹姆斯（James）对美国犹他州的盐湖城和普罗沃的 51 名假释人员进行研究后发现，亲子关系良好的假释人员有着更强的责任感，这有利于抑制其重新犯罪。[①] 对家人的感恩和责任感成为 HJK 和 SG 改过自新的强大动力。美国的桑普森（Robert J. Sampson）等学者通过对谢尔登和伊琳娜·格鲁克在中世纪对 500 名犯罪男孩和 500 名非犯罪男孩从儿童期到成年期的跟踪研究资料进行重新编码和分析，提出了著名的非正式控制理论。非正式控制理论认为，牢固的社会纽带，尤其是较强的婚姻依恋和稳定的工作是终止成人犯罪和不轨行为的非正式控制机制。良好的婚姻关系以及家庭的凝聚力和对家庭的责任感有助于前犯罪人终止犯罪。他们认为，在成人关系中社会资本的重要性非常突出，尤其是在丈夫和妻子之间。他们发现，不少研究对象在婚姻上进行投资，并获得了妻子在精神上和物质上的回报。如果他们有孩子并且又很爱护孩子的话，这通常还会使婚姻关系增加另外一种不同的社会资本。因此，这些研究对象就更有可能从违法犯罪行为中完全退出了。[②]

---

① 高梅书："国外出狱人社会适应研究及对当代中国的启示"，载《华东理工大学学报》（社会科学版）2013 年第 1 期。

② ［美］罗伯特·J. 桑普森、约翰·H. 劳布：《犯罪之形成——人生道路及其转折点》，汪明亮、顾婷、牛广济等译，北京大学出版社 2006 年版，第 231—232 页。

上述强烈的感恩和责任感激发了假释人员浪子回头的决心，这种决心对于自截再生型假释人员也是非常重要的。HJK 在接受访谈过程中，多次提到除了家人的帮助，自己改头换面的决心对于自己的正向的社会适应也是非常重要的。内因是事物发展的源泉，是事物发展的根据，也是事物发展的根本原因和根本动力，决定着事物的性质和发展方向。其实，不仅是“自截再生”型假释人员，“死而复生”型及“跨界再生”型假释人员在角色适应过程中，个人决心也是非常重要的，也即本章开头所说的个体的主体性的核心作用。

3.“自截再生”型模式的建构路径

第一，在人际交往层面，远离不良朋友圈，重建新的人际网络。中国有句谚语：近朱者赤，近墨者黑。美国犯罪学家萨瑟兰(Sutherland)的差异交往理论与此观点非常相似。差异交往理论认为，犯罪行为是经过社会互动学习得的。犯罪行为的学习主要发生在个人的紧密的群体中。一个人之所以成为罪犯，是因为他所接触的赞同违法的定义超过了反对违法的定义。[①]艾格纽的一般压力理论认为，当人们面临压力时，与违法朋友的密切关系会强化压力对犯罪的影响，其原因在于当人们面临压力时，这些朋友的反社会态度和不轨行为的影响会强化犯罪倾向，导致采用非法手段应对压力。自截再生型社会适应假释人员大多认识到了不良朋友圈对自己的负面影响。他们在反思自己的犯罪行为时，都提到“主要是结交了不好的朋友，被朋友带坏的”，或者说“被朋友套进去，一不小心犯罪了”。他们深刻认识到不良朋友圈给他们带来的惨痛教训，所以当他们决心改过自新时，主动选择与原有不良朋友圈隔离。TGK 甚至在生活异常艰难、黑道朋友拉他入伙时，都毅然决然地拒绝了。在婚姻破裂、无家可归、生活极其困顿的情况下，TGK 能够抵制住不良朋友的诱惑，一改过去多年来懒散的生活作风，做搬运工，干繁重的体力活，这需要多大的决心和勇气！这也从一个侧面证明 TGK 对

① 张小虎：《转型期中国社会犯罪原因探析》，北京师范大学出版社 2002 年版，第 124 页。

自己的女儿具有强烈的责任感，对社区矫正机构的帮助确实非常感激。这也就是上文提到的与“传统社会关系”的良好链接起到了抑制重新犯罪的作用。这里也可以认为，与“传统社会关系”的牢固纽带有利于把他们从越轨亚文化圈中拽离。广州监狱课题组对250名重新违法犯罪人员的调查显示，有14%的罪犯出狱后是受了其他刑释人员的影响而再次犯罪的；还有21.6%的罪犯是受原来不良朋友影响而重新犯罪的。[①] 自截再生型被访者大多表示，出狱后跟原来不良朋友圈断绝了来往，现在交往的对象主要是原来关系要好的正派的朋友（主要是关系很铁的发小、同学，关系一般的朋友在他们出狱后大多都疏远了）以及在新的工作岗位上结识的同事。

第二，在工作层面，务实的职业定位和全新的工作态度。上文提到，艾格纽的一般压力理论认为，人与传统社会的关系是解释压力导致违法行为的重要中介因素。而这对于解释如何终止犯罪同样有效。人与传统社会的良好关系主要体现在：与传统个人如父母、朋友等的密切关系（attachment）（这在上文已经论述）；对追求传统目标（如教育和职业）在精力和情感上的投注（commitment）；对传统活动投入的大量时间（involvement）和接受传统社会的价值观念和行为规范（belief）。上述三例自截再生型被访者出狱后，其就业观念和工作态度与犯罪前发生了明显变化。比如，他们的职业定位都比较务实，工作态度都比之前踏实、认真。SG认为自己既没有技能又没有资本，就打打工，过过普通日子也挺好的，不再羡慕有钱人的生活。TGK认为，之所以上班以后生活比较稳定，适应得还比较好，主要是自己工作很认真，认识到认真工作是在社会上立足的基础。HJK刚开始工作时也非常务实，选择在堂姐夫开的面店里打工，希望能够“稳一稳自己”，而且工作非常努力，能够吃苦耐劳，他负责店里的食材采购，早上一般都要起早进货。他说自己选择了这份工作就没有犹豫过，认准了就好好干。当笔者第一次

① 广州监狱课题组：“对250名重新违法犯罪人员的调查报告”，载《犯罪与改造研究》2009年第8期。

对他进行访谈时，他才工作两个月，问他对未来有何打算时，他说先把手头的事情做好，没有想太多。但是到第二年再次访谈他时，他说在父母的帮助下，又跟堂姐夫合伙投资了一个分店，打算把这个店做大做强，做出品牌，做成百年老店，希望给后代留点什么。他们三位有两个共同特点：一是对自己的职业定位都比较务实，能够客观地评估自己的能力、条件，选择与之匹配的工作岗位；二是工作作风非常踏实，与犯罪前判若两人。他们有正确的符合自身条件的就业观念并且在新的工作岗位上兢兢业业，投注了大量的精力和时间，也就是艾格纽所说的“接受传统社会的价值观念和行为规范”及“对传统目标在精力和时间上的投入”，这种与传统社会的良好关系是他们自截再生的基础。另外，他们在踏踏实实的工作过程中，不断地积累经验（人力资本）和资金，随着条件的改善，他们逐渐对自己有更高的要求，有更高的目标，这样他们就一步步融入了主流社会。本研究的发现，验证了上文提到的桑普森等人的非正式控制理论的观点。桑普森等人认为，良好的婚姻关系（上文已论述）和稳定的工作有助于抑制前犯罪人员终止犯罪。他们说，在检测那些终止犯罪和越轨行为的人的工作经历时，我们得出了几个显而易见的结论。大体上来说，这些人都有良好的工作习惯而且被公认为是“努力的员工”。他们通常在一个雇主手下工作很长的时间，这意味着他们与工作的联系非常紧密，在一个特定的雇主身上投资了很多。他们都想过上更好的生活并憧憬着美好的未来，在渴望“获得成功”的同时也希望“工作稳定”……参加课程和额外的工作培训、思考未来的计划以及长期跟随同一个雇主，这些都是在工作方面积累社会资本或社会投资的具体表现。当社会资本增加，样本与工作的联系就会更紧密，因此他们就更有可能终止违法犯罪行为。[①] 这些工作表现在 HJK 和 TGK 身上都有发生，可以称之为目标控制机制。相反，如果这些包括假释人员在内的出狱人回到社会以后，没有

① ［美］罗伯特·J. 桑普森、约翰·H. 劳布：《犯罪之形成——人生道路及其转折点》，汪明亮、顾婷、牛广济等译，北京大学出版社 2006 年版，第 232—233 页。

比较务实的职业定位，在当前社会文化普遍强调经济成功的大背景下①，极易出现默顿的“失范理论”所描述的现象：不能够通过社会认可的制度性手段实现“致富”的文化目标的人，就会不择手段铤而走险，通过非法手段获取财富。

二、“跨界再生”型建构

1. “跨界再生”型建构模式的目标

根据前文的定义，“跨界再生”型建构模式“指的是出狱后受犯罪类型的影响无法再从事原来的职业或者受原有人际网络的排斥，只能在其他工作场域或新的人际场域中从头开始，建构一种全新的工作方式、人际网络的再生模式”。根据此定义，“跨界再生”型建构模式的目标主要是在新的工作场域或人际场域拓展发展空间、建构自己理想中的社会角色。需要说明的是，这里所说的“跨界再生”是指跨越到新的场域谋求新的发展的那些积极建构性的假释人员。而有些假释人员由于所犯罪行等原因无法进入原先的工作行业，转而到其他行业工作，但他们只是抱着打打工、维持生存的态度，而未想有大的发展，没有职业追求，这样的适应模式不属于此处的“跨界再生”型模式，而是属于下文要讨论的顺应型适应模式。比如 PY 犯罪前在教育系统工作，出狱后到工厂里打工，但他只是为了生存，抱着“糊糊拉倒”的心态，就是典型的顺应型适应模式。

2. “跨界再生”型建构模式的建构路径——隐瞒、淡化、努力工作

“跨界再生”型建构模式的假释人员通常是通过“隐瞒”“淡化”等策略规避犯罪人身份暴露的风险，同时努力通过小心翼翼地做好本职工作获得新

① 根据国际知名民意调查机构 Ipsos 2010 年发布的一份全球性调查数据显示：东方人比西方人更看重金钱，转型国家比发达国家的人更爱钱，而集中了这两个因素的中国人，才是这个世界上名副其实的拜金主义者。具体来说，在全部 23 个国家的被调查者中，认同“金钱是个人成功最佳象征”这一命题的平均比例为 57%，但中国人的认同比例远高于这个全球平均数，达到 69%。韩国与中国相同，接下来是印度和日本。令人吃惊的是，几乎所有西方国家被调查者认同这一命题的比例都低于这个平均数，美国只有 33%。（参见周晓虹为斯蒂芬·E. 巴坎著，秦晨等译的《犯罪学：社会学的理解》，上海人民出版社 2011 年版所写的译者序第 5 页。）

场域成员的认可，从而逐步在新场域立足。访谈中，多数“跨界再生”型假释人员都提到，人家不知道自己的犯罪历史也就没有必要主动告诉人家，既然在一个新的领域和新的环境，就尽量不让别人知道自己的犯罪历史，那样才能与别人平起平坐，不至于让别人又戴着有色眼镜看待自己。同时，他们也表示，要想在新场域立足，必须踏踏实实努力工作，通过自己的工作态度和工作成果获得别人的认可。

3. “跨界再生”的动力——社会理性的自我价值定向及原场域的嵌入障碍所形成的推力

第一，原场域的嵌入障碍所形成的推力成为部分假释人员“跨界再生”的压力，他们将此压力积极能动地转化为动力。比如，作为会计专业出身的CY，由于挪用公款的犯罪行为，欠下近百万元的债务，使其假释出狱后面临两大嵌入困境：一是职场嵌入困境；二是人际网络嵌入困境。本书在此处运用嵌入困境形容类似CY这样的假释人员，在融入社会的过程中，他们的再就业、社会交往等方面都受到所犯罪行及其衍生的一系列后果的影响。假释人员作为嵌入者，他们的嵌入行动受社会的制度、规范、文化、价值观念等多种因素的影响，但他们在嵌入过程中，是能动的嵌入者，他们会根据特定的情境做出适当的选择和行动。前文已经述及，根据《会计法》等相关法律的规定，CY作为一个犯有挪用公款罪的会计专业出身的假释人员，无法再从事会计职业。即便他具备会计方面的业务能力，也已丧失了从业资格。所以，他不得不另谋出路，跨越到其他行业谋取发展。

在人际交往方面，由于CY尚有近百万元欠款没有还清，大多数亲戚朋友都对他避而远之。这属于经济上的困顿所带来的人际交往的排斥，或者叫嵌入困境。CY犯罪前已奋斗到银行中层管理者的位置。他的人际网络中的亲戚朋友应该不乏经济比较富裕的人。他起初幻想着借助这些亲戚朋友经济上的帮助，自己做生意，因为“到单位应聘受到各种条条框框的限制”。但结果令他非常失望，他主动联系他们，但大多数人对他非常冷淡，明显能感觉到对他的疏远，“从眼神中就能看得出来”。在当前越来越以经济理性为导向的社会互动中，关系网内的其他人总是时刻进行着与他们交往的成本—收益的估算。当预期与他交往不但无利可图，而且可能遭受经济上的损失时，不少人对他选择了回避。这种回避主要是对他经济能力的不信任。由于大多数亲戚朋友的不信任，CY 经历了从愤怒到无奈再到无助的激烈的情绪反应。亲戚朋友的不信任给他带来了深深的伤害。遭受了如此严重的社会排斥，CY 经历了半年的迷茫和反思后，决定不再寄希望于熟人的帮助，转而投向陌生人群，通过互联网寻找工作岗位，最后找到了一份给私人老板开车的工作。

第二，社会理性价值定向也是“跨界再生”的动力之一。与那些出狱后不得不到其他行业工作以维持生存的假释人员不同，“跨界再生”型假释人员更侧重社会理性。他们有强烈的“争口气”“争面子”“做出点事情让别人看看”的自我证明意识。他们的价值定向是重新向社会证明自己。他们把成就、名誉看得更重。这种侧重社会理性的价值取向往往需要付出更多的努力才能如愿，因为他们犯罪人身份的污名化效应以及监禁生活导致的监狱化效应，导致他们对社会理性价值的追求往往并不顺利，可能会经历很多挫折，需要更坚强的意志才能实现。所以，正如自我价值定向理论所说的，“当一种对象对于个体的意义与自我价值相一致时，自我价值会为与这种对象有关的行为输出源源不断的动力，输出动力的大小则取决于有关对象在个体自我价值衡量上的价值高低。一个对象对于自我价值越重要，自我投入这一对象的心理资源越充分，有关行为的动机也越强”，他们在追求这些价值的过程中，发挥了更强的主体能动性。

三、“死而复生”型建构

1. “死而复生”型建构模式的目标

上文将“死而复生”型建构模式界定为“那些犯罪前事业比较成功，犯罪给其事业和心理带来严重打击，但出狱后不甘于现状，而是充分发挥主体能动性，努力克服多种结构性因素的制约，试图重新成就一番事业，再创辉煌的再生模式”。根据此定义，“死而复生”型建构模式的目标是重新成就一番事业，再创辉煌。

2. “死而复生”型建构模式的动力

“死而复生”型建构模式的动力主要是解构被贬损的社会认同和追求自我实现。

犯罪人员群体作为一种被标上污名印记的群体，常常使犯罪人产生强烈的羞耻感。犯罪被戈夫曼称为个人品格的污点。① “这种污名符号(stigma symbols)引人关注不光彩的身份差距，在打碎一幅本可以浑然一体的画面方面特别有效，人们对此人的评价随之降低。”②有些犯罪前事业比较成功的假释人员，出狱后对自己的犯罪人群体身份资格非常不满意，他们努力解构这种污名化的社会认同并重构主流社会群体身份。认同解构意味着行动者对其身上的某种群体资格不再有认同感，他寻求放弃或脱离这种群体资格，并致力于追寻新的群体资格即认同重构。③

认同重构是从类化自我，或者说是从对自我范畴化开始的。“自我从人际互动中得来并存在于复杂的社会中，因此在更复杂、更有组织性的社会结构中，我们就必须类化自我，使自我有更明确的社会联结点。”④一些犯罪前事业比较成功、出狱后仍想再干一番事业的假释人员，经常强调自己跟那些盗窃抢劫等犯罪人员不同，不是一类人，更多地以那些事业比较成功的熟人朋友作为自己的参照群体，努力向后者看齐和接近，尝试重新获得“成功人士”群体资格。

当然，那些出狱后试图重构成功人士身份、获得优势群体资格的假释人员并不是在不切实际地胡思乱想。类似性、接近性和情境显著性都是决定外群体可比性的变量。⑤ 行动者在任何具体语境下，都同时负荷多元资格群

---

① ［美］欧文·戈夫曼：《污名：受损身份管理札记》，宋立宏译，商务印书馆 2009 年版，第 5 页。
② ［美］欧文·戈夫曼：《污名：受损身份管理札记》，宋立宏译，商务印书馆 2009 年版，第 61 页。
③ 方文：《学科制度和社会认同》，中国人民大学出版社 2008 年版，第 84 页。
④ 金盛华：《社会心理学》，高等教育出版社 2010 年版，第 29 页。
⑤ 方文：《学科制度和社会认同》，中国人民大学出版社 2008 年版，第 83 页。

体和多元认同，但哪种群体资格会被激活和凸显，以引导和调节实际的社会行为，主要和行动者的社会知识体系有关。行动者的社会知识体系，关乎特定的社会和文化语境，关乎自身和他人的态度、能力、情感和行为及其后果，也关乎特定群体资格的获得、条件及其行为准则。也就是说，行动者追求某种社会认同，其社会知识体系要具备可接近性、可用性（类似性）和情境显著性。那些想重新干一番事业的假释人员，大多有专业技术或者一定的经济基础和经商经验。他们出狱后经过一定时间的考察后发现自己还能干老本行，即自己的知识体系还能派上用场，再加上看到自己与社会的差距或者受到某些人的冷落，受到人走茶凉等特定情境的刺激，他们本来就不服输的精神被激发出来，于是决定要克服困难，重新开始。

这些不甘平庸、竭力再创辉煌的假释人员最初的心理动机都是为了争口气，也就是极力想通过自己的成就解构污名化的被贬损的身份，向世人证明"我是有能力的"，"我又站起来了"。当然，一旦事业有所起色，自我证明的目的达到以后，他们就自然而然地转向追求自我实现。从个性品质角度来看，他们本来就是属于有进取精神、有强烈的成就动机的人。

3. "死而复生"型建构模式的建构路径

第一，在工作层面，依循明确的职业规划，追求成就型职业动机。比如，之前提到的JZQ和WX都有明确的职业规划，都打算自己做工程，做自己的老本行。JZQ做电力工程，WX做建筑工程。虽然他们在实践中遇到了不少困难，但他们能够咬牙坚持。JZQ先从开海鲜店做起，用他自己的话说，"通过开海鲜店把原来的朋友资源利用起来，重新积累人脉，融入社会"。到第二年笔者再次访谈他的时候，他已经加盟了一家电力工程公司，并决心将这家公司做大做强，做成品牌。WX也是从转包徒弟的小工程做起，继而逐步做大做强。他们都有一定的经济基础，没有生存问题，之所以克服重重困难，坚持做工程，都是为了成就一番事业，争一口气。这跟他们的个性特征及犯罪前的身份有很大关系。从个性上来说，他们都说自己比较要强。从身份上来看，他们犯罪前都是单位领导。JZQ是某国有企业下属的第三产业单位领导，WX是机关单位领导。他们都具有企业家精神的典型特质：自主、进取、精力充沛、勇敢面对挫折。他们的劳动不仅仅是追求物质需要的满足，更多的是通过这种能动性的劳动，确证自我存在的价值和意义。只有在进行事业奋斗的过程中，自我获得相应的劳动成果以及相应的尊严感和成就感时，他们才能得到真正的精神满足。①

第二，在人际交往层面，“混合性关系”的有效修复及主流群体资格的获得。“中国社会的基本特点之一是‘关系本位’。所谓关系本位，就是说在社会生活中‘关系’是最具意义的内容，是一切社会活动的枢纽。”②关系思维成为中国人的首要思维特点。假释人员的思维方式当然也不例外。尤其是那些曾经在政界或商界比较成功的假释人员更是深知关系的重要性。他们出狱后，会有意识地“拉关系”，有意识地去链接因监禁而断裂的人际网络。但是，正如费孝通所说，“中国人也特别对世态炎凉有感触”，因为他们的实力已大不如从前。但他们中多数人也说，“也不是所有的人都不理你”（WX语），“该来往的还是来往，不该来往的都不来往了”（CMI语），“真朋友还是来往的，假朋友都淘汰了”（YXM语）。对此，我国台湾地区学者黄光国提出三种关系，分别是工具性关系、情感性关系和混合性关系，混合性关系中既包括工具性关系又包括情感性关系。肯尼思·博尔丁（Kenneth Boulding）认为可以将权力划分为三种类型：强制性权力、交换性权力及情感性权力。肯尼思·博尔丁注意到了情感因素在权力中的重要意义。比如一个弱小的孩子，在物质层面对其父母毫无优势，但他（她）能使父母心甘情愿地为之付出，主要利用的是情感这一权力杠杆。③被访者所说的继续保持交往的朋友或熟人大多与他们之间属于混合性关系，既具有情感性又具有工具性特点，或者用博尔丁的话说，既有交换性权力又有情感性权力。他们之所以继续跟这些出狱的人来往，一方面是因情感上难以割舍，另一方面，从事业发展

① 季小江、尚会永：“‘三次超越’：论企业家自我精神的发展”，载《贵州社会科学》2009年第5期。

②③ 秦亚青：“关系本位与过程建构：将关系理念植入国际关系理论”，载《中国社会科学》2009年第3期。

等角度而言，这些假释人员对他们应该还有些工具性价值。比如 JZQ 和 WX 都是跟原来的徒弟合作做工程。JZQ 是将在外地发展的徒弟的公司引进 T 市，自己加盟其中。WX 是先从徒弟转包给他一些小工程开始做起，以后逐步发展壮大的。还有一位被访者监理工程师 CJS 说："回来第一时间至少有四个朋友叫我到他的公司去上班，说明我的价值还在。"他们之所以能够有效修复关系并顺利地开展合作，主要是基于情感上的信任和假释人员自身所具有的工具性价值。正是通过这些混合性关系的有效修复，这些想重振辉煌的假释人员逐渐开启了新的事业；随着事业的不断发展和壮大，他们逐渐跻身中上层社会，获得了中上层群体的成员资格。

第二节　顺应型角色适应模式

主体性弱的假释人员，在限制性或阻碍性的环境下，有一定的突破阻碍的信念，但此信念不是十分坚定，在一定的情境下，容易动摇甚至放弃，或者根本没有突破阻碍的信念，处于消极被动的顺应环境状况，此处称这类假释人员的角色适应为顺应型角色适应。简而言之，顺应型角色适应是指假释人员在与社会环境互动过程中，未能发挥较强或很强的主体性对环境实施积极的改造，而是采取一种消极被动的应对方式以达到适应状态的一种角色适应模式。

下面从顺应型角色适应的表现及影响因素两个方面对这种适应模式加以讨论。

一、顺应型角色适应模式的主要表现面向

首先，在工作层面，无远大职业抱负，职业期望侧重生计型动机抑或未再就业。本研究中的 CMI、LY、PY、YXM、ZM 等人之所以没有远大的职业抱负，主要跟客观的年龄、技能、资金等条件有关，同时也跟个体的主体性强

弱有关。顺应型适应模式的人大多在主观上觉得生活过得去、养得活自己就行，把名利等看得很淡。比如第五章中提到的CMI，虽然年龄尚未达到50岁，也有较高的文化水平，但他在做工程及打工不适应后，就选择退回家庭伺候生病的老丈人，觉得"只要生活能维持就行了，不用那么辛苦"。相比较那些建构性社会适应者来看，他们的主体性明显较弱。比如上文中提到的建构性适应的JZQ，虽然出狱时已达51岁，但他并未觉得自己年龄大，仍然要大干一场，甚至要将公司做大做强，做出品牌。

他们没有再就业或者职业期望侧重生计型动机，除了上面提到的跟年龄等因素有关外，主要跟经济状况和性别有关。在经济状况方面，那些没有再就业的人一般依赖于家中其他成员的支持而维持生活，尤其是女性在这方面比较突出。因为女性在儒家文化中历来是属于从属者角色，在现代社会虽然女性的独立性大大增强，但传统文化的影响依然存在，这给女性创造一种可进可退的灵活空间。本研究中的所有被访的三位女性假释人员，出狱后都没有再就业，家人不舍得让经受了牢狱之苦的她们再出去工作。但她们在家庭中也能体现其价值，比如料理家务、照顾小孩等，这在第六章工作整合部分已经详细讨论过。当然，没有再就业的人还是占少数的，多数人为了生存还是要出来工作的，也就是说，他们的工作动机侧重生计型动机。受资金、技术、经验等客观条件的限制以及个体弱主体性的影响，顺应型适应模式的被访者大多没有多大的成就动机，他们觉得打打工，能维持生活就行。

其次，在人际交往层面，拓展社会网络的意识较弱，交往圈子以初级群体为主。由于自我期望较低，没有远大的职业抱负，顺应型适应模式的假释人员在人际交往方面比较被动，他们不会有意识地去主动链接因监禁而断裂的社会网络，甚至有的采取逃避策略。比如PY就认为，自己现在的这种状况，人家也不一定想跟他来往，如果人家不想跟他来往，他去联系人家就是自取其辱。主观上不愿意跟以前的朋友来往，所以联系方式变了，知道可能有些朋友想联系他也联系不上的情况下，他也没有尝试主动联系朋友。

作为有一定社会阅历的成年人，都知道中国社会是个关系社会。如果想再干一番事业，有所作为的话，人们都会有意识地去建构并扩展社会网络。前文提到的建构型适应模式的假释人员便是如此。最明显的例子就是 JZQ。JZQ 在海鲜店开张的时候，给以前所有的熟人朋友都发了请帖。他说："也不指望所有的人都来捧场，但 10 个当中有那么几个就可以了。你要跟人家联系，让人家成全你、帮助你，总得有个平台啊。"跟 JZQ 这种主动链接社会关系网络不同，顺应型适应模式的人大多在人际交往方面采取消极被动态度。也正因为这种消极被动的态度，只有那些真正的知心朋友、兄弟姐妹和家人才会积极地与他们联系，所以他们的交往圈子主要局限于初级社会群体。

二、顺应型角色适应模式的影响因素

第一，顺应型角色适应模式的核心影响因素是较低的自我价值定向。"自我价值指个体选择一定的价值标准对自身进行价值评判所获得的关于自身总体价值的概念。它是个体通过择定的价值标准，对自身进行反身价值评判（以自身为对象的价值评判）的结果。"①相应地，"自我价值定向指个体用以评价自身价值的价值标准和体系的择定"②。金盛华指出，强调自我价值在行为上的定向作用，并不意味着否定环境的影响，而在于强调"外因通过内因"起作用，环境的影响归根结底是通过个体自身的因素，经由自我价值的评价和选择机制折射而实现的。在处于同样的社会适应障碍的情况下，有的假释人员选择积极应对，有的假释人员却对结构性障碍顺应服从，而后者对环境的适应方式就属于我们这里所说的顺应型适应模式。从主体性角度来看，也就是说他们在资源、规则等结构性环境的限制下，未能发挥较强的主体性积极应对。从角色理论视角来看，可以说他们的自我角色期望较低。有的是一开始自我角色期望就低，有的是通过对社会的观察思考

---

①② 金盛华：《社会心理学》，高等教育出版社 2010 年版，第 42 页。

发现要实现自己的原初计划难度较大或很大后，自我角色期望由高转低的。因此，除了自我价值定向，其他诸如年龄、个人资源等也是重要的影响因素。

第二，年龄因素。在接受访谈的 26 位被访者中，年龄接近 60 岁的被访者大多属于顺应型适应模式。比如，LYN 说："等社区矫正期结束我都 61 岁了，还能干什么呢？过过普通日子算了。"PY 说："我都这么大岁数了，也没有什么追求了，就打打工，能养活自己就行，干一天是一天，干到哪天干不动了拉倒。"另外，QJI、XLI、YXM 等 50 多岁的被访者大多都抱着"生活过得去就行""能养活自己就行"的态度。当然，也有例外，比如 CJ 虽然出狱时已 57 岁，但他跟儿子一起搞房地产开发，依然是兴致勃勃，踌躇满志。这既跟他的自我价值定向有关，也跟他的个人资源等因素有关。

第三，个人资源。这里的个人资源包括经济资本、人力资本和社会资本等多方面。科尔曼(James S. Coleman)将资源看作能满足人们需要和利益的物品、非物品以及事件。他将资源进行了分类：第一类是私人物品；第二类是事件(如选举)；第三类是某些专长(如专门技术、信息灵通或相貌出众等)。资源具有一系列性质，如可分割性、可转让性、可保留性、即时交付性以及无外在性等。[①] 那些顺应型适应模式的被访者大多在人力资本、经济资本等方面比较匮乏，即科尔曼所说的"私人物品"比较匮乏。他们缺少专业技术又缺少资金，大多只能打零工维持生计，没有更大的职业追求。而像前面提到的 CJ，虽然已年近六十，但他经济资本雄厚(犯罪前是银行高层管理人员)，社会资本也还能发挥作用，所以他能够继续活跃于社会舞台。

此外，犯罪前的生命历程对假释人员的适应模式也有很大的影响。那些犯罪前事业有成的人更容易采取建构型适应模式，比如上一节提到的 JZQ、CY 以及这里提到的 CJ，而那些犯罪前事业平平的人更容易采取顺应型适应模式。当然，并不是所有犯罪前事业有成的人都会采取建构型适应模式，比如自称女强人的 LYN 最终也采取了顺应型的适应模式，做了家庭

---

① [美] 詹姆斯·S. 科尔曼：《社会理论的基础》，邓方译，社会科学文献出版社 1999 年版，第 40—41 页。

主妇。所以，像上文所说，出狱后的年龄、资源以及个人价值定向共同对假释人员的适应模式产生影响。

总之，上述各种因素相互作用，共同影响着假释人员的角色适应模式。不过，自我价值定向属于个人主体性范畴，是内因，在多种因素中起核心作用。一个人选择怎样的社会适应模式，是个体的主体能动性与主客观条件相互作用的结果。在不利的年龄、技能、资金等客观条件的限制下，个体若没有强烈的改变现状的动机，则大多数人选择顺应型社会适应模式。

第八章　结论与讨论

第一节　研究结论

本书以吉登斯结构化理论为分析视角，以J省T市的假释人员为研究对象，用结构的二重性来探讨他们角色适应的过程，探索他们在此过程中个人与社会之间的互动关系，研究他们适应过程中的现实困境与行动策略，最后阐明这一群体角色适应的模式。

从监禁期的角色中断开始，本书将假释人员的角色适应过程划分为隔离期、“半隔离”期、探索期和重整期四个阶段，阐述他们从角色想象、角色认知与定位到角色冲突、反思与调整再到角色整合与适应的过程。在对角色适应过程讨论的基础上，本书最后提炼出假释人员角色适应的两种模式——建构型角色适应模式和顺应型角色适应模式。

一、社区矫正假释犯角色适应的过程

1. 隔离期：角色中断与角色想象

监禁的封闭性及我国监狱行刑社会化匮乏导致监狱行刑罪犯的角色中断。面对角色中断，即将假释的罪犯只能对出狱后的生活进行虚幻的角色想象。角色想象的类型主要有不敢想象型、美好憧憬型和矛盾冲突型。那些在监狱服刑时间较长的假释人员，尤其是监禁期达10年以上的被访者大多属于"不敢想象型"，他们与社会脱离了太久，无法想象外面的世界，因而也就不敢想象出狱后的生活。多数假释人员属于"矛盾冲突型"，他们既向往狱外自由的生活，又对自己的身份充满了认同焦虑，担心社会不接纳自己。那些"美好憧憬型"的角色想象者出狱后大多都经历了较大的心理落差，想象与现实的距离往往给其角色适应带来一些困扰。

2. "半隔离"期：角色认知与定位

出狱初期，由于受到环境、健康、经济、人际交往、心理因素等方面的制约，假释人员仍与社会保持"半隔离"状态，只能在与社会的有限接触中，对自己即将扮演的社会角色进行间接的角色认知和初步的角色定位。由于社会信息了解的间接性，社会交往的片面性和表面化，那些犯罪前事业比较成功的假释人员容易不切实际地进行较高的自我定位，即出现角色定位错位现象。角色定位错位者，在接下来的角色探索阶段容易遭遇更激烈的角色冲突，需要在冲突中经历痛苦的反思性监控和调整才能进入角色整合和适应阶段。而定位比较准确者的探索过程则比较顺利，能较快地进入角色整合和适应状态。因此，"半隔离"期角色定位准确与否将决定其后面的角色探索过程是否顺利。

3. 探索期：角色冲突、领悟与调整

在角色探索阶段，由于客观上宏观配置性资源的断裂、规范性规则的刚性制约、表意性规则的隐形约束以及主观上经济资本的匮乏抑或运作场域的缺失、社会资本的期盼与失灵、人力资本的脱域及职业惯习的阻滞、身份优越感的延迟效应等多方面因素的影响，假释人员容易遭遇罪犯与公众之间的角色间冲突以及社区服刑人员角色与职业角色、犯罪前后新旧角色等角色内冲突。经过冲突中的反思性监控，多数人达到了更进一步的角色领悟，并对起初的角色定位进行了不同的调整。有的通过经济资本运作场域的谨慎开拓、人力资本的充分挖掘、特殊主义信任及弱者武器的运用、隐忍自勉、重建圈子等策略对结构进行了能动运作，有的则对结构性环境因素选择了顺应服从，少数诸如涉毒、赌、盗窃等类型的假释人员则在不利处境下，加之不良惯习的累积效应，造成角色调整失败，重新走上违法犯罪之路。

4. 重整期：角色实践与整合

在角色定位期定位比较准确者较顺利地进入了角色整合阶段，而那些起初定位错位者，经过冲突、反思及调整后方实现较为准确的定位，然后才进入角色重整期，即在角色实践中，逐渐实现角色整合。在工作整合方面，主要呈现为平稳型整合或发展型整合；在人际整合方面，主要呈现为退缩型整合或拓展型整合；在心理整合方面，主要通过意义探究、控制感重塑和自尊重建几个逐渐递进阶段，最终实现了自我认同的重塑。至此，假释人员在最深层的层面——心理层面基本实现了整合和适应，标志着其整体基本达到角色适应状态。

二、假释人员角色适应的模式

在强弱不同的主体性与结构性因素的相互作用下，假释人员的角色适应模式主要有建构型角色适应和顺应型角色适应。其中建构型适应模式中主要有“自截再生”“死而复生”“跨界再生”三种亚类型。“自截再生”指那些“浪子回头”式的角色再造模式。他们之所以能够对过去那个经常越轨的自己彻底洗心革面，主要源于感恩和责任感以及二者所激发的强烈的“自截再生”的决心。“死而复生”主要指那些犯罪前事业比较成功，出狱后不甘于现状，经过对规则、资源的能动运作再一次开创新事业的炼狱重生式的角色建构模式。“跨界再生”特指那些因特殊的犯罪类型，受原有职业场域或人际场域的强烈排斥，为构建自己理想中的角色，跨越到全新场域开拓发展空间的假释人员的角色建构模式。顺应型适应模式则是在主客观结构性环境因素的制约下，个体未能发挥较强的主体性对规则、资源进行能动运作，而是对环境强加的制约采取顺应服从态度的消极被动式适应模式。当然也有少数假释人员在主客观因素共同作用下角色适应失败，重新走上违法犯罪之路。

第二节　讨　　论

一、假释人员的弱势性与主体能动性

1. 假释人员是一个特殊的弱势群体

虽然假释人员“认真遵守监规，接受教育改造，确有悔改表现，不致再危害社会”，被司法机关附条件提前释放，但往往被人们视为危险人物而被排斥到群体之外或游走于社区的“边缘”，他们无法与其他人享有同等的权利和自由。

首先，我国的重刑主义法律文化及注重人伦道德教化的儒家文化传统在观念层面赋予假释人员负面标签。受重刑主义及注重人伦道德教化等文化传统的影响，我国公众很容易通过社会分类将假释人员建构为社会中的他者、异类，贴上“坏人”标签。“好人—坏人”这一显示着群体之间高下优劣的二元概念借助大众传媒及其他社会舆论的各种话语建构过程不断强化，进而造成公众根深蒂固的歧视与偏见。[①] 重刑主义就像一个无法摆脱的幽灵，一直在国人的心中游荡。古往今来，社会成员通过整合国家重刑主义指导下的对犯罪的宣传及个人的相关经验，将犯罪人跟丑恶、残酷、令人憎恶等特定认知模式联系在一起。儒家文化极为注重人伦道德教化，犯罪被视为缺乏教化的严重道德失范行为。中国的封建宗法社会是“伦理本位的社

① 管健：“身份污名的建构与社会表征——以天津N辖域的农民工为例”，载《青年研究》2006年第3期。

会”，“中国人就家庭关系推广发挥，以伦理组织社会”[①]。在这样的伦理社会中，人与人之间的名分、地位、关系、责任、义务等诸多方面都是靠从小的道德教化得以实现的。中国的孩子从小就在家庭、社区中接受道德教化，若出现不轨行为，常被认为是教化不够造成的。[②] 若出现犯罪这样的严重越轨行为，犯罪者本人往往背负沉重的道德污名。

其次，多达数百条对假释人员在就业、户籍、社会保险等方面权益的限制性政策构成了对假释人员的制度排斥。这里将那些以不同层次的立法和规范性文件为形式的对假释人员的社会排斥现象称为制度排斥，主要包括就业制度、户籍制度以及社会保险等其他权益的限制性制度。应培礼通过对北大法律信息网进行检索，发现对刑释人员的制度排斥范围较广，相关法律法规及规范性文件有 362 部。[③] 在就业方面，前文提到，一些法律法规对假释人员的从业范围有严格的限制，比如《教师法》《会计法》《执业医师法》等法律都将受过刑罚处罚的人作为从业禁止人员。在户籍方面，2003 年 7 月之前被判刑人员均需注销户籍，在此之前的服刑人员刑释后面临户籍安置问题，与户籍相关的其他利益也很难得到保证，甚至被剥夺。在其他权益方面，有些假释人员还受到包括资质考试排斥、职级晋升排斥以及不得从事一些民事行为的限制等。这些限制虽在一定时期有一定的合理性，但也存在着限制过于宽泛、执行不够规范等问题，给假释人员心理上带来很大影响，甚至造成客观上的生活困难，不利于其回归社会、融入社会。

最后，人际疏离及就业歧视。前文已经提及，当假释人员出狱后尝试联系亲戚、熟人、朋友的时候，不少人遭遇了冷眼。在求职过程中，也经常受到歧视。比如前科汇报制度直接将假释人员排斥于正规劳动力市场之外，即便是打零工，用人单位若知道他们有犯罪历史一般也都拒绝录用。有的假

---

① 梁漱溟：《中国文化要义》，上海世纪出版集团 2005 年版，第 57—58 页。

② L. H. Yang & A. Kleinman, "'Face' and the Embodiment of Stigma in China: the Cases of Schizophrenia and AIDS," *Social Science & Medicine*, Vol. 67, 2008: 398 - 408.

③ 应培礼："论刑满释放人员回归社会的制度排斥"，载《法学》2014 年第 5 期。

释人员即使隐瞒犯罪历史实现了就业，用人单位一旦知道他们有犯罪记录后也可能以种种理由为借口将其解雇。

这些现实遭遇与个体对传统文化及社会舆论中罪犯负面形象的内化与认同相互交织，导致假释人员在出狱初期非常的自卑、敏感、无助，是一个兼具风险性与脆弱性的特殊的弱势群体。

然而，作为能动的主体，假释人员并非总是这些污名和歧视的消极接受者，随着时间的推移，大多数假释人员努力发挥主体性，积极建构新的空间。正如社会工作的优势视角理论所说，所有的案主都是有潜能的，即便是处于困境中的案主也有改变的可能。人们不但获益于成功经验，而且获益于受到的挫折。[①]

2. 假释人员的主体能动性：在困境中反思、调整和适应

前文在论述假释人员的角色建构模式时已经提到人的主体性就是指“人作为社会生活实践的主体，其行动过程体现出的自主性、能动性和创造性”。吉登斯认为，“能动作用不仅仅指人们在做事情时所具有的意图，而是首先指他们做这些事情的能力。能动作用涉及个人充当实施者的那些事件，即在行为既有顺序的任一阶段，个人都可以用不同的方式来行事。倘若这个人不曾介入，所发生的事或许就不会发生”[②]。结构因素固然对人构成约束，但也为个人提供了文化资源，成为个人主动性行动的后援，相对于社会结构的约束，个人不是完全被动的。人不纯粹是文化麻木的载体，他有相当的思想与行动的空间来适应、调整乃至改变这些结构。[③] 假释人员在遭遇制度排斥、人际疏离、就业歧视等结构性因素制约时，要积极发挥主体能动性来调整乃至改变自己的处境：首先通过选择性比较抑或自我合理化等防御性策略进行自我协商，以求得内心的释然，接纳现实处境；然后通过积极

① 丹尼斯·塞勒伯：《优势视角——社会工作实践的新模式》，李亚文、杜立婕译，华东理工大学出版社2004年版，第72—73页。

② 安东尼·吉登斯：《社会的构成》，李康、李猛译，生活·读书·新知三联书店1998年版，第69—70页。

③ 金耀基：《中国社会与文化》，牛津大学出版社1993年版，第Ⅷ页。

预期、个人资源的充分挖掘、寻求“自己人”的支持抑或重建圈子等建构性策略积极消解污名，重构身份认同。

首先，选择性比较及自我合理化。前文曾提到，假释人员往往通过与比自己状况差的人比较，即向下比较的策略，进行自我安慰，求得心理平衡。除了选择性比较策略，自我合理化是假释人员运用较多的另一种防御性的应对污名的策略。假释人员对社会成员针对自己的污名化给予合理化诠释，从而使自己接纳当下的处境，达到内心的安宁。比如，有的人从人的自利性角度来理解他人的行为，宽慰自己，认为人走茶凉是很正常的事。有的人通过换位思考对对方的行为做合理化解释，设想如果是别人犯罪，自己作为普通社会成员也许也会对他有歧视。

其次，积极预期及个人资源的充分挖掘。心理学家发现，“想象”这一心理过程具有“超前认知”的功能。“当对未来的想象伴之以对事物的因果判断或发生概率判断时，就成为预期。”“对未来的积极预期，会化解目前生活中的不尽如人意之处，着眼未来，一切向前看，从而提高满意感。”①假释人员通过对未来的积极预期，缓解各种排斥和歧视给自己带来的压力，改善精神状况，提高生活满意度。在对未来积极预期的基础上，假释人员重新检视了自我资源，挖掘自身及其所处环境中的优势，为实现预期目标做准备。假释人员所挖掘到的资源主要有资金、专业技术证书等私人物品及驾驶技术、管理经验等专长，有的人资源实在匮乏，甚至将吃苦耐劳的精神视为自己的优势资源以激励自己振作起来重新开始。比如JZQ、CK等人犯罪前是公司高层管理人员，家里有一定的积蓄，出狱后利用积蓄做生意和开发房地产。WX将自己的各类代表专业水平的证书挂靠到建筑公司获取报酬。在专长方面，不少假释人员对自己的人力资本进行了充分挖掘和运用。本研究中，有4位被访者充分运用了自己的驾驶技术，其中三位给私人公司开车送货（CY、GK、SG），一位做了驾校的教练（CJG）。还有一些假释人员客观评估

① 杨宜音、张曙光：《社会心理学》，首都经济贸易大学出版社2015年版，第69—70页。

了自己的专业技术水平并充分地予以发挥。比如上文提到的WX，除了将证书挂靠在建筑公司获取报酬，还从徒弟处承接一些小工程项目来经营。再如，CJS曾经开设监理公司，因重大责任事故罪入狱，监理公司执照被注销，出狱后运用自己的监理工程师技术到朋友的公司做副总。有些假释人员觉得，只要自己有吃苦耐劳的精神，一切都可以从头再来。比如HJK认为自己当过兵能吃苦，相信自己只要愿意吃苦，一切都会好起来的。

最后，寻求“自己人”的支持抑或重建圈子。为了规避相关制度的限制以及前科汇报等制度引起的排斥，多数假释人员通过亲朋好友等“自己人”寻求工作。这里的“自己人”概念是杨宜音教授对中国文化中的“关系”进行分类时提出的。[①] 杨宜音教授根据先赋性与交往性两个维度提出了中国关系的“自己人/外人”分类法。先赋性高且交往性高以及先赋性低且交往性高的两类人被称为“自己人”。“‘自己人’是中国人在先赋性的亲属制度上创造的交往空间，也是交往双方个人特性好恶的真情表达。”[②]本研究发现，真正对假释人员不离不弃、倾情给予帮助的主要是家人和关系亲密的朋友，也就是杨宜音教授所说的“自己人”。“自己人”有个共同特点，就是交往性高。正是在密切的交往中建立了深厚的感情，而且对对方的品性非常了解，不会因犯罪而对其污名化。另外，从用人单位角度而言，只有通过双方共同的“自己人”牵线搭桥，用人单位才会相信此人虽然曾经犯了某种罪行，但此刻已值得信任。除了寻求“自己人”的支持，有些情况特殊的假释人员除了自己的家人，其他人际网络几乎断裂，只能重建社交圈子。此种情况一般跟犯罪类型及刑期长短有较大关联。从犯罪类型来看，一般而言，犯了盗窃罪、抢劫罪、诈骗罪（尤其对熟人进行诈骗）、故意杀人罪等罪行的假释人员，即便是关系较好的朋友也会对其疏远。除了犯罪类型，刑期较长也会对假释人员的人际网络产生较大影响，造成原有关系网络的断裂。由于入狱之前的社会网络几乎断裂，他们基本上都是通过新的工作岗位重建自己的社

① 杨宜音、张曙光：《社会心理学》，首都经济贸易大学出版社2015年版，第69页。
② 杨宜音、张曙光：《社会心理学》，首都经济贸易大学出版社2015年版，第164页。

交圈子。在新的圈子里，为了避免遭受歧视，他们一般都极力隐瞒犯罪历史，尽量不披露身份。

总之，虽然出狱初期大多数假释人员深受“罪犯”污名困扰，但作为能动的主体，他们并没有气馁，而是通过选择性比较、自我合理化、积极预期等认知的调整以及充分挖掘个人资源、寻求“自己人”支持及重建圈子等能动性行为努力建构自己的空间并积极追求成就的获得，以解构这种污名化的社会认同并重构主流社会群体身份。身份认同的重构是从类化自我，或者说是从对自我类别化开始的。假释人员的自我类别化是基于对自己的年龄、技术、经济资本等条件综合权衡后做出的。本研究发现，假释人员主要有两种类型的身份重构：一是重构普通群体身份，二是重构优势群体身份。26名被访者中，除了CK、JZQ、CJS 3位被访者重构了优势群体身份，有2名被访者重新违法犯罪，其余21名被访者基本都逐渐融入社会，重构了普通社会成员身份。也就是说，除了2位被访者对各种结构性障碍采取消极对抗方式而重新犯罪外，其他24名被访者最后都逐渐摆脱了“犯罪人”的污名困扰，重构了自己较为认同和接纳的身份，回归了正常的社会生活。面对重重阻碍，假释人员为什么能够发挥较强甚至很强的主体能动性，最终逐渐融入社会？其背后的动力因素何在？本研究发现，面子、恩惠、家庭等文化符号经常出现在假释人员角色适应过程的叙事中。对给予自己帮助之人的感戴之情、对家庭的责任意识以及面子关怀是假释人员积极与结构性制约因素抗争的强大动力。基于这一研究发现，笔者建议相关部门在假释人员帮扶中努力激发他们的责任意识、感恩情绪和面子心理。而要激发他们的责任意识、感恩情绪和面子心理，则需要实实在在的帮扶措施。比如，许多假释人员在出狱初期为了挽回面子，决心改头换面，重新开始。这时候政府和社会应在创业和就业等方面给予帮助，助推他们挽回面子，若得不到及时帮助，遭遇歧视，他们很可能由于丢失了面子而自暴自弃，重新犯罪。

假释人员角色适应的过程表明，客体主义者强调的结构、制度、制约性和主体主义者强调的人的主观性、能动性、创造性并不是二元对立的，在社会实践过程中,这些因素是通过人的行动而动态地相互作用、相互转化的。社会结构既有制约性又有使动性。因为人不是社会结构制约因素的傀儡,而是具有反思性的。正如吉登斯所说,“就社会实践循环往复的安排过程而言,最深入地卷入其中的因素,就是人类行动者认知能力所特有的反思性特征”①。比如JZQ等假释人员起初寄希望于朋友的帮助自己做工程,但在朋友们多次口头答应却迟迟不付诸实际行动后,他开始反思自己的做法,觉得自己当下的处境不宜过于依赖朋友,而应该自力更生,即便想借助朋友的帮忙,也只能让别人帮帮小忙,因为若想从朋友那里获得大笔的资金支持或者让朋友的工程委托给自己来做,朋友对自己的资金投资安全性有顾虑,对自己能否保质保量做好一项工程也有顾虑。自己以前虽然是国企下面的第三产业公司经理,但出狱后单干并无经验,手下也尚不具备一支成熟的队伍,朋友怎么能放心将工程托付给自己做呢?经过这样一番反思,JZQ改变思路,从小本生意做起,开海鲜礼品店,这样逢年过节的时候,圈子里的朋友需要购买海鲜礼品可以到自己的店里来购买,既满足了朋友自身的需求,又可以照顾自己的生意,还可以借助这个海鲜礼品店重新建构社会网络。果然,放低自己的定位和对朋友的期望后,JZQ的海鲜礼品店开得很成功。通过海鲜礼品店的成功经营,JZQ在两年多的时间里不仅找回了自信,而且重新建立甚至拓展了人脉,为接下来做自己的老本行——电力工程打下了较好的经济基础和人脉基础。JZQ曲折的创业之路反映了人们在社会实践中的反思性特征。吉登斯说,“最好把反思性看作根植于人们所展现、并期待他人也如此展现的对行动的持续监控过程”②。JZQ在反思和调整自己的行动方案的时候,也不断在揣度别人的心理,期待朋友们也不断反思自己的行动。比如在决定开海鲜店的时候,他在思考:“我想朋友们逢年过节买海鲜送人到别人家也是买,到我这里也是买,而且觉得以前跟我交情还不错,我出来后他们别的方面也没帮什么忙,这点小忙应该不会拒绝的。我开业的时候就广发

①② [英]安东尼·吉登斯:《社会的构成》,李康、李猛译,生活·读书·新知三联书店1998年版,第62页。

请柬，十个朋友中能来一半我就知足了，我的生意就好做了。”JZQ 就是这样在与朋友的接触中，通过不断观察对方的言行和反应，反思自己的做法是否合理，揣摩朋友们的心理、朋友们的顾虑、朋友们与自己的交情及可能的行动选择，从而不断调整创业思路。正如吉登斯所说，人们是在与他人的联系中、在社会情境的共同关照中开展反思性监控的，强调人的行动在时空中的情境关联。

这种在社会情境的共同关照中开展的反思性监控体现了人的能动性。除了吉登斯的结构化理论，托马斯(William Thomas)的“情境定义”理论、布鲁默的符号互动论、特纳的过程角色理论等都对人的能动性和反思性给予了足够的重视。比如托马斯的情境定义理论认为，在行为上任何自我决定的举动之前总是有着审视和辩说的阶段，这就是对处境的定义。布鲁默的符号互动论认为，社会组织提供了一个框架，各个行动单位均可在其间发展其行动，诸如“文化”“社会系统”“社会分层”或者“社会角色”之类的社会结构性特征为他们的行动设置了条件，但却并不决定他们的行动。吉登斯说：“能动作用不仅仅指人们在做事情时所具有的意图，而是首先指他们做这些事情的能力。”①“我们说有能力‘换一种方式行事’，就是说能够介入、干预这个世界，或是能够摆脱这种干预，同时产生影响事件的特定过程或事态的效果。”②由于监禁生活中断了社会化过程，不少假释人员在出狱初期感到迷茫，而且还遭受各种污名化，几乎举步维艰。但他们表现了较强甚至很强的主体能动性，对各种规则和资源进行能动运作，最终以自己的方式达到基本适应状态。比如，很多人出狱初期遭受面子问题的困扰，但他们并未一直沉沦哀怨，而是通过努力积极挣回面子。所以，面子文化对犯罪人而言既是一种污名性的结构性因素，又是一种使动因素和激发力量。比如 JZQ、CJS 等人一再强调，犯罪行为既然已经丢了面子，现在假释出来了，不做出点事情

① ［英］安东尼·吉登斯：《社会的构成》，李康、李猛译，生活·读书·新知三联书店 1998 年版，第 69 页。

② ［英］安东尼·吉登斯：《社会的构成》，李康、李猛译，生活·读书·新知三联书店 1998 年版，第 76 页。

给别人看看，会更让别人瞧不起。为了争口气，也要重新奋斗。吉登斯认为，所有开展社会活动的人和人类全部社会活动都有权力。这里的权力指对事件状态和进程改变的能力。不仅支配者占有着某种资源，依附者也掌握着某些资源，他们也可以凭借自己的资源影响支配者的行动。“所有依附形式都提供了某些资源，臣属者可以借助它们来影响居于支配地位的人的活动。”①假释人员出狱后虽然丧失了很多资源而且带着犯罪人的污名，属于一种特殊的弱势群体，但多数人发挥了自己的主体能动性，逐步改善状态、融入社会，展现了“对事件状态和进程改变的能力”。

二、假释人员的角色适应与社会工作干预策略

1. *以再社会化为目标将假释人员的社会适应工作向释前延伸并多维拓展*

现代犯罪学研究表明，犯罪并非完全是行为人自由意志的选择，而是个人、环境、社会等诸多因素综合作用的产物。社会化过程中不良社会因素的影响是犯罪的主要原因。法国法医学教授亚历山大·拉卡萨涅(Alexandre Lacassagne)形象地把犯罪比作细菌，把社会比作培养基。因此，只有对犯罪人个体及与其相关的环境因素进行综合干预，才能促进他恢复社会功能，成功地再社会化。国外经验表明，要使犯罪人出狱后更好地适应社会，应从服刑之日起就以再社会化为目标，对其进行全方位的教育、矫正和帮扶。具体做法是：

首先，从犯罪人服刑之日起，就对他们个人及家庭等社会支持系统进行评估、分类，制定个性化教育矫正方案。比如，可以运用个案工作、小组工作等多种方法对他们的认知、心理、行为进行干预，纠正他们偏差的认知、心理、行为模式，提高他们的自尊、自信、自我价值感；对那些家庭关系不良者，要运用家庭治疗等方法帮助他们调节家庭关系、完善家庭功能，以便为其获

① ［英］安东尼·吉登斯：《社会的构成》，李康、李猛译，生活·读书·新知三联书店 1998 年版，第 78 页。

得家人的支持及出狱后拥有和谐的家庭氛围奠定基础。

其次，在犯罪人即将释放的前半年，社会上的帮教安置工作人员就深入监狱帮助他们做各种出狱准备工作。比如：了解他们的心理状况和想法；帮助他们制订出狱计划、展望出狱后可能面临的问题及解决问题的方法；帮助他们加强与外部社会的联系与沟通，如加强与家人、亲友的联系，甚至可以为他们提前寻找就业单位。

最后，释放后，帮教安置机构不仅在就业方面，而且在住房、衣食、医疗、心理、法律咨询、人际交往等各个方面对他们进行帮助和指导。

总之，要增强假释人员的社会适应能力，降低重新犯罪率，国家应大力加强监狱服刑人员及假释人员的矫正教育帮扶性项目的实施，而非仅仅停留在对他们的监督管理上。

2. 加强宣传引导和制度创新，调动社会力量参与假释人员帮扶工作的积极性

首先，加强宣传引导工作，转变公众的犯罪观和行刑观。受重刑主义文化传统的影响，我国公众的观念中深深地根植着“善有善报、恶有恶报”的思想，对犯罪人普遍存在身份歧视。许多群众对犯罪人的教育矫正帮扶工作缺乏足够的理解和重视，甚至认为政府和社会帮助犯罪人就是鼓励犯罪。因此，应通过大众传媒等手段加强引导工作，逐渐转变公众的重刑主义理念，使人们能够理性地、全面地看待犯罪现象及犯罪人群体，淡化犯罪标签，充分认识到做好犯罪人的教育矫正帮扶工作对于减少和避免重新违法犯罪、维护社会稳定的重要意义，从而积极投入到犯罪人的帮教工作中来。

其次，进行制度创新，政社分工合作，构建多元竞争、互补的犯罪人帮扶公共产品提供体系。我国目前监狱服刑人员的矫正工作主要由监狱开展，假释人员的帮教安置工作主要由安置帮教领导小组领导，公安、民政、社保等部门协同参与，基层司法所具体组织实施，并吸收社会志愿者等社会力量参与。但总体而言，假释人员的帮教工作中存在着管理体制不顺、专职工作人员配备不足、社会力量参与不够等比较突出的问题。我国应借鉴国外经

验，广泛动员和吸收社会力量参与到犯罪人的帮教工作中来。文献显示，在英美等西方国家，无论是监狱行刑、社区行刑，还是假释人员的保护工作，都是在政府主导下，通过制度化的措施使其他社会主体尤其是民间社会组织广泛参与其中，政府对民间社会组织的工作进行引导、监督和资助，这样有利于提高帮教工作的专业性、针对性，有利于犯罪人人格的完善，从而真正适应社会。我国需要进行制度创新，大力发展民间社会组织，将监狱服刑人员以及假释人员的就业技能培训、心理咨询、家庭关系调解等工作通过招标或委托服务的方式由各种专业性民间社会组织来承接，政府对民间社会组织的工作履行监管与服务职能。这样既有利于调动社会力量参与假释人员帮教工作的积极性，形成一个多元竞争、互补的犯罪人帮扶公共产品提供体系，又有利于政府与社会的分工合作，提高罪犯教育矫正帮扶工作的效果。

在具体的帮扶措施上，根据前文研究发现的假释人员回归社会过程中阶段性的突出问题，建议从以下几方面进行介入：

首先，运用理性情绪疗法帮助假释人员理性诠释犯罪意义，克服非理性情绪。在意义探究阶段，如果假释人员不能对自己的犯罪原因和后果进行恰当的诠释，则容易出现类似上文提到的 LYN 等人那样的自责、懊恼甚至悔恨情绪。长期处于这样的负面情绪中对其融入社会极为不利。可以通过理性情绪疗法帮助假释人员理性诠释犯罪的意义。下面以 LYN 为例，简要介绍理性情绪疗法对假释人员自责悔恨情绪的介入步骤。第一步，心理诊断。与假释人员建立良好的专业关系，并在此基础上弄清楚假释人员不合理的思维方式和信念有哪些。比如 LYN 出狱初期“恨自己当初没有把握好，临退休了出事了”，“要不是出事了，现在退休金每个月好几千元”等想法都是不合理的思维方式。第二步，领悟。让假释人员认识到情绪困扰来源于不合理的信念。即让 LYN 认识到她的焦虑烦躁等情绪主要是由于她总是不能接受现实，希望犯罪事件（受贿行为）没有发生。第三步，修通。主要采取与不合理的信念进行辩论的方法，使假释人员认清自己不合理的信念，而慢慢放弃不合理的信念。比如通过辩论，让 LYN 认清“要不是出事了，现在退休金每个月好几千元”等想法是不切实际的，从而使她慢慢放弃这种想法。第四步，再教育。让假释人员学会用合理的思维方式代替不合理的思维方式，以巩固治疗效果。比如让 LYN 逐步用“既然没有退休工资了，我如何通过自己的智慧过好接下来的生活”等想法代替之前的那些不合理信念。第五步，完成家庭作业。家庭作业主要有：与不合理的信念辩论、合理的自我分析、理性情绪自助量表等。要求 LYN 回家后出现不合理的信念时就提醒自己与之辩论，并进行合理的自我分析，进而列出一系列理性情绪自助量表，经常用理性情绪进行思考。通过这些作业的巩固，我们就会逐渐变得像艾利斯所说的那样，“那些我们持续不断地对我们自己所说的话经常就是，或者就会变成我们的思想和情绪”①。

其次，为假释人员开展同伴教育小组，助其抵御不良诱惑，坚定回归决心。像上文提到的 SG、TGK 等犯罪前长期混迹于不良朋友圈中的假释人员，尤其是所犯罪行为涉毒、涉赌类的假释人员，出狱后极易受到不良朋友的诱惑重新从事违法犯罪活动，特别是像 TGK 那样出狱后无家可归、无亲可投、无业可就的三无人员，重新犯罪风险更高。国外经常邀请成功适应社会的假释人员作为指导者为新释放的假释人员开展同伴教育工作。我国专门从事戒毒社会工作的社会组织——上海自强社会服务总社，自 2004 年起运用同伴教育方式帮助吸毒康复人员戒毒，取得了较好的成效。我们在帮助假释人员抵制不良诱惑、树立生活信心方面，可以借鉴他们的做法，从优势视角和意义建构理论出发，运用同伴教育小组的形式促使假释人员通过“自我探索”“情感体验”“意义建构”等路径，从灵魂深处认识自我，探索生命的意义，从而能够坚决远离犯罪土壤，开启新的人生。

再次，加强职业生涯规划辅导和职业技能培训，帮助假释人员尽早确立生活目标。在“确立生活目标”方面，像上文提到的 JZQ 之所以经历了大半年艰难的摸索和尝试，最后才找到适合自己的目标，主要在于出狱之前缺少

---

① 陈志霞：《个案社会工作》，华中科技大学出版社 2006 年版，第 203 页。

职业生涯规划。职业生涯规划及职业技能培训应该从犯罪人入狱初期就开展起来。比如，德国监狱在20世纪30年代就为每3～4名罪犯配备一名社会工作者，社工配合各个部门为犯人制订改造计划，其中就包括职业生涯规划和相应的职业技能培训。[①] 国家综治委在2004年和2010年分别发布了关于加强刑满释放人员安置帮教工作的意见，对刑释人员的职业培训等工作做了明确规定。但由于政府相关部门之间缺乏沟通配合，这些工作未能充分有效地开展。国外安置帮教基金很大部分由社会捐赠所得，而且生涯规划辅导、职业技能培训等工作通常由专业社会组织承担。我国也应该借鉴国际上的做法，鼓励社会组织等社会力量参与到假释人员的生涯规划辅导、职业技能培训等工作中。可喜的是，2016年10月司法部、中央综治办、民政部、财政部联合制定印发了《关于社会组织参与帮教刑满释放人员工作的意见》，该《意见》在社会组织参与帮教刑释人员工作的组织引导、政策支持、组织实施等方面都做了明确的规定，可望能使刑释人员的生涯规划辅导、职业技能培训等工作更加扎实有效地开展，从而使他们能够更早、更准确地确立生活目标，加快融入社会的步伐。

最后，重视风险评估工作，及时化解假释人员的困难和风险。在自尊重建阶段，通过成就感实现的自尊重建可称为进取性重建，而通过繁衍感和向下比较的方式重建自尊可称为防御性重建。通过防御性方式重建的自尊是比较脆弱的，当遭遇挫折时，脆弱的自尊极易崩溃。即便是进取性自尊重建者，他们在自尊重建的过程中也容易遭遇各种风险，比如在就业、创业过程中，一旦遭遇失败，他们很可能一蹶不振。因为假释人员是一个抗风险能力极其脆弱的群体，所以，即便在假释人员的工作和生活已经步入正轨的平稳期，也不能放松对他们的风险评估工作，而应从其自身因素（文化水平、职业技能、性格特征、工作状况等）、家庭关系、家庭经济条件、社会交往等多个维度定期综合评估，预测风险。同时，要严格执行社区矫正制度及安置帮教工

① 高梅书："国外出狱人社会适应研究及对当代中国的启示"，载《华东理工大学学报》（社会科学版）2013年第1期。

作的电话汇报、家庭走访、单位走访等规定，切实关心假释人员的工作生活状况，了解他们的困难和需求并及时提供援助，从而化解风险，帮助其逐渐深度融入社会。

三、研究局限及今后的研究方向

本研究是基于26位社区矫正假释犯深度访谈资料的一项质性探索性研究，尚有较多不足之处有待日后进一步研究：

首先，假释人员的角色适应过程受个体的主体性、所犯罪行、所拥有的资源(人力资本、经济资本、社会资本等)、所遭遇的社会排斥等多方面因素的共同作用，而这些因素是如何交互影响，这种交互影响的过程如何呈现，仍是尚待继续努力的地方。

其次，本书主要是基于假释人员的深度访谈资料而进行的质性研究，虽有一定的深度，但假释人员在就业、人际交往、社区矫正规范等社会适应的主要维度方面究竟可以用哪些量化指标加以测量，并加以科学地论证，是有待深入研究的方面。

最后，本书初步探讨了假释人员角色适应的过程和模式，但对不同类型假释人员角色适应的特征分析尚缺乏深度。对不同性别、年龄、犯罪类型等人口学、社会学特征的假释人员进行分类的基础上的具体类型分析，也是未来研究需要加强之处。未来将扩大研究对象的范围和数量，对这一群体开展深入的定量研究和比较研究。

附录1　访 谈 提 纲

一、访谈社区矫正假释犯

1. 请谈谈您的求学经历(文化程度、所学专业等)和工作经历。

2. 您在监狱里是否接受过就业技能培训或其他方面知识的学习?

3. 出狱前监狱为你们做了哪些准备? 您自己做了哪些准备?

4. 出狱前您有哪些打算、想法? 出来后的情况与您之前在监狱里想象的有没有差距?

5. 在监狱里,家人常来看您吗?

6. 刚出来时,您是如何与家人相处的? 现在与家人相处情况怎样? 与刚回来相比有怎样的变化? 变化的原因有哪些?

7. 家人给予您哪些帮助和支持?

8. 在监狱里,亲戚常来看您吗? 出狱后与亲戚之间交往如何?

9. 在监狱时,是否有朋友来看您? 刚出来时,您的交友情况是怎样的? 现在呢? 说说其中的变化及原因。以前的朋友是否给了您帮助? 提供了哪些帮助(物质、情感)? 出来后,是否结交了新朋友? 通过什么途径结交的?

与新朋友之间有哪些交往？在一起主要干什么？

10. 回来后与邻里之间交往怎么样？

11. 回来后与以前的同事之间交往怎么样？

12. 政府部门给了您哪些帮助？社区居委会(村委会)给您哪些帮助？

13. 出来后就业情况怎样？您是如何获得第一份工作的？找工作过程中是否遇到一些困难？遇到困难是如何克服的？找工作经历了一个怎样的过程？您对找工作的过程有怎样的感受或体会？

14. 您身体情况如何？

15. 社会福利支持情况如何(养老保险、医疗保险、医疗救助等)？

16. 总体而言,您觉得适应现在的生活吗？为什么？您觉得现在的生活哪些方面感觉适应,哪些方面感觉不适应？

17. 您觉得您适应社会环境经历了一个怎样的过程？在这其中有几个阶段？每个阶段大约多长时间？每个阶段有什么样的特征(比如一开始是怎样的状态？后来是怎样的状态？是什么因素导致了后来的变化?)？

18. 您刚出来时是怎样的心情,后来心情发生了怎样的变化,现在是怎样的心情？

19. 您觉得哪些因素对您的社会适应有影响？您认为对您适应社会影响最大的因素是什么？

20. 您对未来有什么期待或打算？

二、访谈社区矫正工作者

1. 总体而言,您觉得假释人员刚从监狱出来是否适应社会？哪些类型的人适应得较好？哪些类型的人更加不适应？原因何在？

2. 您觉得在人际交往方面各种类型的假释人员适应情况如何？哪些人更容易不适应(比如受到别人的排斥或者自我封闭)？

3. 您觉得在就业方面哪些人假释人员容易一些？哪些人困难一些？困难的原因主要有哪些？

4. 您觉得在人际交往方面哪些假释人员容易不适应？不适应的原因主要有哪些？

5. 您觉得在心理方面，哪些假释人员容易出现心理失衡或者心理不平衡等情况？原因何在？

6. 在接受社区矫正、参与社区矫正活动方面，假释人员是否有不配合的情况？哪些人在遵守社区矫正规范方面容易有问题？你们是如何对他们进行监督管理的？

7. 你们有没有一些政策以及具体的措施帮助假释人员尽快适应社会？比如在找工作方面、一些经济困难人员的经济援助方面、心理调适和疏导方面等。

8. 据您了解，假释人员回到社区之后，社区群众对他们是否有排斥或其他方面的负面影响？

9. 你们在工作中发现假释人员与缓刑、管制等未曾在监狱服刑的社区服刑人员在社会适应方面有什么区别？

10. 总体而言，假释人员的重新犯罪率怎么样？哪些假释人员容易重新犯罪？大约在出狱后多久容易重新犯罪？重新犯罪的原因主要有哪些？

11. 您觉得影响假释人员社会适应的关键因素有哪些？

12. 您觉得假释人员适应社会大概经历了一个怎样的过程？他们在哪个阶段问题比较多？

附录2　受访社区矫正假释犯基本情况一览表

案例序号	姓名代码	性别	年龄	婚姻状况	案　由	刑　期	犯罪前工作情况
1	CK	男	57	已婚	受贿	11年	公司负责人
2	CS	男	32	未婚	故意杀人	无期	学生
3	CY	男	41	已婚	挪用公款	10年6个月尚未归还的949 765.9元继续予以追缴	会计
4	CJG	男	38	已婚	协助组织卖淫	5年6个月	个体户
5	CJS	男	46	已婚	重大责任事故	3年	公司负责人
6	CMI	男	48	已婚	受贿	10年	教师
7	GK	男	31	离异	诈骗	6年	医生
8	HJK	男	29	未婚	盗窃	10年6个月	公司雇员
9	JZQ	男	51	已婚	受贿	5年	公司负责人

续 表

案例序号	姓名代码	性别	年龄	婚姻状况	案 由	刑 期	犯罪前工作情况
10	LY	男	42	未婚	流氓(1996年判刑)	20年	个体户
11	LYK	男	53	已婚	受贿	5年	公务员
12	LYN	女	57	已婚	受贿	5年	公务员
13	PY	男	54	已婚	受贿	10年	教师
14	QXI	男	47	已婚	诈骗、虚报注册资本	20年	公司雇员
15	QJI	男	56	已婚	贪污受贿	18年	教师
16	SG	男	30	已婚	贩卖毒品	4年6个月	无业
17	TGK	男	47	离异	容留卖淫	7年	个体户
18	WX	男	50	已婚	受贿	5年	公务员
19	WZS	男	51	已婚	交通肇事	4年	驾驶员
20	WZX	男	65	未婚	惯窃	无期	无业
21	XXN	男	55	已婚	受贿	19年	公司负责人
22	XLI	女	58	离异	非法吸收公众存款	3年6个月	个体户
23	YXM	男	57	已婚	诈骗	15年	公司负责人
24	ZP	男	53	离异	盗窃	无期(案发时正值严打)	工人
25	ZZ	男	46	已婚	故意伤害	5年	个体户
26	ZM	女	44	已婚	利用邪教组织破坏法律实施	3年	服务员

参考文献

一、著作类

[1] 曹立群,任昕.犯罪学[M].北京:中国人民大学出版社,2008.

[2] 陈建文.人格与社会适应[M].合肥:安徽教育出版社,2009.

[3] 陈向明.质的研究方法与社会科学研究[M].北京:教育科学出版社,2000.

[4] 陈兴良.本体刑法学[M].北京:商务印书馆,2001.

[5] 储槐植.刑事一体化论要[M].北京:北京大学出版社,2007.

[6] 丁东红.米德文选[M].北京:社会科学文献出版社,2009.

[7] 丁水木,张绪山.社会角色论[M].上海:上海社会科学院出版社,1992.

[8] 方文.学科制度和社会认同[M].北京:中国人民大学出版社,2008.

[9] 费孝通.乡土中国　生育制度[M].北京:北京大学出版社,1998.

[10] 冯卫国.行刑社会化研究:开放社会中的刑罚趋向[M].北京:北京大学出版社,2003.

[11] 风笑天.社会学研究方法[M].北京：中国人民大学出版社，2009.
[12] 高宣扬.当代社会理论[M].北京：中国人民大学出版社，2005.
[13] 宫留记.布迪厄的社会实践理论[M].开封：河南大学出版社，2009.
[14] 郭建安，郑霞泽.社区矫正通论[M].北京：法律出版社，2004.
[15] 郭明.监狱的隐喻：来自铁窗内的人生故事[M].上海：学林出版社，2010.
[16] 何显兵.社区刑罚研究[M].北京：群众出版社，2005.
[17] 侯钧生.西方社会学理论教程[M].天津：南开大学出版社，2001.
[18] 贾春增.外国社会学史[M].北京：中国人民大学出版社，2000.
[19] 金盛华.社会心理学[M].北京：高等教育出版社，2010.
[20] 金小红.吉登斯结构化理论的逻辑[M].武汉：华中师范大学出版社，2008.
[21] 雷雳.发展心理学[M].2版.北京：中国人民大学出版社，2013.
[22] 李路路，李汉林.中国的单位组织：资源、权力与交换[M].杭州：浙江人民出版社，2000.
[23] 梁漱溟.中国文化要义[M].上海：上海人民出版社，2011.
[24] 刘强.美国社区矫正的理论与实务[M].北京：中国人民公安大学出版社，2003.
[25] 刘少杰.国外社会学理论[M].北京：高等教育出版社，2006.
[26] 刘翔平.寻找生命的意义：弗兰克尔的意义治疗学说[M].武汉：湖北教育出版社，1999.
[27] 鲁兰.中日矫正理念与实务比较研究[M].北京：北京大学出版社，2005.
[28] 陆学艺.当代中国社会阶层研究报告[M].北京：社会科学文献出版社，2002.
[29] 罗家德.社会网分析讲义[M].北京：社会科学文献出版社，2005.
[30] 骆群.弱势的镜像：社区矫正对象社会排斥研究[M].北京：中国法制

出版社，2012.
[31] 皮艺军. 越轨社会学概论[M]. 北京：中国政法大学出版社，2004.
[32] 时蓉华. 社会心理学[M]. 2版. 上海：上海人民出版社，2002.
[33] 孙立平. 断裂：20世纪90年代以来的中国社会[M]. 北京：社会科学文献出版社，2003.
[34] 唐春风. 回归社会心理学[M]. 北京：中国政法大学出版社，2003.
[35] 王小章. 中国社会心理学[M]. 杭州：浙江大学出版社，2008.
[36] 武延平. 中外监狱法比较研究[M]. 北京：中国政法大学出版社，1999.
[37] 吴宗宪. 西方犯罪学[M]. 上海：法律出版社，2006.
[38] 吴宗宪. 罪犯改造论：罪犯改造的犯因性差异理论初探[M]. 北京：中国人民公安大学出版社，2007.
[39] 吴宗宪. 社区矫正比较研究[M]. 北京：中国人民大学出版社，2011.
[40] 奚从清. 角色论：个人与社会的互动[M]. 杭州：浙江大学出版社，2010.
[41] 阎云翔. 中国社会的个体化[M]. 陆洋，等译. 上海：上海译文出版社，2012.
[42] 杨国枢. 中国人的心理与行为：本土化研究[M]. 北京：中国人民大学出版社，2004.
[43] 杨国枢，黄光国，杨中芳. 华人本土心理学[M]. 重庆：重庆大学出版社，2008.
[44] 杨军红. 来华留学生跨文化适应问题研究[M]. 上海：上海社会科学院出版社，2009.
[45] 杨善华. 当代西方社会学理论[M]. 北京：北京大学出版社，1999.
[46] 袁登明. 行刑社会化研究[M]. 北京：中国人民公安大学出版社，2005.
[47] 袁方. 社会研究方法教程[M]. 北京：北京大学出版社，1997.
[48] 袁方，姚裕群. 劳动社会学[M]. 2版. 北京：中国劳动社会保障出版社，2004.

[49] 曾守锤. 流动儿童的社会适应：研究与实务[M]. 上海：华东理工大学出版社，2012.

[50] 翟学伟. 中国人的脸面观：形式主义的心理动因与社会表征[M]. 北京：北京大学出版社，2011.

[51] 翟学伟. 中国人的关系原理：时空秩序、生活欲念及其流变[M]. 北京：北京大学出版社，2011.

[52] 张海洋. 中国的多元文化与中国人的认同[M]. 北京：民族出版社，2006.

[53] 张小虎. 转型期中国社会犯罪原因探析[M]. 北京：北京师范大学出版社，2002.

[54] 张昱. 矫正社会工作[M]. 北京：高等教育出版社，2008.

[55] 张昱. 社区矫正社会工作案例评析[M]. 上海：华东理工大学出版社，2013.

[56] 郑杭生. 社会学概论新修[M]. 北京：中国人民大学出版社，2003.

[57] 周晓虹. 现代西方社会心理学流派[M]. 南京：南京大学出版社，1990.

[58] [法] 阿尔弗雷德·格罗塞. 身份认同的困境[M]. 王鲲，译. 北京：社会科学文献出版社，2010.

[59] [英] 安东尼·吉登斯. 社会的构成[M]. 李康，李猛，译. 北京：生活·读书·新知三联书店，1998.

[60] [英] 安东尼·吉登斯. 现代性与自我认同[M]. 赵旭东，方文，译. 北京：生活·读书·新知三联书店，1998.

[61] [美] 彼得·M. 布劳. 社会生活中的交换与权力[M]. 李国武，译. 北京：商务印书馆，2012.

[62] [波兰] 彼得·什托姆普卡. 信任：一种社会学理论[M]. 程胜利，译. 北京：中华书局，2005.

[63] [美] C. 赖特·米尔斯. 社会学的想象力[M]. 陈强，张永强，译. 北京：生活·读书·新知三联书店，2016.

[64] [美] 戴维·波普诺. 社会学[M]. 李强，等译. 北京：中国人民大学出版社，1999.

[65] [美] 丹尼尔·贝尔. 后工业社会的来临：对社会预测的一项探索[M]. 高铦，等译. 北京：新华出版社，1997.

[66] [意] 恩里科·菲利. 犯罪社会学[M]. 郭建安，译. 北京：中国人民公安大学出版社，2004.

[67] [美] 弗朗西斯·福山. 大分裂：人类本性与社会秩序的重建[M]. 刘榜离，王胜利，译. 北京：中国社会科学出版社，2002.

[68] [德] 黑格尔. 法哲学原理[M]. 范扬，张企泰，译. 北京：商务印书馆，1961.

[69] [美] 克莱门斯·巴特勒斯. 矫正导论[M]. 孙晓雳，等译. 北京：中国人民公安大学出版社，1991.

[70] [美] 克利福德·格尔兹. 文化的解释[M]. 纳日碧力戈，等译. 上海：上海人民出版社，1999.

[71] [美] 林南. 社会资本：关于社会结构与行动的理论[M]. 张磊，译. 上海：上海人民出版社，2005.

[72] 林语堂. 中国人[M]. 郝志东，沈益洪，译. 上海：学林出版社，2007.

[73] 林语堂. 中国人[M]. 黄嘉德，译. 北京：群言出版社，2009.

[74] [美] 刘易斯·科塞. 社会冲突的功能[M]. 孙立平，等译. 北京：华夏出版社，1989.

[75] [德] 鲁道夫·特劳普-梅茨. 劳动关系比较研究[M]. 张俊华，译. 北京：中国社会科学出版社，2010.

[76] [美] 露丝·本尼迪克特. 文化模式[M]. 王炜，等译. 北京：社会科学文献出版社，2009.

[77] [美] 罗伯特·J. 桑普森，约翰·H. 劳布. 犯罪之形成：人生道路及其转折点[M]. 汪明亮，顾婷，牛广济，等译. 北京：北京大学出版社，2006.

[78] [美] 罗伯特·K. 默顿. 社会理论和社会结构[M]. 唐少杰，齐心，等译. 南京：译林出版社，2006.

[79] [英] 罗纳德·布莱克本. 犯罪行为心理学：理论、研究和实践[M]. 吴宗宪，等译. 北京：中国轻工业出版社，2000.

[80] [法] 米歇尔·福柯. 规训与惩罚[M]. 刘北成，杨远婴，译. 4 版. 北京：生活·读书·新知三联书店，2012.

[81] [奥] 欧根·埃利希. 法社会学原理[M]. 舒国滢，译. 北京：中国大百科全书出版社，2009.

[82] [美] 欧文·戈夫曼. 污名：受损身份管理札记[M]. 宋立宏，译. 北京：商务印书馆，2009.

[83] [法] 皮埃尔·布迪厄，[美] 华康德. 实践与反思：反思社会学导引[M]. 李猛，李康，译. 北京：中央编译出版社，1998.

[84] [法] 皮埃尔·布迪厄. 实践感[M]. 蒋梓骅，译. 南京：译林出版社，2009.

[85] [美] 乔纳森·H. 特纳. 社会学理论的结构[M]. 邱泽奇，张茂元，等译. 北京：华夏出版社，2006.

[86] [美] 乔治·赫伯特·米德. 心灵、自我与社会[M]. 赵月瑟，译. 上海：上海译文出版社，1992.

[87] [意] 切萨雷·贝卡里亚. 论犯罪与刑罚[M]. 黄风，译. 北京：中国法制出版社，2002.

[88] [意] 切萨雷·龙勃罗梭. 犯罪人论[M]. 黄风，译. 北京：北京大学出版社，2011.

[89] [美] 塞缪尔·亨廷顿，劳伦斯·哈里森. 文化的重要作用[M]. 程克雄，译. 北京：新华出版社，2002.

[90] [德] 乌尔里希·贝克. 风险社会[M]. 何博闻，译. 南京：译林出版社，2004.

[91] [美] 英克尔斯，史密斯. 从传统人到现代人：六个发展中国家中的个人

变化[M]. 顾昕，译. 北京：中国人民大学出版社，1992.
[92] [美] 约翰·罗尔斯. 正义论[M]. 何怀宏，何包钢，廖申白，译. 北京：中国社会科学出版社，1988.
[93] [美] 詹姆斯·克里斯. 社会控制[M]. 纳雪沙，译. 北京：电子工业出版社，2012.
[94] [美] 詹姆斯·S. 科尔曼. 社会理论的基础[M]. 邓方，译. 北京：社会科学文献出版社，1999.
[95] Ritzer G. Sociological theory [M]. 2nd ed. New York: Alered Knopf, 1988.
[96] Freud S. Introductory lectures on psychoanalysis [M]. Harmondsworth: Penguin, 1973.

二、论文类

[1] 曹云平. 罪犯教育改造社会化法律问题研究[J]. 犯罪与改造研究，2010(10).
[2] 陈和华. 论监禁的困境与改善[J]. 法学，2005(4).
[3] 陈建文. 论社会适应[J]. 西南大学学报：社会科学版，2010(1).
[4] 陈姝宏. 从“排斥”到“支持”：矫正对象回归社会的嬗变[J]. 社会科学战线，2013(12).
[5] 陈向明. 社会科学中的定性研究方法[J]. 中国社会科学，1996(6).
[6] 陈向明，曲霞，张玉荣. 教育质性研究概念框架的本土探索——以一项实习生与指导教师互动的研究为例[J]. 教育学术月刊，2014(4).
[7] 储琰. 社区矫正对象的嵌入困境[J]. 犯罪研究，2013(2).
[8] 储琰. 规训社会中的权力逻辑与刑释人员的认同困境——基于福柯的《规训与惩罚》[J]. 广西社会科学，2013(12).
[9] 但未丽. 中国增设社区服务刑之必要性及立法构想[J]. 首都师范大学学报：社会科学版，2009(6).

[10] 方曙光.社会支持理论视域下失独老人的社会生活重建[J].国家行政学院学报,2013(4).
[11] 费梅苹.社会互动理论视角下青少年社区矫正社会工作服务研究[J].青少年犯罪问题,2009(3).
[12] 冯涛,李荣辰.走出我国假释率超低之困境[J].河南社会科学,2009(1).
[13] 冯卫国.论我国监狱行刑的社会化[J].中国刑事法杂志,2003(3).
[14] 冯卫国,储槐植.刑事一体化视野下的社区矫正[J].吉林大学社会科学学报,2005(2).
[15] 符平,江立华.农民工城市适应研究——局限与突破[J].调研世界,2007(6).
[16] 高梅书,张昱.国外出狱人社会适应研究及对当代中国的启示[J].华东理工大学学报:社会科学版,2013(1).
[17] 管健.污名的概念发展与多维度模型建构[J].南开学报:哲学社会科学版,2007(5).
[18] 郭建安.刑罚的历史趋势呼唤行刑体制改革[J].犯罪与改造研究,2000(10).
[19] 过琳,常宁.监禁刑执行社会化的趋向及启示[J].中国人民公安大学学报:社会科学版,2010(5).
[20] 韩述钦.弘扬民族传统文化 服务罪犯教育转化[J].中国监狱学刊,2010(4).
[21] 郝玉章,风笑天.三峡外迁移民的社会适应性及其影响因素研究——对江苏227户移民的调查[J].市场与人口分析,2005(6).
[22] 季小江,尚会永."三次超越":论企业家自我精神的发展[J].贵州社会科学,2009(5).
[23] 雷洪,孙龙.三峡农村移民生产劳动的适应性[J].人口研究,2000(6).
[24] 李明欢.20世纪西方国际移民理论[J].厦门大学学报:哲学社会科学

版，2000(4).
[25] 李运庆.区隔与认同：农民工子弟的人际交往现状研究——以南京市一所民工子弟学校为例[J].青年研究，2006(5).
[26] 李中国.教师角色转换中内涵性特征的缺失与补救[J].教育研究，2008(6).
[27] 刘炜，漆昊昱.罪犯社会化改造机制研究——从社会工作的视角[J].中国监狱学刊，2010(5).
[28] 刘毅.罪犯再社会化过程中出监监狱(区)的矫正管理新探[J].江苏科技大学学报：社会科学版，2011(4).
[29] 骆群."弱势群体"再界定[J].南京社会科学，2007(3).
[30] 骆群.社区矫正中的社会排斥与反社会排斥[J].南通大学学报：社会科学版，2009(5).
[31] 骆群.社区矫正对象社会网络排斥的成因探析——以上海市为例[J].内蒙古社会科学：汉文版，2010(2).
[32] 马贵翔.狱内行刑社会化的价值及其实现[J].复旦学报：社会科学版，2005(2).
[33] 潘泽泉.重新认识农民工：弱者的行为逻辑和生存策略[J].社会科学辑刊，2008(3).
[34] 彭华民.社会排斥概念之解析[J].中国社会工作研究，2003(2).
[35] 秦亚青.关系本位与过程建构：将关系理念植入国际关系理论[J].中国社会科学，2009(3).
[36] 苏红，许小玲.三峡移民的社会适应策略[J].思想战线，2005(1).
[37] 孙立平.关系、社会关系和社会结构[J].社会学研究，1996(5).
[38] 孙频捷.身份认同研究浅析[J].前沿，2010(2).
[39] 孙平.监狱亚文化研究[J].法律科学：西北政法学院学报，1991(4).
[40] 王春光.个体化背景下社会建设的可能性问题研究[J].人文杂志，2013(11).

[41] 王春光.新生代农村流动人口的社会认同与城乡融合的关系[J].社会学研究,2001(3).

[42] 王立君.假释制度的理论基础及价值分析[J].法学杂志,2006(2).

[43] 王利荣.对“重返社会”的再探讨[J].中国监狱学刊,2001(1).

[44] 汪明亮.以一种积极的刑事政策预防弱势群体犯罪——基于西方社会支持理论的分析[J].社会科学,2010(6).

[45] 王宁.消费与认同——对消费社会学的一个分析框架的探索[J].社会学研究,2001(1).

[46] 卫小将,武杰.大学生的自杀行为及防控措施[J].青年探索,2005(4).

[47] 文军,沈东.认知、移情与行为:新市民群体角色再造的内在机理[J].人文杂志,2015(1).

[48] 吴鹏森,石发勇.社会资本和社会排斥:刑释人员回归社会的影响因素分析[J].安徽师范大学学报:人文社会科学版,2014(5).

[49] 巫肇胜.心理矫正:罪犯再社会化的引擎——以江苏省监狱广谱调查为例[J].南京医科大学学报:社会科学版,2006(3).

[50] 吴宗宪.社会力量参与社区矫正的若干理论问题研究[J].法学评论,2008(3).

[51] 谢俊贵.职业转换过程的职业社会学论析——基于失地农民职业转换的观察与思考[J].广州大学学报:社会科学版,2013(5).

[52] 姚上海,罗高峰.结构化理论视角下的自我认同研究[J].理论月刊,2011(3).

[53] 于阳.西方犯罪学社会支持理论研究及其借鉴意义[J].犯罪研究,2012(6).

[54] 袁登明.监禁刑悖论与行刑社会化[J].中国监狱学刊,2005(6).

[55] 张保林.论新生代农民工城市适应——广义文化系统演化视角的探索[J].理论与改革,2014(1).

[56] 张海波,童星.我国城市化进程中失地农民的社会适应[J].社会科学研

究，2006(1).
[57] 张进宝."关系社会"学何以可能？[J].国外社会科学，2011(2).
[58] 张文宏.社会资本：理论争辩与经验研究[J].社会学研究，2003(4).
[59] 张文宏.城市居民社会网络资本的阶层差异[J].社会学研究，2005(4).
[60] 张友琴.老年人社会支持网的城乡比较研究——厦门市个案研究[J].社会学研究，2001(4).
[61] 张昱.论社区矫正中刑罚执行和社会工作的统一性[J].社会工作，2004(5).
[62] 张昱.试论社区矫正的理念[J].法治论丛，2005(1).
[63] 张昱，胡鹏.需求治理视角下吸毒人员社区康复研究[J].湖南科技大学学报：社会科学版，2015(4).
[64] 赵宝成.罪犯"监狱化"初探[J].政法论坛：中国政法大学学报，1992(4).
[65] 赵苹.小学语文新入职教师角色适应的个案研究[J].首都师范大学学报：社会科学版，2007(3).
[66] 赵延东."社会资本"理论述评[J].国外社会科学，1998(3).
[67] 郑丹丹，雷洪.三峡移民社会适应中的主观能动性[J].华中科技大学学报：社会科学版，2002(3).
[68] 郑杭生，程琥.法社会学视野中的社区矫正制度[J].华东理工大学学报：社会科学版，2003(4).
[69] 郑杭生.社区矫正与当代社会学的使命[J].江西社会科学，2004(5).
[70] 郑杭生，杨敏.个人的当代形貌：社会化理论的世纪挑战——人的主体性的新发展与以人为本的时代源泉[J].河北学刊，2006(3).
[71] 周建国.关系强度、关系信任还是关系认同——关于中国人人际交往的一种解释[J].社会科学研究，2010(1).
[72] 周湘斌.社会工作充权视角下的释犯——社区矫正政策分析[J].北京科技大学学报：社会科学版，2005(4).
[73] 朱力.论农民工阶层的城市适应[J].江海学刊，2002(6).

[74] 陈亚辉. 80 后来沪务工青年社会适应模式研究——以上海市闵行区为例[D]. 上海：华东师范大学，2011.
[75] 刘楠. 新“空巢”家庭的角色适应研究——以江苏省 T 市为例[D]. 上海：华东理工大学，2012.
[76] 徐杭. 三峡外迁移民的关系网重构——基于浙北 P 镇的田野调查[D]. 上海：华东理工大学，2012.
[77] 陈蓓丽. 结构、文化和能动性：上海外来女工抗逆力研究——基于生活史的一种解读[D]. 上海：华东理工大学，2013.
[78] 陈姝宏. 社区矫正对象再社会化研究[D]. 长春：吉林大学，2014.
[79] 但未丽. 社区矫正：理论基础与制度构建[D]. 北京：中国人民大学，2007.
[80] 金碧华. 支持的“过程”：社区矫正假释犯的社会支持网络研究[D]. 上海：上海大学，2007.
[81] 王顺安. 社区矫正理论研究[D]. 北京：中国政法大学，2007.
[82] 赵方杜. 身体规训：中国现代性进程中的国家权力与身体——以川北剑县为例[D]. 天津：南开大学，2010.
[83] Mares A S, Jordan M. Federal aftercare programs for transition-aged youth [J]. Children and Youth Services Review, 2012, 34: 1509 - 1518.
[84] Geller A, Curtis M A. A sort of homecoming: incarceration and the housing security of urban men [J]. Social Science Research, 2011, 40: 1196 - 1213.
[85] Andreas S, McKim W. Stigmatization among probationers [J]. Journal of Offender Rehabilitation, 2003, 38: 19 - 31.
[86] Bartlett M Y, Condon P, Cruz J, et al. Gratitude: prompting behaviours that build relationships [J]. Cognition and Emotion, 2012, 26: 2 - 13.
[87] Beckett K, Western B. Governing social marginality: welfare,

incarceration, and the transformation of state policy [J]. Punishment and Society, 2001, 3: 43 - 59.

[88] Benson M L, Alarid L F, Burton V S, et al. Reintegration or stigmatization? Offenders' expectations of community reentry [J]. Journal of Criminal Justice, 2011, 39: 385 - 393.

[89] Bouffard L A, Piquero N L. Defiance theory and life course explanations of persistent offending [J]. Crime & Delinquency, 2010, 56: 227 - 252.

[90] Bond B J, Gittell J H. Cross-agency coordination of offender reentry: testing collaboration outcomes [J]. Journal of Criminal Justice, 2011, 38: 118 - 129.

[91] Brooks-Gunn J, Duncan G J, Klebanov P K, et al. Do neighborhoods influence child and adolescent development? [J]. American Journal of Sociology, 1993, 99: 353 - 395.

[92] Buston K. Experiences of, and attitudes towards, pregnancy and fatherhood amongst incarcerated young male offenders: findings from a qualitative study [J]. Social Science and Medicine, 2010, 71: 2211 - 2218.

[93] Buston K, Wight D. Self reported sexually transmitted infection testing behaviour amongst incarcerated young male offenders: findings from a qualitative study [J]. Journal of Family Planning and Reproductive Healthcare, 2010, 36: 7 - 11.

[94] Pettus-Davis C, Howard M O, Roberts-Lewis A, et al. Naturally occurring social support in interventions for former prisoners with substance use disorders: conceptual framework and program model [J]. Journal of Criminal Justice, 2011, 39: 479 - 488.

[95] Chaney C. "So my family can survive": prisoner re-entry and the risk

and resilience of black families [J]. Journal of African American Studies, 2011, 15: 95－114.

[96] Visher C A, Travis J. Transitions from prison to community: Understanding individual pathways [J]. Annual Review of Sociology, 2003, 29: 89－113.

[97] Clear T R. The problem with "addition by subtraction": the prison-crime relationship in low income communities [M]. //Mauer M, Chesney-Lind M. Invisible punishment: the collateral consequences of mass imprisonment. New York: The New Press, 2003: 181－194.

[98] Clear T R, Rose D R, Ryder J A. Incarceration and community: the problem of removing and returning offenders [J]. Crime & Delinquency, 2001, 47: 335－351.

[99] Clear T R, Rose D R, Waring E, et al. Coercive mobility and crime: a preliminary examination of concentrated incarceration and social disorganization [J]. Justice Quarterly, 2001, 20(1): 33－64.

[100] Corrigan P W, Amy C W. The Paradox of self-stigma and mental illness [J]. Clinical Psychology Science and Practice, 2006, 9(1): 35－53.

[101] Crocker J, Major B, Steele C. Social stigma [M]. //Gilbert D T, Fiske S, Lindzey G. The handbook of social psychology. New York: McGraw-Hill, 1998: 504－533.

[102] Derrick K M. A personal perspective on reentry services [J]. Dialectical Anthropology, 2010, 34(4): 571－574.

[103] Ekland-Olson S, Supancic M, Campbell J, et al. Postrelease depression and the importance of familial support [J]. Criminology, 1983, 21(2): 253－275.

[104] Fagan J, Piquero A R. Rational choice and developmental influences

on recidivism among felony offenders [J]. Journal of Empirical Legal Studies, 2007, 4(4): 715.

[105] Gullahorn J, Gullahorn J. An extension of the u-curve hypothesis [J]. Journal of Social Issues, 2010, 19(3): 33 - 47.

[106] Harris A R. Race, commitment to deviance, and spoiled identity [J]. American Sociological Review, 1976, 41(3): 432 - 442.

[107] Harris N. Shaming and shame: regulating drunk driving [M]. // Ahmed E, et al. Shame management through reintegration. Cambridge: Cambridge University Press, 2001: 173 - 205.

[108] Hirschfield P J, Piquero A R. Normalization and legitimation: modeling stigmatizing attitudes toward ex-offenders [J]. Criminology, 2010, 48(1): 27 - 55.

[109] Huebner B M. The effect of incarceration on marriage and work over the life course [J]. Justice Quarterly, 2005, 22(3): 281 - 303.

[110] Sung Hung-En, Richter L. Contextual barriers to successful reentry of recovering drug offenders [J]. Journal of Substance Abuse Treatment, 2006, 31: 365 - 374.

[111] Binswanger I A, Nowels C, Corsi K F, et al. "From the prison door right to the sidewalk, everything went downhill," A qualitative study of the health experiences of recently released inmates [J]. International Journal of Law and Psychiatry, 2011, 34 (4): 249 - 255.

[112] Sutton J E. A review of the life-events calendar method for criminological research [J]. Journal of Criminal Justice, 2010, 38(5): 1038 - 1044.

[113] Jarvis J, Graham S, Hamilton P, Tyler D. The role of parenting classes for young fathers in prison: a case study [J]. Probation

Journal, 2004, 51(1): 21-33.

[114] Mellow J, Schlager M D, Caplan J M. Using GIS to evaluate post-release prisoner services in Newark, New Jersey [J]. Journal of Criminal Justice, 2008, 36(5): 416-425.

[115] Breese J R, Khaz Ra'el K, Grant G K. No place like home: a qualitative investigation of social support and its effects on recidivism [J]. Sociological Practice: A Journal of Clinical and Applied Research, 2000, 2(1): 1-21.

[116] Petersilia J. What works in prisoner reentry: reviewing and questioning the evidence [J]. Federal Probation, 2004, 68(2).

[117] Jones E E, Farina A, Hastorf A H, et al. Social Stigma: The Psychology of Marked Relationships [J]. Contemporary Society, 1985, 14(3): 401-402.

[118] Kleis K M. Facilitating failure: parole, reentry and obstacles to success [J]. Dialect Anthropol, 2010, 34(4): 525-531.

[119] Buston K, Parkes A, Thomson H, et al. Parenting interventions for male young offenders: a review of the evidence on what works [J]. Journal of Adolescence, 2012, 35(3): 731-742.

[120] Kerley K, Copes H. The effects of criminal justice contact on employment stability for white-collar and street-level offenders [J]. International Journal of Offender Therapy and Comparative Criminology, 2004, 48(1): 65-84.

[121] Drakulich K M, Crutchfield R D, Matsueda R L, et al. Instability, informal control, and criminogenic situations: community effects of returning prisoners [J]. Crime, Law and Social Change, 2012, 57 (5): 493-519.

[122] Abrams L S, Snyder S M. Youth offender reentry: models for

intervention and directions for future inquiry [J]. Children and Youth Services Review, 2010, 32(12): 1787-1795.

[123] LeBel T P. Invisible stripes? Formerly incarcerated persons' perceptions of stigma [J]. Deviant Behavior, 2012, 33(2): 89-107.

[124] Lery B. Neighborhood structure and foster care entry risk: the role of spatial scale in defining neighborhoods [J]. Children and Youth Services Review, 2009, 31(3): 331-337.

[125] Lynch J P, Sabol W J. Assessing the effects of mass incarceration on informal social control in communities [J]. Criminology & Public Policy, 2004, 3(2).

[126] Lynch J P, Sabol W J. Effects of incarceration on informal social control in communities [M]. //Pattillo M, Weiman D, Western B. Imprisoning America: the social effects of mass incarceration. New York: Russell Sage Foundation, 2004: 135-164.

[127] Lysgaard S. Adjustment in a foreign society: Norwegian fulbright grantees visiting the United States [J]. International Social Science Bulletin, 1955, 7: 45-51.

[128] Pryor M. The unintended effects of prisoner reentry policy and the marginalization of urban communities [J]. Dialect Anthropology, 2010, 34(4): 513-517.

[129] Pogrebin M R, Dodge M. Women's accounts of their prison experiences: a retrospective view of their subjective realities [J]. Journal of Criminal Justice, 2001, 29(6): 531-541.

[130] Maruna S, LeBel T. Welcome home? Examining the "reentry court" concept from a strengths-based perspective [J]. Western Criminology Review, 2003, 4(2): 91-107.

[131] Menon R, Blakely C, Carmichael D, et al. Making a dent in

recidivism rates: Impact of employment on minority ex-offenders [M]. //Thomas G E. Race and ethnicity in America meeting the challenge in the 21st century. New York: Taylor & Francis, 1995.

[132] Fischer M, Geiger B. Resocializing young offenders in the Kibbutz [J]. International Journal of Offender Therapy and Criminology, 1996, 40: 44 - 53.

[133] Moore K E, Stuewig J B, Tangney J P. Jail inmates' perceived and anticipated stigma: implications for post-release functioning [J]. Self and Identity, 2013, 12: 527 - 547.

[134] Moore K E, Stuewig J B, Tangney J P. The effect of stigma on criminal offenders' functioning: a longitudinal mediational model [J]. Deviant Behavior, 2016, 37: 196 - 218.

[135] Morenoff J D, Sampson R J, Raudenbush S W. Neighborhood inequality, collective efficacy, and the spatial dynamics of urban violence [J]. Criminology, 2001, 39: 517 - 558.

[136] Morgan K D, Smith B. Parole release decisions revisited: an analysis of parole release decisions for violent inmates in a southeastern state [J]. Journal of Criminal Justice, 2005, 33(3): 277 - 287.

[137] Osgood D W, Foster E M, Courtney M E. Vulnerable populations and the transition to adulthood [J]. The Future of Children, 2010, 20(1): 209 - 229.

[138] Oyserman D, Swim J K. Stigma: an insider's view [J]. Journal of Social Issues, 2001, 57(1).

[139] Pager D. The mark of a criminal record [J]. The American Journal of Sociology, 2003, 108: 937 - 975.

[140] Pager D, Bonikowski B, Western B. Discrimination in a low wage

labor market: a field experiment [J]. American Sociological Review, 2009, 74: 777-799.

[141] Pettit B, Western B. Mass imprisonment and the life course: race and class inequality in U. S. incarceration [J]. American Sociological Review, 2004, 69(2): 151-169.

[142] Pettus C A, Severson M. Paving the way for effective reentry practice: the critical role and function of the boundary spanner [J]. The Prison Journal, 2006, 86(2).

[143] Prendergast M, Wellisen J, Falkin G. Assessment of and services for substance-abusing women offenders in community and correctional settings [J]. Prison Journal, 1995, 75(2).

[144] Rasche C. The dislike of female offenders among correctional officers [M]. //Muraskin R. It's a crime: women and justice. Upper Saddle, NJ: Prentice Hall, 2003: 237-252.

[145] Renaur B C, Cunningham W C, Feyerherm B, et al. Tipping the scales of justice: the effect of over-incarceration on neighborhood violence [J]. Criminal Justice Policy Review, 2006, 17(3).

[146] Richards S C, Jones R S. Beating the perpetual incarceration machine: overcoming structural impediments to re-entry [M]. // Maruna S, Immarigeon R. After crime and punishment: pathways to offender reintegration. Cullompton: Willan Publishing, 2004: 201-232.

[147] Rose D R, Clear T R. Incarceration, social capital, and crime: implications for social disorganization theory [J]. Criminology, 1998, 36: 441-480.

[148] Sampson R J, Raudenbush S W. Seeing disorder: neighborhood stigma and the social construction of "broken windows" [J]. Social

Psychology Quarterly, 2004, 67: 319 - 342.

[149] Schneider A, McKim W. Stigmatization among probationers [J]. Journal of Offender Rehabilitation 2003, 38: 19 - 31.

[150] Seiter R P, Kadela K R. Prisoner reentry: what works, what does not, and what is promising [J]. Crime & Delinquency, 2003, 49: 360 - 388.

[151] Seiter R P, West A D. Supervision styles in probation and parole: an analysis of activities [J]. Journal of Offender Rehabilitation, 2003, 38(2): 57 - 75.

[152] Zhang S X, Roberts R, Callanan V J. The cost benefits of providing community-based correctional services: an evaluation of a statewide parole program in California [J]. Journal of Criminal Justice, 2006, 34(4): 341 - 350.

[153] Siegal H, Li L, Rapp R. Case management as a therapeutic enhancement: impact on post-treatment criminality [J]. Journal of Addictive Diseases, 2002, 21(4): 37 - 47.

[154] Skeem J, Louden J E, Manchak S, et al. Social networks and social control of probationers with co-occurring mental and substance abuse problems [J]. Law and Human Behavior, 2009, 33(2): 122 - 135.

[155] Sung H-E. Differential impact of deterrence vs. rehabilitation as drug intervention on recidivism after 36 months [J]. Journal of Offender Rehabilitation, 2003, 37: 95 - 108.

[156] Tewksbury R. Stigmatization of sex offenders [J]. Deviant Behavior, 2012, 33: 606 - 623.

[157] Thompson L A, Kelly-Vance L. The impact of mentoring on academic achievement of at-risk youth [J]. Children and Youth Services Review, 2001, 23(3): 227 - 242.

[158] Uggen C, Manza J, Behrens A. Less than the average citizen: stigma, role transition, and the civic reintegration of convicted felons [M]. //Maruna S, Immarigeon R. After crime and punishment: pathways to offender reintegration. Cullompton: Willan Publishing, 2004: 258 - 290.

[159] Underwood L A, Von Dresner K S, Phillips A L. Community treatment programs for juveniles: a best-evidence summary [J]. International Journal of Behavioral Consultation and Therapy, 2006, 2: 286 - 304.

[160] Unnever J D. Two worlds far apart: black-white differences in beliefs about why African-American men are disproportionately imprisoned [J]. Criminology, 2008, 46(2): 511 - 538.

[161] Unnever J D, Benson M L, Cullen F T. Public support for getting tough on corporate crime: racial and political divides [J]. Journal of Research in Crime and Delinquency, 2008, 45(2).

[162] Visher C A, Travis J. Transitions from prison to community: understanding individual pathways [J]. Annual Review of Sociology, 2003, 29: 89 - 113.

[163] Wasserman G A, McReynolds L S, Lucas C P, et al. The voice DISC-IV with incarcerated male youths: prevalence of disorder [J]. Journal of the American Academy of Child and Adolescent Psychiatry, 2002, 41(3): 314 - 321.

[164] Welch M R, Tittle C R, Yonkoski J, et al. Social integration, self-control, and conformity [J]. Journal of Quantitative Criminology, 2008, 24(1): 73 - 92.

[165] Western B. The impact of incarceration on wage mobility and inequality [J]. American Sociological Review, 2002, 67 (4):

526 - 546.

[166] Western B, Lopoo L M, McLanahan S. Incarceration and the bonds between parents in fragile families [M]. //Pattillo M, Weiman D, Western B. Imprisoning America. New York: Russell Sage Foundation, 2004: 21 - 45.

[167] Willis G M, Grace R C. Assessment of community reintegration planning for sex offenders: poor planning predicts recidivism [J]. Criminal Justice and Behavior, 2009, 36(5).

[168] Wilson J A, Davis R C. Good intentions meet hard realities: an evaluation of the Project Greenlight reentry program [J]. Criminology and Public Policy, 2010.

[169] Winnick T A, Bodkin M. Anticipated stigma and stigma management among those to be labeled "Ex-Con" [J]. Deviant Behavior, 2008, 29(4): 295 - 333.

[170] Winnick T A, Bodkin M. Stigma, secrecy and race: an empirical examination of black and white incarcerated men [J]. American Journal of Criminal Justice, 2009, 34: 131 - 150.

[171] Wong P T, Weiner B. When people ask "why" questions, and the heuristics of attributional search [J]. Journal of Personality and Social Psychology, 1981, 40(4): 650 - 663.

[172] Yang L H, Kleinman A. "Face" and the embodiment of stigma in China: the cases of schizophrenia and AIDS [J]. Social Science & Medicine, 2008, 67(3): 398 - 408.

[173] Hamin Z, Hassan R A. The roles and challenges of parole officers in reintegrating prisoners into the community under the parole system [J]. Procedia-Social and Behavioral Sciences, 2012, 36: 324 - 332.

后　记

在这项以“假释人员的角色适应”为主题的研究即将付梓之际，我越发感受到我们的人生就是一个不断适应新角色的过程，只是不同的新角色适应的难度有大小之分。本书是在我的博士论文基础上修改而成的。我从萌生考博的念头、报考博士到博士毕业，也是一个比较漫长和艰难的适应过程，当然在此适应过程中，无论在学识还是心智上，我都获得了较大的成长。这些成长得益于众多师友的指点、启发、帮助及亲人的理解和支持。此刻我对他们充满感激。

感谢我的导师张昱教授。师从张老师五年多时间，不仅从他那里学到了知识，更重要的是学到了“如何阅读、如何思考、如何写作”等方法，以及怎样做人的道理。跟随张老师学习的这段时间里，我不仅得到了思维方式的训练，甚至在人格完善方面得到了张老师有意无意的社工专业的介入。他高屋建瓴的一句提点，就能使我恍然大悟、豁然开朗，此后我将老师指点的方法运用于实践中，果然收到奇效。在张老师的专业帮助下，我这个“案主”确实得到了自助，与入学时相比，少了几分羞涩拘谨，多了几分从容淡定，总之，实现了更好的自我整合。能够得到这些思维的训练、方法的学习、自我人格的整合和完善，真的深深感谢张老师。

感谢华东理工大学社会与公共管理学院的老师们，从学位课程的学习到论文的开题、预答辩等各个环节，都凝聚了他们丰富的智慧和辛勤的汗水。感谢参与论文评审及答辩的老师们，他们宝贵的建设性修改意见使我的书稿不断完善。

感谢我的同门师兄弟姐妹及同学们。我们在交流学习心得以及论文写作、发表的方法、技巧的同时，也在精神上互相鼓励、支持。回头来看，那段互相陪伴的时光已成为一段美好的记忆。

感谢我工作单位的领导、同事们在课务安排、调整方面给予的照顾和方便，他们的包容和理解使我有更多的时间投入书稿的撰写中。

感谢我论文调研地区司法局的领导和社工们提供的热情帮助，是他们帮助我“入场”调研，获得第一手资料。同时感谢我的访谈对象们，没有他们的真诚诉说，就没有我的这部书稿。

感谢我的先生，感谢他对我研究工作的充分理解和大力支持。在我五年来寒暑假多次“闭关修炼”期间，先生既当爹又当娘，承担了家庭所有任务。感谢我可爱的儿子，从我备考博士期间晚上还缠着我讲睡前故事的幼儿园娃娃，到我离家闭关写论文时他懂事而心酸地调侃自己又要成为留守儿童，再到今天能熟练使用我论文中的犯罪人再社会化等专业术语跟我讨论有关社会现象，他的快速成长让我深深体会到时光飞逝，也让我十分感慨陪伴孩子的重要性，接下来的日子我要更好地陪伴孩子成长。

最后感谢大山般沉默而坚韧的父亲。幼年丧母的我由父亲一人独自拉扯成人，但其中的艰辛从未听到父亲提及一句，他总是默默地付出，所有的苦一个人承受。这种无言的爱、宽阔的胸襟和坚毅的品质是我一生学习的榜样。“树欲静而风不止，子欲养而亲不待”，在我博士毕业典礼召开的前一天，我的父亲走完了他 88 年含辛茹苦的一生。谨以此书纪念我敬爱的父亲。

由于本人水平的限制，书中肯定存在诸多不足之处，敬请各位读者给予指导和批评。

高梅书

2018 年 11 月 18 日